U0509539

魔都慈善

㊗与 上海市教育发展基金会

本书编委会

主　　任　王荣华

执行主任　蒋立明

编　　委　（按姓氏笔画为序）

　　　　　王明复　吴晗怡　张宏莲　洪民荣

　　　　　蒋　红　薛　飞

撰　　稿　张彩平　白　羽　许　珈

魔   都

序

　　一流城市，需要一流教育；一流教育，需要一流教育基金会。1993年9月11日，上海市教育发展基金会正式揭牌成立。"三十功名金与银，八千里路慈和善"，基金会走过了不忘初心、牢记使命的三十年，走过了心怀感恩、铭记奉献的三十年，也走过了守正创新、转型发展的三十年。

　　习近平总书记多次强调："一切向前走，都不能忘记走过的路；走得再远、走到再光辉的未来，也不能忘记走过的过去，不能忘记为什么出发。"

　　初心如一，大业有大爱。三十年，不仅标志着基金会事业发展的一个重要历史节点，也是开启新篇章、新征程的重要基点。当我们回首来时路时，初心始终照耀着我们的奋斗路。我们的谢丽娟副市长曾任上海市教育发展基金会理事长，她以身作则，率先垂范。我从她手中接过掌舵基金会的接力棒，深感期望之重、责任之重、使命之重。路虽远，行则将至；事虽难，做则必成。三十年来，基金会持之以恒，贯彻"支持教育、服务教育"的宗旨，秉持"聚财、汇智、促善、育人"的方针，探索出一条以公信为基础、以理念为凝聚、以资助为导向、以项目为示范、以服务为中心、以智力为支撑的枢纽型社会组织建设之路。

　　行者不孤，大业有大道。三十年，不仅标志着基金会事业栉风沐雨、砥砺前行的历程，也是探索新方法、新路径的全新起点。当我们回首来时路时，问道教育启迪着我们的探索路。三十年来，基金会从无到有、从小到大、点滴积累、聚沙成塔，以党和国家的教育方针、政策法规为依据，致力于教育与经济、社会发展相结合，积极促进上海市教育事业的发展。基金会在向国内外社会团体、企事业单位和个人筹集资金、接受捐赠的同时，运用科学手段管理和使用募集的资金和物资,大力资助符合上海市教育发展规划和目标的有关教育教学、人才培养、科研项目及国际教育交流与合作,全方位、多角度实现自己"凝聚社会力量、支持教育发展"的初心和使命。

与善同行,大业有大成。三十年,不仅标志着基金会事业繁花似锦、硕果累累的丰收,更是基金会探索建设中国式现代化智库型、枢纽性、头雁式社会组织再出发的号角。上海市教育发展基金会发展至今,已经创立了"曙光计划""晨光计划""阳光计划""星光计划""联盟计划""普光计划""申光计划""强基计划"等一系列品牌项目;也设立和资助了"关爱青少年成长特别贡献奖""于漪教育教学思想研究项目""上海市马克思主义理论学科发展支持计划"和包括陈望道旧居修葺在内的复旦大学"玖园爱国主义教育建筑群"、高校中国共产党伟大建党精神研究中心等一系列特色项目和活动;在中医药抗疫研究、支持贫困地区教育教学等教育公益事业方面也作出了极大的努力,取得了明显的成效。基金会努力助推人才培养、教材建设,引领向上向善、尊师重教、乐善不倦的社会风尚,为促进教育事业发展提供了强有力的支持,品牌效应显著,社会影响广泛。

《魔都慈善——我与上海市教育发展基金会》可以说是"无心插柳"之作。在我们创作《绵力久功,善作善成——上海市教育发展基金会成立30周年》专题片的过程中,摄制组采访了20多位与基金会工作相关的领导、教育工作者、公益人等,留下了十分宝贵的采访记录。采访者生动的语言、流露的真情和深度的思考让我们深受感动与启发。我们特邀专业编辑将采访资料汇编

慈　　　　　　　　　　　　　　　　　　善

成册，作为留给上海教育公益事业的宝贵财富。

　　他山之石，可以攻玉。本书中的受访者都是我们的同行者。感谢、感恩所有支持帮助过我们的人，是我们编辑这本书的初衷。然而，本书的成书不仅仅成就了我们感恩的心，受访者还为我们留下了支持基金会发展的热忱和启迪基金会未来的思考。感谢、感恩、热忱、思考……这些都成了上海教育公益事业的温暖注脚。

　　三十年前，我们筚路蓝缕，以启山林；三十年间，我们初心如一，一路繁花；三十年后，我们将与善同行，其行久远！

上海市教育发展基金会理事长　王荣华
二○二四年三月

魔   都

目　录

大业有大成

魔   都

附录

后记

慈　　　　　　　　　　　　善

魔   都

慈　　　　　　　　　　善

大　　　　愛

发展教育是硬道理

对话人物:

谢丽娟　上海市原副市长、上海市教育发展基金会首任会长

1993年9月1日，上海市教育发展基金会召开第一届理事会第一次会议，主席台
左起：薛喜民、周慕尧、谢丽娟、王荣华

　　20世纪90年代，党中央提出"教育优先发展"和"科教兴国"战略，上海也在全国率先提出"一流城市、一流教育"的战略目标，开启了上海教育改革和发展的崭新篇章。

　　为了解决"办一流教育"的经费投入问题，为了服务上海教育的改革和发展，为了落实"教育优先发展"的战略部署，在上海市委、市政府的决策部署下，作为上海增加教育投入的重要举措之一，上海市教育发展基金会于1993年9月11日顺时而生，正式成立。30年来，基金会始终秉持"支持教育、服务教育"的宗旨，牢记"为党育人、为国育才"的使命，积极凝聚社会各界力量，汇成襄助教育的不竭源泉，设立的系列人才培养计划、专项基金、资助项目等形成了诸多品牌，有力助推了上海各级各类教育事业的发展，受到了政府部门、社会各界的高度肯定和广泛好评。

上海市原副市长谢丽娟是上海市教育发展基金会的首任理事长,她连续三届担任上海市教育发展基金会理事长。不忘初心,方得始终。从"自行车精神"到爱国华侨的慷慨解囊,从几块钱的市民自发捐款到汇成1个亿的首张年度答卷,从捐款到捐房产,谢丽娟为我们讲述了上海市教育发展基金会得到的社会各界支持的时代记忆与温暖片段。时光荏苒,但是在她记忆中的那些爱心闪烁的慈善时刻却依旧清晰,上海市教育发展基金会公益人为教育而"创业奔走"的初心画卷依旧令人动容。

从名字谈起,发展教育需要投入

问:上海市教育发展基金会成立于1993年,您当时是上海分管教育工作的副市长,同时也担任上海市教育发展基金会的理事长,请您为我们介绍一下上海市教育发展基金会成立时的背景。

谢丽娟:上海市教育发展基金会的工作,我已经交班出去很多年了。这两天得知有这样一个访问的安排。从感情上来讲,我很高兴,因为教育能够得到社会诸多方面的重视,总是让我感到心情愉快。

关于上海市教育发展基金会的成立,首先,我们从名称上来看,名称中有"发展"两个字。任何一项事业要发展,都需要有投入。20世纪90年代初及以前,受制于综合国力,我们国家对教育的投入是不足的。投入不足,发展教育就很困难。我印象很深自己曾经走访过一所学校。这个学校在哪里呢?从一个菜场走进去,弯弯曲曲,要问好几个人某某小学在哪里才找到,走进去后再走出来,也还是觉得找不到路,教育条件之差可见一斑。当时学校的条件普遍是比较差的。

社会要大发展,经济要大发展,各行各业都需要人才。所以教育要超前发展、优先发展就提上了日程。教育要发展不仅需要政府增加投入,还需要社会各方面来帮助投入。上海市教育发展基金会就承担了筹措社会资金与投入的使命。可以说,上海市教育发展基金会的成立是上海贯彻党中央提出的

"教育优先发展"和"科教兴国"战略的创新实践。

问：当时的人员构成情况是怎样的？

谢丽娟：我当时是分管教育工作的。在90年代，关于社会组织的规定尚不健全，当时没有政府公职人员不能参与社会组织工作的规定。当然，现在的情况就完全不同了。基金会成立时可以说人员是现成的。当时有个叫教卫办的组织，教卫办有主任、副主任、秘书长；还有教育局，教育局有教育局长、副局长。所以就把这些同志集中起来，开会研究，为了教育，大家都多做一点。

为教育奔走，从来没有吃过闭门羹

问：当时您是上海市的副市长，而作为上海市教育发展基金会理事长是要开口问人家要钱的。我们传统上似乎总觉得开口问人家要钱不体面，比较为难，您如何看待为教育募资这件事？

谢丽娟：有什么难的，我似乎想不起来了。教育发展基金会的成立，全社会都非常关注，各行、各业、各方面的人都非常关注，因为几乎每个家庭都有孩子，大家都希望孩子们能够获得更好的教育。

当然，确实有些人说去问人家要钱，好像不大体面。问人要钱这件事说明不是你个人穷，也是国家穷、政府穷，不体面。但是，当时我是这样想的，我觉得我不是为了自己，我是为了社会，是为了教育事业的发展，所以对于我来说，这是一份责任、一份光荣，是一种敢于负责的担当，没有什么丢脸的。所以，我很乐于去做这个事情。

整体来说，募捐是很顺利的。我感觉一般我走上门去，企业、企业家和爱心人士总是不会让我空手而归，他们都会竭尽所能提供帮助。在这件事上，我从来没有吃过闭门羹。这也说明我们整个社会对教育的重视，可以说，教育事业需要发展不仅是个硬道理，也是全社会非常理解和支持的共识。

1996年4月27日,上海市教育发展基金会会资助"建设与上海一流城市匹配的一流教育"课题研究

问: 第一年的捐款情况是怎样的,您记得吗?

谢丽娟: 第一年的捐款就让我们很振奋。我记得基金会刚成立时,我们有一次大的募集活动,募集资金几乎接近一个亿,我们教育发展基金会的人真是兴奋得不得了! 当时我们的国企确实是非常出力。银行界是"数钱的",他们非常知道教育对钱的需要,所以上海几家银行都投入了相当的资金。总而言之,上海市教育发展基金会成立时的募捐活动参与面非常广,在金融业层面有银行、期货、股票等机构,在全社会层面,许多普通市民都积极参与。不积跬步,无以至千里,不积小流,无以成江海。回想起来,我至今都印象很深,有的市民虽然只捐了几元钱,但是我们非常感动,因为他们家庭的收入低,家庭的生活水平差。所以,当时我们对这些收入不高的家庭,即便只是捐几元钱,我们也抱以很大的热情来接受。

当时市民捐款很多是两三元或十元,但是人非常多。很多人特意来送,还有的是开会和办活动的时候送过来的。

我记得有一位市民,他已经退休了,有一个信息转过来说他愿意捐点钱,我就到他家里去了。有的同志就想,就一点点钱,你去跑一趟干吗,我说我要去,我说我一定要当面感谢他。

其实,看上去他的这份捐款似乎是沧海一粟,对基金会募资总额没什么影响,但我觉得他的精神、他的用心,是需要在全社会大力弘扬的,所以我对他当面致谢;另外,我希望这样一个感人事例让更多的人知道,希望更多的人都能献出一份爱,希望更多的人知道发展教育是全社会共同的责任。

问: 基金会现任理事长王荣华一再和我们说,基金会有个"谢丽娟自行车精神",您自己能给我们讲讲这个典故的出处吗? 您是如何看待"自行车精神"的?

谢丽娟: 我印象当中大概是这样的,当时有一位香港企业家,他住在一个宾馆里,身体不太好,是躺在床上的。这位先生有一份爱国心,是一位爱国企业家，他想把这笔善款投到祖国，但是具体投到哪里还没有确定。我了解这个情况后，就到他所在的宾馆去拜访他。首先我向他表达了对于他的爱国之心、报国之志和善心之举的钦佩和感谢。接着，我告诉他，上海现在有上海市教育发展基金会，专门来募集善款，用以支持教育和服务教育。那天，我是骑着自行车去的，没有说太多的话。后来，这位爱心企业家决定捐款给我们。负责人和我说，他们觉得作为一名政府机关的国家公职人员，工作岗位还是个副市长，骑着自行车，来到企业家的病榻前做介绍，觉得我们对待教育事业是尽心尽责、很真诚的；另外，他们看到我骑着自行车去，感觉很放心，认为我们是不会乱花一分钱的。

"自行车精神"是他们说的，我感觉只是在其位、谋其政，努力做好自己的本职工作。我们上海市教育发展基金会很真诚地希望支持教育、服务教育发展，为国家和城市的发展培养人才，让孩子们接受更好的教育。

求真务实，培养教师队伍

问：有了资金之后，当时基金会首要是做什么事？是基于怎样的考量？

谢丽娟：第一年筹措到约1亿元资金后，我们感觉我们有了这么多钱，可以办事情了。办什么事呢？主要还是人才培养——教育人才的培养。只有有很好的教育队伍，才能够把学生培养成国家需要的人才。老师上课如果总是照本宣科，没有积极性，那么很难启迪学生的心智，促进学生的全面发展。因此，我们开始想办法调动老师的积极性，让老师们能够结合社会和国家发展的需要，根据学生就业导向和工作要求，帮助学生实现德智体美劳全面发展。基于这种考量，"曙光计划"诞生了。这个计划面向高校40岁以下的"三高"（高学历、高职称、高水平）老师，以科研项目为载体，以人才培养为目标，着力打造一支业务能力强、科研水平高、有一定学术影响力的高校教师队伍，以达到既出人才又出成果的目的。"曙光计划"是1995年由我们基金会倡议并出资4000万元设立的，这个名字就很响亮，让大家感到很兴奋，来申请的高校老师特别多。我们当时给的资助大概是在两万到三万元左右。

当时，还有一些老师提出需要到国外某些教学机构去学习，我们也一样支持。我们觉得伴随着我们国家的发展，我们的老师和人才需要有国际化视野，要考虑整个世界各国发展的情况，其他国家有我们可以学习和借鉴的经验。

问：“曙光计划”确实对于上海乃至全国意义重大，培养了很多优秀的科技人才，并由此涌现了很多科研成果。

谢丽娟：是的。回过头来，有的同志告诉我，得到我们“曙光计划”资助的同志当中，有十几位已经成为院士了。我想我们的资助对他们是有一定帮助的。总体回顾起来，我们认为上海市教育发展基金会对于教师队伍整体水平的提升起到了一定作用。后来，我们还有“晨光计划”等其他计划。总体来说，我们针对老师们提出来的新需求，研究决定新项目，对于教师的发展确实起到了帮助，因而我们的项目一直受到教师队伍的热烈欢迎。

开放包容，基金会一直在学习

问：爱国企业家刘浩清先生有句名言："没有发达的教育，国家难以发达。"我想这一理念与上海市教育发展基金会可以说是不谋而合。1994年11月，刘浩清夫妇向上海市教育发展基金会捐赠人民币1500万元，设立了"上海市教育发展基金会刘浩清专项基金"，这是基金会当时收到的最大一笔境外人士捐款。除了资金，刘浩清先生对基金会的发展还有怎样的帮助？

谢丽娟：刘浩清先生对我们帮助很多。后来，刘浩清基金会又在我们基金会设立了"专项房产保值教育基金"，坐落于徐汇区武康路的酒店式公寓嘉慧园，其出租所得的全部收入都用于上海市教育发展基金会和刘浩清教育基金的教育资助。他的发展教育理念在当时给了我们很大启发，是很超前的，不仅给了我们资金，还有发展教育的理念。

问： 在基金会不断朝前走的过程中，您觉得推动基金会不断发展或者不断创造辉煌、发挥作用的深层次原因是什么？

谢丽娟： 我认为是不断解放思想，开放包容，求真务实，善于学习。我想这是基金会不断向善、向上发展的深层次原因。我认为邓小平同志说的改革开放不仅仅是指在经济上，还包括在文化上，更包括科学上。我认为要改革开放，基金会也应该改革开放。我们需要不断地改革开放，不断地学习和兼收并蓄。我不能说我们基金会是最好的，但是我们热爱学习，善于学习，所以可以说我们是不断进步和发展的。我相信，在新时代，通过和国内外的基金会交流与学习，学习好的做法、好的经验和好的思路，上海市教育发展基金会将会取得长足进步与发展。

关于"刘浩清专项基金"

刘浩清，香港石油巨子，香港著名实业家、慈善家和爱国人士。他生活朴素节俭，行善慷慨，富甲一方却低调为人，阅尽风霜仍淡定从容。他身上还有"爱国爱民"的精神品格。他致力于将个人和企业的财富注入祖国的慈善领域，尤其热心于教育之千秋基业，长期担任复旦大学资深校董。在他始终流淌着的高风跨俗的血液里，镌刻着八个大字：我爱母国，今生无悔。

对于祖国、对于故乡，刘浩清赤子情深。只要是对家乡有利的事，他总是设法成就。他不仅为家乡人民办实事，在上海市区以及重庆、宁波等地也都留下了他重视教育、资助教育的足迹。1994年11月，为了进一步拓宽被资助者的受益面，刘浩清基金会向上海市教育发展基金会捐赠人民币1500万元，设立了"上海市教育发展基金会刘浩清专项基金"。这是上海市教育发展基金会当时收到的最大一笔境外捐款。

此后，刘浩清基金会又在上海市教育发展基金会设立"专项房产保值教育基金"，将资金投入房产保值，房屋收益用于资助教育事业，使捐款能源远流长，不断扩

1994年11月,刘浩清先生出席上海市教育发展基金会捐款仪式暨上海市顾村中学建校五十周年庆祝大会,会长谢丽娟接受刘浩清先生捐赠人民币1500万元

大。这就是坐落于徐汇区武康路的酒店式公寓嘉慧园,其出租所得收入均用于上海市教育发展基金会和刘浩清教育基金的教育资助。

"上海市教育发展基金会刘浩清专项基金"的设立,寄托了刘浩清捐资助教、富强民族的教育理想。该基金在国际资助和国内教育之间搭建起一座接洽的桥梁,为海外、境外资金进入提供了一条可行的通道,对于引进国际人才、激励学生和从教人员、推动教育事业发展起到了积极作用。

与善同行，功成不必在我

对话人物：

王荣华　第十届上海市政协副主席、上海市教育发展基金会理事长

东方风来，浦江奔涌

1990年4月以后，上海市政府制定了一系列开发浦东的政策和措施。同年9月，国务院批准了上海市政府开发、开放浦东新区的具体政策规定。浦东开发、开放拉开帷幕，由此也开启了上海改革开放和经济发展的新篇章。建设一流的城市，要有一流的人才，培养一流的人才，需要一流的教育。

"科教兴市"，如何作答

30年前的1993年9月11日这一天，在上海市委、市政府的关心指导下，上海市教育发展基金会正式成立，拉开了上海募集社会资金谋教育事业新发展的改革探索的大幕。从此，上海市教育发展基金会成为教育事业改革浪潮中的弄潮儿。

从无到有、从有到优、从优到精。30年来，在市委、市政府的关心指导下，在社会各界的支持和全体理事、监事的共同努力下，作为一家上海市教育类公益组织，上海市教育发展基金会按照"科教兴市"战略要求，坚持"支持教育、服务教育"的宗旨，以"培根铸魂、启智增慧"为己任，办好育人型基金会，加强集聚、辐射、引领、服务功能，筹集资金、扶贫奖优，坚持"公益性、行业性、枢纽性、科学性"的定位，打造枢纽型基金会，创新驱动、转型发展，坚持"以资引智、以资促智"的思路，建设智库型基金会，坚持"聚财、汇智、促善、育人"的方针，在守正创新中发挥领头雁作用，为教育公益事业的发展做出了新贡献。

不忘初心，方得始终

习近平总书记说过："一切向前走，都不能忘记走过的路；走得再远、走到再光辉的未来，也不能忘记走过的过去，不能忘记为什么出发。面向未来，面对挑战，全党同志一定要不忘初心、继续前进。"

上海市教育发展基金会理事长王荣华是基金会创办的筹划者、参与者和见证者，他也是基金会艰苦创业岁月的亲历者。2011年，上海市教育发展基金会召开第四届理事会第一次全体会议，时任第十届上海市政协副主席的王荣华当选为第四届理事会理事长，同时会议决定基金会开展"加强枢纽型社会组织建设"的研究。新时代，王荣华掌舵上海市教育发展基金会，领航基金会继续前行在"支持教育、服务教育"高质量发展的答题路上。

30年坚守初心，30年兢兢业业，30年创新探索，30年春风化雨。作为创办者和掌舵人，上海市教育发展基金会理事长王荣华为我们讲述了30年来基金会风雨兼程、始终在路上的创业与发展历程：这是一段始终为了办人民群众满意教育而奋斗的历程；这是一段因为敢于担当勇于创新而上下求索的历程；这是一段围绕"聚财、汇智、促善、育人"绵力久功、与善同行的历程。

关于"聚财、汇智、促善、育人"

（节选自王荣华《问道教育四十年》）

基金会，顾名思义是一个依托于资金而形成的机构，乍一看，一不差钱，二可花钱，似乎是一份无人不会的美差乐活。客观上，社会上不少基金会也是这么表现的，偶尔做一两件锦上添花的事，人人皆知，皆大欢喜。作为教育基金会，若把这些套路转用到教育上再简单不过，也无可非议。幸运的是，上海市教育发展基金会从创办伊始就明确了自己的责任，形成了自己的优良传统。我们提出"聚财、汇智、促善、育人"的宗旨，资金、资源的背后其实是才智，获捐的资金也好，资源也罢，本质上代表了社会的善意和善念，捐助者所施的是善行，受助者所获的乃善需，唯有善意、善念、善行的通达，才能营造我为人人，人人为我的社会，因此，每一次善意、善念的达成就是一次扬善的过程，也是问道教育求解的过程。

基金会从这样的立场出发开设奖项，着力加强高校思政和"马院""马工程"建设，引导学生树立正确的人生观、政治观、思想观；积极推进高校优秀青年人才的"曙光计划"，既收获了丰硕的科研成果，又助推了一大批优秀人才的成长；聚焦"人民教育家"于漪形象和品质的传诵，着力提升教师素养；努力搭建校企合作平台、高校就业创业项目，助推大学生就业；弘扬大国工匠精神，支持职业教育，助推应用型人才成长，助力"晨光计划"传递希望；为特殊教育发展甘当后盾……我们真切地体悟到，没有全社会的共同努力就难有教育健康发展的氛围，

2018年11月3日，首届上海市教育发展基金会"关爱青少年成长特别贡献奖"表彰仪式在复旦大学相辉堂举行，理事长王荣华为曹鹏、徐根宝两位同志每人颁发二十五万元奖金支票

因此创设了"关爱青少年成长特别贡献奖"，先后向全社会褒奖和表彰了全身心奉献给少儿音乐事业的艺术家曹鹏、十年磨一剑悉心培养足球小运动员的徐根宝教练、几十年来资助无数学子圆梦的香港爱国人士及叔蘋奖学金管委会主席顾家麒先生、为上海基础教育发展作出重大贡献的两位教育功臣唐盛昌和顾泠沅等。这些项目的组织实施，不仅有效回应了时代呼声和教育改革与发展的需求、促进了教育品质的提升，也充分弘扬了社会的善愿、善行。我们坚持勿以善小而不为、勿以款小而轻视；不图财物实利，只谋教育发展；不为做锦上添花的事兴奋，却为做雪中送炭的事骄傲，不断推进基金会向枢纽型社会组织发展。可以说，这些既是我们弘扬办会宗旨的体现，也是我们问道教育的行动。

与善同行，其行久远

习近平总书记在党的二十大报告中提出了到2035年建成科技强国、教育强国的奋斗目标，全面部署了"完善人才战略布局，坚持各方面人才一起抓，建设规模宏大、结构合理、素质优良的人才队伍"等各项任务。回首过去，初心闪耀；展望未来，其行久远。在上海市教育发展基金会理事长王荣华看来，上海市教育基金会将始终不忘初心，牢记使命，以"功成不必在我"的胸怀和"功成必定有我"的担当，谱写新时代"支持教育、服务教育"高质量发展的新篇章。

初心：办人民满意的教育

问: 上海市教育发展基金会创办于1993年。请您为我们介绍一下基金会创办的宏观背景。

王荣华: 我参与了上海市教育发展基金会的创办工作，可以说，基金会的创办是上海改革开放的必然产物，也是上海市教育工作改革发展与创新探索的成果之一。

党的十一届三中全会后，邓小平同志先后10余次来到上海。从1988到1994年，晚年时更是连续七年来沪和上海人民共度新春佳节。1990年9月，国务院批准了上海市政府开发、开放浦东新区的具体政策规定。中央要求上海在改革开放中做排头兵、先行者。邓小平同志一再叮嘱上海的领导胆子再大一点、思想再解放一点、步子再大一点，这就是我们说的"三个一点"。在邓小平同志的鼓舞、在中央的支持和要求下，大家上下一条心，所以上海当时呈现了一年一个样、三年大变样的发展态势。

在基础设施和城市建设大变样之后，城市后续发展怎样保持后劲？市委、市政府领导班子审时度势，多次在重要会议上指出：一流的城市，要有一流的教育，一流的城市和一流的教育都有一个建设过程，但是两者必须同步协调发展。教育的发展需要改革和投入。考虑到当时的经济状况，在市委、市政府的决策部署下，决定通过改革的办法，通过新的办法，来募集资金，来支持教育发展。上海市教育发展基金会就承担着面向社会募集资金以支持教育、服务教育事业发展的功能。这就是基金会成立的宏观背景。

问：您参与了基金会的筹办与成立工作，当时基金会成立的初心是什么？

王荣华：国家与城市的发展要靠人才，人才的培养靠教育。可是，当时在教育领域存在一个怪圈：谁都希望自己的孩子由好老师教，但是谁都不愿意自己的孩子去当老师。我们师范院校招生很困难，以至于有的师范学校说要把"师范"两个字拿掉，这样好招生。为什么不愿意做教师？这主要有两方面原因：一方面是历史原因，经历了"文化大革命"，大家还是心有余悸；另一方面是社会地位和经济待遇较差。这两方面因素造成了当时教师不是一个让人向往的职业，更不用谈阳光下灿烂的职业了。我们当时想了很多办法，提升教师的社会待遇，我们对尊师重教进行了大力宣传，教师节就是那个时候产生的。另外一方面经济待遇也要提高；否则的话，教育投入不足，教师队伍就不稳。

与此同时，市委、市政府开展过调研，当时的上海市民对教育的需求已经从"有书读"转变为"读好书"。也就是说，人民群众对教育质量提出了更高的要求。所以市委、市政府对矛盾的变化、愿望的转变和上海大规模建设的发展阶段以及可能性，进行了全面系统的分析。经过认证和广泛听取了各方面意见，最终做出成立上海市教育发展基金会的决定。通俗而言，就是除了财政加大对教育的投入，还要从社会各界集资、筹资。募集资金干什么？就是办一流的教育。由此可见，上海市教育发展基金会是为了办人民群众满意的教育应时而生。成立的宗旨是支持教育，服务教育。

探索：定位是支持教育，服务教育

问：基金会的发展定位和宗旨是什么？

王荣华：上海发展的后劲在教育。基金会的宗旨就是支持教育、服务教育，进而满足人民读好书的愿望，提高教育质量。

　　基于服务大局的这个站位，我们基金会还有更精确的定位。基金会的工作实际上是一个三次分配的工作。教育工作的主要投入者是政府，比如义务教育属政府投入。我们的作用是拾遗补阙。我们不能包打天下，不能什么问题都解决，我们没那个本事，也没那个能力。所以，我们一开始就明确了基金会的性质、宗旨、目标、任务。它是公益性的，无论做什么具体项目和计划，万变不离其宗，它的宗旨就是支持教育、服务教育。

问：在基金会成立时，人员构成是怎样的？

王荣华：上海市教育发展基金会成立的决策是由市委、市政府做出的。但是开始就是社会化办基金会，政府不做资金投入。所以，基金会一成立就开始面向社会筹集资金。我们的首任理事长是时任上海市副市长谢丽娟同志，她是当时分管教育的副市长，这是市委、市政府决策安排的。此外，在人员配备上，市教委派了一些同志过来，社会上募集了一些同志。在人员结构上，一方面还有一些刚退下来的老同志，一方面是在职的，还有社会上的一些企业人员。当时对于基金会没有相关的法规政策的规定，但是大家都目标一致，齐心协力，劲儿往一处使，总是想尽一切办法，多争取社会各方面的资金支持，以支持教育，力图解决教育上资金不足的困境。

问：泉涓涓而始流，木欣欣以向荣。我们从资料上看到基金会甫一成立就受到社会各界的大力支持，第一年就募集了约1亿元善款。这在当时是一笔巨款。基金会是如何做到的？

王荣华：你问得很好。其实，从募资的结果，我们可以看出，基金会在教育改革的大潮中既是应运而生，也是民心所向，还是社会各界乐见其成的。我们前面提到改革要用新的办法，就不能靠政府行政权力去拍板，去指令。上海是一座光荣之城，是一座大爱之城，我每每回忆起基金会成立的往事，总是被上海市民的大爱、社会各界的大爱所感动。第一年我们就募集了约1亿元，这里面有企业捐款，还有大量市民拿出自己微薄的收入为我们上海的教育事业献上爱心和支持。1993年9月，基金会刚刚成立，我们收到了第一笔社会捐赠。那是一张10元的汇款单，来自一位名叫方善忠的75岁退休职工。他在汇款单上这样写道："以省吃俭用，致微薄的能量，特此敬奉人民币壹拾元整，请作教育发展基金之用。"就这样，我们基金会拉开了接受捐赠、募集资金的序幕。点点滴滴的社会爱心汇成浩浩荡荡的教育善款，如源头活水为教育发展注入无限生机与活力。这也是人民城市人民建，人民城市为人民的生动写照。我们这本书的名字叫《魔都慈善——我与上海市教育发展基金会》，今天，我们真的为我们的城市——慈善魔都——感到骄傲。

问：基金会成立后，市委、市政府对基金会提出了怎样的要求？

王荣华：那时候我是市委副秘书长，当时担任了基金会的副理事长，从一开始到现在，我一直在基金会。2011年，谢丽娟同志交棒交给我。我在基金会30年了，所以我是全过程参与基金会工作的。市委、市政府从一开始就对我们有三条明确的要求：第一是募集好资金，基金要募集好；第二是管理好资金，将来有钱了要管理好；第三是用好基金，一个钱要当一个半钱用。我们当时就确立了目标，要做"三好学生"，争取做模范。

我们这一段发展道路并不平坦，是艰辛的。这三十年，我称其为绵力久功三十年，绵绵之力，久久为功。回首过去，很多事仿佛就在昨天。我认为谢丽娟同志在基金会的发展历史上是功不可没的。她当初是市政府的现职领导，她亲自去筹钱，很坦率，也很有威望。我一直讲我们基金会有一个好的传统，叫"谢丽娟自行车精神"。当时香港有一位企业家，他有一笔资金想支持教育，做公益事业，但是究竟放到哪一家，给谁，他一直在犹豫。谢丽娟知道这个事情后，就到他那里去了。她是骑着自行车去的，她向香港企业家介绍了基金会的情况，很诚恳，很坦率。企业家看到谢市长骑着自行车来跟他们谈事情，他们很感动，说他们把钱给上海市教育发展基金会，他们放心。在我们基金会，像这样的举动有很多，这是一种传承和传统。

不忘初心，方得始终。心有所信，方能行远。我们所做的一切是为了支持教育、服务教育。所以，我一直跟基金会的同志们讲，我们始终要记得"你是谁，你从哪里来，你要到哪里去，你要干一些什么事，你的任务、你的使命是什么"。

发展：聚财、汇智、促善、育人

问：我们常常说时移而事易，矛盾与事务是不断变化的。伴随着上海经济的大发展，伴随着教育事业发展形势的变化，面对外部环境的变化，上海市教育发展基金会在自身的发展策略上做了怎样的调整，以便在新形势下更好地服务教育，支持教育？

王荣华：通过对基金会成立之初的背景回顾，我们知道，基金会成立之初，我们其实是在城市经济基础相对薄弱的情况下还历史欠账的。

所谓历史的欠账，包括几个方面：首先是紧缺人才的培养，包括外语、计算机等紧缺人才的培养，以满足开放和科技的发展的紧急需求；其次是扶贫帮困，像我们师范类、农林类等一些学校不太有人考，但是国家发展很需要，我们要想办法以资鼓励和支撑；另外，上海还有一些盲校、聋哑人学校等特殊教育学校，这些教师们格外辛苦，但各方面待遇都比较差，所以这方面也需要我们进行投入，让他们能够安心工作。当然还有其他一些具体的工作。

到了一定的阶段，上海经济等各方面都发展了，我们基金会也在发展壮大。我们就考虑怎样在原来的基础上继续开拓，怎样与时俱进。此时，我们就逐步把支持教育、服务教育这个总概念进行了精准化、具体化，进而形成了

"聚财、汇智、促善、育人"这八个字。

这八个字是我们在发展中，通过发现问题、分析问题、解决问题提炼出来的新路径。我们发现了什么问题呢？我归纳为"三花"现象：一个是"天女散花"，大家都知道有一个上海市教育发展基金会，大家都来申请用钱，我们那时候面对申请，都尽力帮助，如"天女散花"；一个是"雾里看花"，钱你到底用到哪里去了，用的效果怎么样，其实我们后续是不太清楚的；还有一个是许多只是做到了"锦上添花"，而没有做到雪中送炭。那么，我们怎么克服"三花"现象呢？基于资金募集好、管理好和使用好这"三好"要求，我们提出"三精"：要精选项目，要精准投入，要精细管理。精选项目是针对"天女散花"的；精准投入，是针对"雾里看花"的；精细管理，针对"锦上添花"的，就是要做雪中送炭，而且要评估，你是不是按照这个要求做了，没有按照要求做，我发整改书通知你，提醒你及时调整，我们有时还会鼓励。这样一来，就使得筛选、投入、评估形成了一套科学、精准的体系。

你看，这样一来，目标有了，问题有了，思路对策也有了。我们进一步提出了"三非"的概念：我们是非银行的金融机构，其资金是非财政性的公款，是非政府性的社会组织。

第一，我们是非银行的金融机构。银行是靠存贷的，我们是靠自愿的，我们发出募捐之后，大家都是自愿来的，我们银行不一样，我们不靠差息，这是不一样的。我们也是金融机构，也有资金往来。但我们与银行不同，我们是扶贫济困，后来还发展到奖优。所以这点上，它有金融机构特点，但是我们是基金会。

第二，我们的资金是非财政性的公款。财政是很刚性的，是靠税费，那是国家属性的，是刚性的。到了基金会的钱，不管原来是谁的钱，哪里来的，一旦到了基金会的平台，那就是公款，就按照公款的办法来使用。但是我们的公款和财政性的公款有区别，财政性的公款有很多条文规定，我们和它不太一样。这样就使得我们有了自己的作为空间。市场失灵不为，政府有心难为，我们基金会根据基金会的定位特点，就可以有所作为。

第三，我们是非政府性的社会组织。基金会和政府的关系是管办分离的关系，政府制定方针政策，对我们在宏观上进行监督和管理。基金会和政府不是隶属关系，有一定的独立性。所以，定位准了以后，空间就显而易见了。

聚财：真诚与热爱是最好的募款姿态

问：您刚刚提到，在发展中，上海市教育发展基金会把支持教育、服务教育这个总概念精准化、具体化，形成了"聚财、汇智、促善、育人"这八个字。能否请您为我们详细地介绍一下这八个字？

王荣华："聚财、汇智、促善、育人"这八个字其实包括了四件事。我先来讲第一件事——聚财。

我们统计了一下，到目前（受访时）为止，我们基金会的总资产是22.4亿元，包括资金和不动产等。到2022年底，基金会累计捐赠收入12.72亿元，累计资助13.17亿元。我们教育发展基金会是没有政府投入的，比如老年基金会、拥军基金会、文化基金会都有政府投入，但是我们是没有的，完全要靠自己去募款。我们有自己的募款理念。人家叫"勿以善小而不为"，我们是"勿以财小而不为"。我们这些人过去都在教育战线，讲起来比较清高，有多少钱办多少事，求钱这个事情做不大来。但是，基金会如果没有钱，就是无米之炊，是不行的。教育是需要大爱之事业，也是赤诚之事业，更是功在当今、利在后世之事业，我们人人都努力，我们都是志愿者，我们用真诚、用赤诚、用热心为上海的教育事业奔走募资，很多企业、社会爱心人士和市民都深受感染，并伸出了慈善捐赠之手。所以，我常常跟基金会同志讲，我们这批人是有傻人干傻事的傻子精神，就是怀抱着对教育工作的爱，希望社会上的好心人能够把钱投到这里来，我们把它用好，用来服务好教育、支持好教育。

自2016年以来，我们收了8亿元资助，用了5亿多元。慈善基金总会来调研的时候说，我们的比例是高的。我想我们不做土财主，我们不是把钱藏着积累得越来越多，我们是要用，而且要用得好。用了说明做事了。同时，我们有"三精"在管理和制度上保证用好它。

2020年12月16日下午，上海市马克思主义理论学科与马克思主义学院建设工作推进会在上海科学会堂举行。中共上海市委常委、宣传部部长周慧琳（主席台中）出席会议并讲话。中共上海市教育卫生工作委员会党委书记沈炜（主席台左二）总结了上一轮上海高校"马院""马学科"建设成效。上海市教育发展基金会理事长王荣华（主席台右二）宣读了新一轮上海市马克思主义理论学科发展支持计划立项名单

汇智：智库式基金会金点子闪耀

问：那么，汇智又作何解？

王荣华：判断一个基金会好与不好，其中一个重要的方面是能不能广泛地动员、调动、汇集最广泛的智慧和力量。这关系到决策，比如一个项目，是否值得投入资金，风险怎样，最后预期的效益怎样。天女散花、雾里看花，必然是

讲不清楚。要讲清楚，就必须得深入调研，必须得广泛听取意见，必须要群策群力，科学决策，那就要有汇智。基金会本身不是智库，因为智库有特定的含义与规定，但是基金会有某些智库的功能。我在上海社会科学院有一段工作经历。面对新形势，我不断思考。我想我们基金会不能简单地钱到钱，我收来钱，谁申请，我转个手就花出去了。在这个过程中，我们需要财力加智力，实现资金的高附加值。汇智助力上海市教育发展基金会成为申城慈善文化公益事业思想的利器和教育事业发展的助推器。

我举个例子，于漪老师是"人民教育家"，30年来，我们基金会一直大力支持她，30年从来没有断过。她的研究、她的论文、她的思想是宝库。600多万字的《于漪全集》的出版，有我们的积极支持。《于漪教育思想研究论文集》是我们支持出版的。《于漪教育教学思想概要》，有12讲，用作教师的培训教材，也是我们主编和制订的。在我们看来，于漪的思想诞生在上海，是上海的光荣，传播好、弘扬好、践行好于漪的思想是我们的使命。如果于漪的思想能够让更为广泛的人了解与践行，那么上海的教育就能上一个台阶。因此，宣传于漪、学习于漪、践行于漪、研究于漪，我们都做了。我们投入资金支持于漪研究，但是如果她的成果只是关在房间里，或者被束之高阁，那是不是太可惜了？为此，我们和市教委合作，我们提供资金支持，还出点子。比如关于于漪的金句，我们策划开展了一系列朗诵、书法、讲演等活动。小朋友书法课上也写。我们还进行了巡展，进一步宣传、扩大影响。我们基金会在这件事上，承担了一定的智库功能，某种意义上就是出点子。智库就是点子工厂，要出智慧、智力。

我们还支持出版了《大爱交响——曹鹏传》和《从草根教师到人民教育家——于漪传》。市教委很支持我们，方方面面都很支持我们。

我再举个什么叫汇智的例子，复旦大学陈望道故居修缮一新，成了《共产党宣言》展示馆。2020年6月30日，习近平总书记给复旦大学《共产党宣言》展示馆党员志愿服务队全体队员回信，这是对我们的工作很大的鼓舞。复旦大学在着手修缮陈望道故居时碰到了经费困难，所以来跟我们商量是不是能够参与支持。我们当时听了以后，感到陈望道不仅是复旦的，也是上海的，甚至是全中国的，他教育和影响了一代又一代人，如果这个展示馆做出来，参观者尤其是青少年一定能够受益。与我们基金会的宗旨"支持教育、服务教育"也是吻合的，我们就同意了。同时，我们基金会并不是简单地把钱给复旦，我们与复旦商议展示馆的定位、机制、募资的机制等。我们建议复旦邀请市教委、民盟等参与，到了玖园二期的时候，我们还建议邀请浙江大学也参与。我们还协助引入了一些有社会责任感的企业参与支持。我们还请了上海的金牌画家俞晓夫创作了大幅油画《真理的味道》赠送给复旦。中国美术馆馆长吴为山的雕塑也是我们出的主意，我说将来大家来"打卡"，陈望道青年时代的形象能不能有著名的雕塑家来雕塑，雕塑往那里一放，将来就是一个"打卡点"。吴为山同志是一位雕塑家，德艺双馨，他欣然应允，他专门到上海来过好几次，看场地，现在在望道馆前面的陈望道雕塑就是他创作的。

我们不仅出钱，也出点子。所以复旦的领导说，他们当初只是想解决资金困难，筹措资金，没有想到我们不仅资金兜底，还发挥这么大的力量。后来他们告诉我，据统计，《共产党宣言》展示馆75%以上的参观者都是青少年，我们真的很高兴，因为我们真的做到了支持教育、服务教育。

大家现在都知道复旦大学有一个玖园爱国主义教育建筑群，第一期陈望道故居修缮之后，我们还帮助复旦开展了玖园二期，也就是苏步青故居、谈家桢（陈建功）旧居修缮，分别以信仰、爱国、科学为主题，位于上海国顺路650弄的复旦大学第九宿舍正式打造成了"玖园爱国主义教育建筑群"。在第二期的项目中，我们建议复旦利用我们的平台，开展了众筹，众筹的过程是凝聚力量的过程，是闪耀群星的过程，也是社会教育与传播的过程，取得了非常好的效果。

通过以上的两个例子，可以看出，我们跟传统的基金会是不同的。我们前期精选项目，在项目开展期间进行管理，并且跟踪参与，事后我们还有评估。而我们的汇智正是造就我们不同的因素，也让我们备受信任。

可以说，汇智提升了我们基金会资助项目决策的有效性、精准性和影响力。与此同时，我们这样做了以后，影响力又进一步提升了，认同我们的人更多了，更愿意投入资金支持我们。于是，形成了以财集智与以智再来聚财的良性循环。

关于汇智，我还有一些更深入的内容要说，放到后面来谈。

促善：坚持公益，崇德向善

问：好的，那我们接着谈"促善"。

王荣华：所谓促善，就是坚持公益性，崇德向善。我们连续三届，设立了关爱青少年健康成长特殊贡献奖，做了一些我们能做的事，获奖者是全社会范围的，是跨界的，跨所有制的、跨地区的，只要对教育作出贡献的都可以。第一届获奖的是徐根宝和曹鹏。这两位同志做了很多，但是教育界评选教育功臣时，由于他们不是教育界的（徐根宝是体育界的，曹鹏是文艺界的），所以就不评他们。但是，徐根宝办足球学校，而且加入文化课，要求很严，十年磨一剑，在崇明那里辛苦耕耘。我说这样的校长、这样的老师，我们应该鼓励，我们就颁奖给他，宣传和弘扬他的精神。曹鹏是音乐艺术界的，也不是教育界，但是他关爱青少年，特别是自闭症儿童的音乐治疗，真的了不起。所以我们跨界为他们两位颁奖。

我们第二届获奖者是谁？是叔蘋奖学金管委会主席顾家麒先生。叔蘋奖学金是顾乾麟先生于1939年在上海创办的面向清寒、优秀中学生的奖学金。"得诸社会，还诸社会"是"叔蘋奖学金"的理念。顾家麒先生是一位香港的外科医生，悬壶济世，仁心仁术。他每一次开会都要来讲话，来不了要寄信，我们真的很感动。据统计，叔蘋奖学金累计资助的学子超过9300名，影响力辐射长三角地区乃至全国。顾家麒先生虽然在香港，但是叔蘋奖学金发起地在上海。他们总部在我们这里，后来全国很多地方都有了分会。顾先生还把一些不动产也捐了出来。我们颁奖给他那天，他爱人本来要开刀，为了陪他一起来领奖，特意推迟了手术。我们颁奖给他是跨地区的，我们希望向全社会弘扬这份大爱精神。

在上海市教育发展基金会成立以后，叔蘋奖学金对基金会是有投入的，为了便于管理，就变成了我们基金会下面的一个专项基金，叫叔蘋专项基金。叔蘋奖学金颁奖大会，我参加了八届，每一次我都要讲叔蘋奖学金的"得诸社会、还诸社会"是一种跨越时代的精神，这种精神要求我们要懂得感恩，将来要回报社会，今天我们得到帮助，明天我们有能力、有成就，不要忘记帮助别人。

第三届表彰的是两位教育界的人士，唐盛昌和顾泠沅。他们两位都是上海市首届"教育功臣"、著名基础教育专家，是上海基础教育18万余名教师的优秀代表。唐盛昌同志以数十年的教育实践，在国际比较教育和人才培养上耕耘不断，成就显著。退休后，依然站在民办基础教育这块热土，在他的推动下，星河湾教育集团积极承担社会责任，向上海市教育发展基金会进行了巨额捐赠，有力支持了教育公益事业。顾泠沅同志开创、主持和深化了一项长达45年的"青浦试验"，创建了中国特色的教育实验范式。从教学实践的改进到教学理论的创新，从教学质量的提高到教师素养的提升，他的初心始终不离学校和课堂，他的视线始终不离开学生的优质发展，他的脚步始终跋涉在基础教育改革的征程上。

我们有专项基金。我们认为要大力支持专项基金来共同促善。这些专项基金是独立运作的，但是善良需要汇集，需要促进。我们要弘扬善的文化。我们大家都是一颗颗星火，但是汇聚起来就可以成为一片瑰丽的烟火。所以我觉得我们的工作有一种幸福感，我们整天碰到好人好事、善心善举。

促善这方面的例子还有很多，比如说上海中学老校长。我们基金会在上海中学树立了一尊叶克平的铜像，铜像下面镌刻着叶校长的座右铭"没有对学生的爱，就没有教育"。这句话是他一辈子做校长的心得体会。叶校长1927年参加革命工作，头上没有多少光环，也没有显赫的地位，一辈子在中学里耕耘。他说什么都不要写，就写我是某某学校校长就行了。在他临终的时候，他交代了两件事：一是后事从简，二是他拿出终身积蓄，包括他在"文化大革命"平反后补发给他的工资，设立了一个奖学金。

问: 说到这儿,您很动容。我真的也很受感动。您还记得当时是怎样的情形吗?

王荣华: 当时叶克平校长在住院,我陪同市领导去看望一些老教育家,我们到病房去看他。我在外面跟家属谈话,他的儿子出来叫我,说他爸爸请我进去。我坐在他的病床前,他就跟我讲:"王荣华同志,我有两件事想跟你交代,一是后事从简,一是我就想把这笔钱成立一个奖学金,支持学生,是我的工资积累,也就十万元钱。"这笔钱在我们基金会不算大,但是这笔钱在我的心目中就是一百万元、一千万元,甚至更多。为什么? 它是叶老的工资,是他"文化大革命"中停发,最后补发的钱。我和当时上海中学的唐盛昌校长说,上中要继承传统文化,传统文化是有人格化的,叶克平校长留给上中的宝贵传统要传承。唐校长很赞成,也很支持。后来,我记得在老图书馆请学校老教师、学生一起开了个会。上中培养学生德智体全面发展,叶校长给我们上了向真、向善、向美、向上、向前的最后一课。

后来,我们成立了叶克平校长奖。过了三年,叶校长的夫人毛诗校长(曾任上海小学校长)去世,她交代子女把叶校长留给她养老的钱也投入叶克平专项基金。再后来,他们的子女们,包括第四代,觉得都要继承这个遗志,要弘扬这个精神,大家做善事,从小做起,动员全家来募捐,为基金会增加投入,现在大概有350多万元。连小朋友都把自己的压岁钱拿来。公益慈善也成了叶克平校长家的家风、家传、家教。而上海中学之所以成为上海中学,成为一个名校,为学校培养了那么多优秀人才,是有精神内核支撑的。

我们还宣传复旦大学原校长谢希德,谢希德校长是新中国第一位大学女校长。她是搞固体物理专业的,很多人不太知道。我们为什么宣传她? 她主要是有人格的力量,她最大的人格力量就是爱国。不同年代,人家问她:"谢校长,你为什么回国?"特别是80年代出国潮的时候,一方面很多人请谢校长写推荐信,一方面又问:"谢校长,你怎么回来了?"谢校长是很开放的,她觉得学生应该出去交流,应该有国际视野。她都是积极地亲自写推荐信。60年代问她、80年代问他,后来又问她,她都是同一个答案。她回答说:"我是中国人，我要为这个国家服务。"所以我觉得她心中有国家，爱学生、爱老师、爱家人、爱孩子。弘扬这些大爱正是我们基金会的使命。

这也包括我们支持复旦玖园爱国教育建筑群的修缮，陈望道、苏步青、谈家桢、陈建功等先辈他们身上的精神都是宝贵的财富，弘扬他们的精神，我们认为就是支持教育、服务教育，是有利于青少年成长与发展的，是大善。

讲到这里，我们归纳一下，我们讲真善美，讲科学，讲知识，讲艺术，我们宣传楷模榜样、构建价值高地、践行感恩文化。善是一种价值判断、价值追求。所以，我们促善是促进善文化，不光自己做，更要培育土壤，营造氛围，带动全社会做。

育人：方向是关键，要有过程

问：关于育人，我们现在一直在讲培根铸魂育新人。在这方面，上海市教育发展基金会做了哪些服务教育、支持教育的工作？

王荣华："聚财、汇智、促善、育人"。育人也有过程。开始我们的工作是还历史旧账，资助一些薄弱学校、一些困难师生。我们重物更重人，重器重术更重道，道就是规律、价值观。五育融合，德智体美劳五育并举。在五育融合方面，特别是在德智融合方面，我们基金会扶贫不忘扶智，扶智不忘扶志。

"要从党和国家事业发展全局的高度，坚守为党育人、为国育才，把立德树人融入思想道德教育、文化知识教育、社会实践教育各环节……培根铸魂、启智润心。"习近平总书记在2021年3月6日发表的讲话，对教育事业的发展提出了新要求，更对育人作出了明确的指示。

关于育人，我们首先要说的是突出政治方向和价值取向。培根铸魂、启智润心，为中国式现代化培育新人。思政课是落实立德树人根本任务的关键课程，"要理直气壮开好思政课"。为贯彻党的教育方针，落实立德树人根本任务，在上海市委宣传部、市教卫工作党委、市教委指导下，上海市教育发展基金会积极联合上海市中国特色社会主义理论体系研究中心和上海市学生德育发展中心，于2017年共同启动了"上海市马克思主义理论学科发展支持计划"（以下简称"三马计划"）。基金会每年出资500万元，从2017到2019年，累计资助1500万元，用于资助该计划的实施。这也是基金会作为社会力量支持马克思主义学科建设、助力思政课教师队伍发展的一次有效尝试。《光明日报》对此进行了报道。兄弟省市都以为是政府投入的。我在北京参加国家教材委会议，人家讲你们上海很不容易，你们政府投了1500万元给社会科学，我们回去要跟我们省里讲一讲这个"上海经验"。我告诉他们，我们上海是以教育发展基金会投的资金开展这一项目的，不是政府投入的。大家都很惊讶。可以说，我们又开了个好头儿。

目前，项目是第二个三年了，也是三年1500万元，加起来是3000万元。第二个三年，"三马计划"不是重复政府、学校里的事，我们进行了国情调研、市情调研。包括到小岗村去，这些老师问的问题很尖锐，那些回答问题的人亲身经历，亲眼见到，就讲自己的感受。为什么改革开放在中国是一个壮举？有血有肉有亲身体会，学生听起来就不一样。我们就提供这方面的条件，资助教师开展国情调研、市情调研。

育人，阵地建设很重要。我们支持资助马克思主义理论研究刊物不断提高办刊质量和社会影响力。其中，《思想理论教育》《学术月刊》的学术影响位居前列。此外，还有《探索与争鸣》《毛泽东邓小平理论研究》《东方学刊》等。这些杂志都是我们资助的，这些都是阵地，我们要支持。

问：从学界到政界，再到业界，您一直都在教育领域工作。您能否从较为直观的角度谈一谈关于培根铸魂对于育人的重要性？

王荣华：我们朴素一点讲，一个人要成长，有方方面面，包括智力因素和非智力因素，非智力因素，就是我们所说的理想、信念、毅力、意志。你看指挥家曹鹏，那么大年纪，走路都慢慢悠悠，一旦指挥起来，就精神抖擞。于漪老师94岁，心脏不好、血压高，浑身疼痛，她跟我说关关难过关关过。她说一个人只有心情旷达，有所追求，那些疼痛就会忘掉。她跟我们一谈到教育，一谈到教师培养，一谈到研究，就来精神了，你根本看不出她是一个94岁生过大病的老人。为什么？理想、信念、精神在支撑着她。人要有理想、信念和精神，要有价值观引领，没有帆，船跑不远的。

德才要兼备。香港有位周忠继老先生，原来他支持我们开展计算机纵横码输入法的普及工作，支持了很多年。后来，老先生自己主动跟我说，我能不能把我支持你们的这笔钱，用于最美教师、最美学生的培养。为什么？他说他在香港，看到那些十几岁的孩子做出的占中暴行，他感到心痛。他说知识学得再多、专业再好，连自己是中国人都不承认，学了那么多东西有什么用？他说，你们能不能把我这笔钱用于美德教育，因为教师要管学生，要培养学生，是帮助学生立德的。

问：除了学术刊物，基金会资助的出版物也受到教师和学生的喜欢，比如《上海六千年》。这是出于怎样的考量而做出的整体设计与安排？

王荣华：出版物也是我们的阵地。《上海六千年》系列图书的出版以及实践活动，是我们为探索协同育人机制而发起、资助的。从2018年起，我们基金会与上海市地方志办公室紧密合作，启动资助了上海六千年项目。作为该系列的延伸，2019年推出"上海地情普及系列丛书"第一辑，2020年推出"丛书"第二辑，2021年推出第三辑，2022年推出第四辑，反映上海取得的瞩目成就，受到了各界欢迎和好评。为了落实习近平总书记于首届进博会期间在上海讲话精神，基金会还参与策划、组织并全额资助出版了《上海城市品格读本》，为读者了解上海，特别是了解上海发展的密码，了解上海的历史方位和责任，提供知识，提供智慧。

育人既在课堂上，也在社会中；既在书本上，也在实践中。为了探索全社会育人的有效路径和有效经验，助力青少年传承红色基因，争做时代新人，基金会于2019年发起、资助并主办了"上海六千年"之旅实践活动。该活动以上海地方志普及读本系列《上海六千年》为导览，以上海久隆模范中学为首批试点学校,分"江南文化""海派文化""红色文化"三条路线开展寻根之旅,旨在通过"知行合一"的育人模式,培育青少年对党、国家和家乡的深厚感情及使命担当,引导学生从书本走向现实,读好理论和实践"两本书"。

　　我们的试点学校是久隆中学,久隆是和我们有很深渊源的学校,久隆的孩子们都很优秀,都是劳动人民的孩子。按照书中讲的路线,我们组织学生去看,我们叫寻根问道。寻根,我们的根在哪里? 在中国,在上海;问道,育人之道、成长之道。我们希望孩子们行走上海,感悟中华,爱家乡,建家乡,走好新时代成长成才之路。

问: 在育人方面,上海市教育发展基金会取得了辉煌的成果。其中,上海市教育发展基金会的"曙光计划"在上海乃至全国都具有很高的知名度。我了解到,"曙光学者"中,优秀人才和科研成果不断涌现,已产生了17名院士、100多名"长江学者"和百余名高校书记校长、厅局级以上的高层次管理干部。关于这方面,能否请您系统地介绍一下?

王荣华: "曙光计划"是我们于1995年倡议并出资设立的上海高效跨世纪人才培养基金,由上海市教育委员会与我们基金会共同管理,共同实施,是我们最成功、最有影响力的资助项目。资助对象为高校40岁以下的"三高"(高学历、高职称、高水平)教师。

　　除了"曙光计划",我们还有"晨光计划"(面向本市高校三十周岁以下、具有硕士及以上学位、副高级以下职称,科研能力较强的优秀青年教师)、"阳光计划"(包括思想政治理论课教师类和思想政治教育类两个类别)、"星光计划"(上海市中等职业学校高技术人才培养基金)、"普光计划"(帮困及奖励计划)、"强基计划"(拔尖创新人才培养)。所以,我们开展了有体系、有目标、服务于国家大局和城市发展需要的一系列支持教育、服务教育的育人计划。

2021年10月9日，高校中国共产党伟大建党精神研究中心成立仪式在中共一大纪念馆举行，教育部党组成员、副部长翁铁慧出席并讲话，中共上海市委常委、组织部部长胡文容出席并致辞。第十届市政协副主席、上海市教育发展基金会理事长王荣华出席并获颁专家委员会专家聘书

问：《光明日报》对高校中国共产党伟大建党精神研究中心首届学会研讨会进行了题为《立德树人 铸魂育人》的报道。请您介绍一下"高校中国共产党伟大建党精神研究中心"的情况。

王荣华：高校中国共产党伟大建党精神研究中心是上海市教育发展基金会2021年资助的重要项目。我们和教育部社会科学司，市教卫工作党委和市教委领导多次共同研究将高校中国共产党伟大建党精神研究中心落户上海的必要性和可行性并达成共识。在这一过程中，我们基金会认真学习贯彻习近平总书记"七一"重要讲话精神和关于加强高校党建工作的重要论述，统一思想，凝聚共识，充分认识基金会精选资助项目，支持高校中国共产党伟大建党精神研究中心建设的重要意义。这一中心立意高远、影响深远，对铸魂育人具有重要意义，因此，我们勇担使命，主动作为，精准投入，全力以赴支持项目工作。

新思路：知金融、懂教育、爱公益

问： 我国社会的主要矛盾已经转变为人民日益增长的美好生活需要和不平衡不充分的发展之间的矛盾。与此同时，国际国内形势也在发生着巨变。面对新形势，立足现实，放眼未来，您对基金会未来的工作有怎样的思考？

王荣华： 我刚刚讲了的"聚财、汇智、促善、育人"这八个字四件事，主要是基于"着眼于未来、着眼于人才、着眼于青年"来讲的。支持教育、服务教育是我们的根本。但是新形势对我们提出了新要求，所以我们的工作也要有新思路。近年来，我们提出知金融、懂教育、爱公益。

第一是知金融。因为我们是非银行的金融机构，是非财政性的公款，但我们需要跟资金打交道，这就要求我们了解金融，这个金融是关于基金会的金融，不是政治经济学的M1、M2，那是两码事。具体到我们这里的钱怎么保值增值，怎么防范风险，这方面我们需要加强学习。怎么防止风险？我讲"三非定位"。基金会的空间在哪里？没有现成的答案，我们要在实践工作中去探索，去总结。面对百年未有之大变局，"变"是将来一个特点，世界变，中国变，教育也在变，我们也要变。怎么变？我们对和我们有关的金融要应知应会，然后才能知道什么可变，什么不可变。

第二是懂教育。我们虽然是教育界出身，但是我们还是有一定局限性。教育也是在不断变化发展的。我们到了基金会以后，离开了教育一线，往往有时隔了一层。你怎样才能帮到点子上，这是一个挑战。比如说现在一方面"双新""双减"，推行素质教育，另一方面是现在社会普遍的教育焦虑。我们需要对此进行深入调研、分析。社会焦虑产生的原因是什么？它背后的思想价值是什么？包括我们哪一些政策导致了这些焦虑的产生？应该怎么应对？近期、中期、长期要做什么？这些问题我们不懂，按照过去的来，是不行的。于漪老师讲得好，她说我们青年教师的评价，一方面肯定他们好的地方，一方面不能估价过高。什么意思？因为现在青年教师也是刷题刷出来的，是应试教育出来的，他们对应试教育很清楚，现在要搞素质教育，怎么搞？他们不会。所谓懂教育，就是我们必须直面教育一线的现实。

问： 是的，教育在不断变化，对一线老师和家长都提出了新要求。

王荣华： 时代在变化，今天怎么做家长、今天怎么做教师，都是新问题。我们的精力到底该花在哪儿？如果还是原来的样子，那你就弄不到点子上。所以，教育是一门科学，也是一门艺术，不是人人都懂的。但是，现在一讨论教育，谁都能发言。我自己都念过书，我的孩子念过，但不一样了。世界教育变化的潮流、中国的变化、教育界本身的变化，我们知道多少？我们要懂教育，是要懂现在的教育。

就基金会而言，只有懂现在的教育，才能立足于现实定好位，什么事是在现在的情况下我们应该去做的。我们要非常务实，比如扶贫，我们要更加具体。我在学校也待过17年，复旦每年都有一批同学不回家，有的是考研究生，有的是因为家庭经济困难，来回一次需要不少钱，假期就在学校里过。但是，疫情期间学校都封了，都不上课了，怎么办？他要回去，就有一个路费开销的问题。能不能把这一部分同学统计一下，我们跟有关部门想办法拨出一笔钱来让他们回家？我们作为社会机构，应该爱护他们，关心他们。

还有过去我们说不让一个学生掉队，后来不让一个学生因为经济困难而辍学，现在我们觉得应该让每一个学生都有出彩的机会。除了我讲到的扶贫，还有一个奖优，我们还要鼓励拔尖创新人才，给他们创造条件。教育上有很多教师队伍的问题、教材的问题。我们现在还设立了一个教材专项基金，教辅有十来种，好的教辅，我们也出资资助。

35

这些教育方面的问题，其实还是不少的，我们需要在其中发现自己的空间，找到我们的着力点，能够进去以后带动更多的人来做，帮到点子上。所以懂教育不是一句话。我在教育界那么多年，问道教育40年，我们就是要不断面对新情况，发现新问题，想到新办法。

第三是爱公益。我们这项工作，说老实话是一个热泪事业，崇高大业。热泪事业需要大爱之心，没有大爱之心是很难坚持下来的，也很难做好的。包括在三次分配当中，我们公益事业到底应该发挥什么作用，发挥什么独特、积极的作用？我刚刚讲了，这也是我悟出来的，市场失灵不为，因为市场是讲效率的，是资本、是逐利的，没有利是不会做的；政府有心难为，那么我们作为社会公益组织就可以有所作为。

新目标：枢纽型头雁式基金会

问：您认为未来上海市教育发展基金会的新目标是什么？

王荣华：新形势、新问题、新实践，需要发现、提炼新规律。我们做了一个课题："上海教育类枢纽组织建设的探索与实践——以上海市教育发展基金会为例"。我们感到要适应新形势，要按照党中央的要求，按照我们的特点，提出建立枢纽型基金会。整整是五年时间、三年思考、一年写作，最后我们与国家高端智库上海社会科学院专门合作，做了这个课题。

我了解到，现在社会组织，至2023年据上半年统计，全市基金会有570家，教育基金会有77家，总量资金大概大数是31亿元。但是这31亿元到底从哪里来？用到哪里去？用的效果怎么样？没有一个人讲得清楚。我问过教育主管部门，他们也不清楚。怎么办？这么大一笔资金，用好可是一个力量，用不好就散掉了。还有的不叫教育基金会，比如慈善基金会不是教育基金会，但是有四分之一的款项是支持教育的。有一些尽管是某一个企业的基金，但有相当一部分是投入对人的培训，这都属于教育范围。但谁也讲不清楚，那么大一笔资源有没有利用好。这么大的事业，这么大一笔钱，不去做科学的分析和研究，长远来看是难以为继，难以实现高质量发展的。

从这个问题出发，我们开展课题，进行分析，然后比较国内外情况，提出若干建议。在五年间，我们把问题以及问题怎么解决进行了总结。对于基金会来说，这个研究是可做可不做，但我们做了，我觉得非常有意义。不管是教育部门、民政部门还是研究部门，他们都觉得这个课题是有开创性的，是有点破题性的。我们希望做枢纽型的基金会。这也是前面我与你说关于汇智我还要补充的内容。成为枢纽型基金会，就汇智而言，如果我们自身智力不够，我们还可以向外借力、借智。

我们前面说我们是傻人干傻事，有些傻子精神。关于枢纽型头雁式发展的新目标，其实我们是有些自我加压的。我经常呼吁，我说我们可以发挥很大作用，我们也想发挥一下我们的身份优势、平台优势和机制优势。我们在公益雁阵，大家都来做公益，是一个雁阵，我们想发挥一个头雁效应。我们今后的定位是一个枢纽型社会组织。枢纽是一个交通的概念，它是个节点，是集聚和辐射集散的一个中心，资源集聚，然后集散。说白了就是在原来的基础上多了一个服务职能，能够成为教育类基金会的智库，大家共同的问题、共同的呼声，能够通过我们向决策层有关方面去反映，上下沟通。

讲了这么多，我们基金会也有一个适应形势转型，站在新起点上再出发的问题。不是以前怎么做，现在还怎么做。枢纽就是节点、集聚。智库就是以资聚智、以智强教，最后目的是为了支持、服务教育，在专业化方面，在智力支撑方面，现在是库多智少，智慧很少，解决问题的不多。因为我们在一线，我们了解情况，我们应该在这方面有感受，我们可以发挥作用。

头雁就是要创新、要担当、要示范、要自律。100件事情，其中99件事情做对了，应该的，有1件事情没有做好，那不行。社会组织的生命力在于它的诚信、公信力。所以我们把这件事情看得比什么都重，在资金的管理上，我们要求十分严格。

我们是一个学习型基金会。我们每次开办公会，前面一定是学习，学习党中央和习近平总书记的要求，了解社会上的新情况，和我们有关的，我们都学习。新形势下，我们基金会也需要实现高质量发展，做高质量、高水平的事。上海是具有世界影响力的国际现代化大都市，我们上海市教育发展基金会的发展要与上海的教育发展，与上海的城市发展和上海人民的期待相呼应。

新思考：功成不必在我，功成必定有我

问：通过您的介绍，无论过去，还是现在，上海市教育发展基金会做了许多"为他人作嫁衣裳"的事情，还做了许多培育土壤的工作。未来，您对于基金会的具体工作是怎样想的？

王荣华：我想有两个方面，我们对于工作秉持的理念或者说态度，就是功成不必在我，功成必定有我。做事情时，我们有舍我其谁的担当，也有合作协同的胸怀。

合作协同，就是功成不必在我。我们大家有一个共识，做善事不求回报。你刚刚说的"为他人作嫁衣裳"，好多事情人家找到我们，我们是帮助人家做的，推一把，事情就成了，我们乐见其成，功成不必在我。十步之内必有芳草。我们每一步探索和助人，其实都是在回答社会组织的时代之题，我们是边实践、边思考、边回答。我们很自豪我们是新时代社会公益组织的答卷人，面对需要献出爱心的项目，我们舍我其谁，所以我们有"功成必定有我"的担当。

问：您在上海市教育发展基金会30年了，您是基金会30年发展的引领者、亲历者和见证者。您如何看待自己在基金会的工作？

王荣华："我将无我，不负人民"是我们共产党人最高人生境界，也是我所努力追求的。基金会的宗旨是支持教育、服务教育。于我而言，作为一名问道教育40年的教育工作者，这也是我一直竭尽所能在做的。面对这样一份热泪事业，需要有大爱之心。回首过去，我感到是非常有获得感的，许多项目在我们基金会的帮助下得以开展，受益的有青少年、有教师，甚至还有同业。赠人玫

教育是一项塑造
灵魂的崇高大业，
向教师们致敬！

樊锦诗
二〇二二年
八月廿日

在第38个教师节来临之际，敦煌研究院名誉院长樊锦诗为上海市教育发展基金会题词："教育是一项塑造灵魂的崇高大业，向教师们致敬！"这是给广大教育工作者的一份沉甸甸的节日厚礼

瑰，手有余香，因此，这是一份充满幸福感的事业。

我还从那些有心、有大爱的爱心人士身上获得了很多精神力量，于漪老师、曹鹏先生、叶克平校长、樊锦诗院长等教育家、学者、艺术家他们身上的高尚情操也让我深受熏陶和教育，我从心底里崇敬他们。还有刘浩清先生、顾家麒先生等爱心人士的大爱情怀也让我如沐春风。理想、信念、大爱、无私，这些都是宝贵的精神财富。这也是我在上海市教育发展基金会获得了的"巨大的财富"——精神财富。

我是一名中共党员。我感恩我生活在这样一个时代，遇到了这样一个机遇，感恩组织能够给我这样一个工作平台，能够给社会再做一点工作，因为当社会还需要我，组织还需要我时，我认为我还有点用，还有点价值。

马克思说，我们的事业将悄然无声地存在下去，但是它会永远发挥作用。教育事业是崇高大业，是造福子孙后代的国之大业。我们的事业要前进，我们就要高举旗帜，奔跑前行。新时代，我们希望上海市教育发展基金会能够进一步支持教育、服务教育的高质量发展，上海教育能够领先全国，继而领先世界。

慈   善

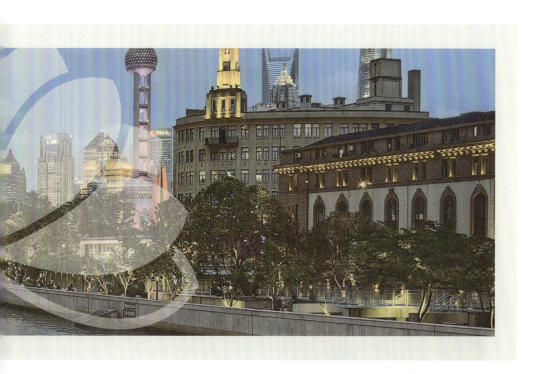

大   道

从真金白银到众筹，一切为了信仰

对话人物：

焦扬　复旦大学原党委书记

焦扬

关于"玖园爱国主义教育建筑群"

玖园是复旦大学第九宿舍的雅称，曾在此居住过陈望道、苏步青、陈建功、谈家桢、谭其骧、蒋学模、谷超豪、胡和生、陆谷孙、张薰华等多位名师大家。1956年，学校将一幢典雅的欧式三层小楼供陈望道以及由他主持的语言修辞学教研室使用，面积约322平方米；同年，学校拨出专款为苏步青、陈建功两位教授在园内各自建造一幢小楼，总建筑面积391平方米。陈建功教授调离复旦后，谈家桢教授居住于此。

玖园爱国主义教育建筑群包括《共产党宣言》展示馆、苏步青旧居、谈家桢（陈建功）旧居三个展馆。作为玖园一期项

2018年5月，复旦大学将陈望道旧居修缮改建为《共产党宣言》展示馆，对学校、社会公众开放。担任讲解员的是一支由复旦师生组成的"星火"党员志愿服务队。2020年，志愿服务队的30名队员给习近平总书记写信，汇报了参加志愿讲解服务的经历和体会，表达了做《共产党宣言》精神忠实传人的信心和决心。

"心有所信，方能行远。"2020年6月27日，习近平总书记给复旦大学《共产党宣言》展示馆党员志愿服务队回信，勉励他们继续讲好关于理想信念的故事，"面向未来，走好新时代的长征路，我们更需要坚定理想信念、矢志拼搏奋斗。希望广大党员特别是青年党员认真学习马克思主义理论，结合学习党史、新中国史、改革开放史、社会主义发展史，在学思践悟中坚定理想信念，在奋发有为中践行初心使命，努力为实现'两个一百年'奋斗目标、实现中华民族伟大复兴的中国梦贡献智慧和力量。"

在上海市委、市政府的关心和指导下，上海市教育发展基金会等社会力量的支持下，复旦大学玖园一期项目（《共产党宣言》展示馆修缮辟建）和玖园二期项目（苏步青旧居、谈家桢［陈建功］旧居修缮得以完成。坐落于杨浦区国福路51号的三栋独立小楼分别以"信仰""爱国"和"科学"为主题共同组成了复旦大学"玖园爱国主义教育建筑群"，并入选了首批"科学家精神教育基地"，迄今已接待社会各界参观者累计超过10万人次，其中超过75%是青

目，《共产党宣言》展示馆以"信仰"为主题，于2018年5月在陈望道旧居基础上修缮辟建而成。2020年11月，以我国著名数学家、中国科学院院士、复旦大学校长苏步青命名的"苏步青星"小行星命名仪式举行，玖园二期项目正式启动。2021年7月，在庆祝中国共产党成立100周年之际，玖园二期项目苏步青旧居、谈家桢（陈建功）旧居修缮完成。以"信仰""爱国""科学"为主题，三馆共同组成"玖园爱国主义教育建筑群"，通过珍贵实物资料、丰富多媒体技术，多维度展现大师追求真理、克难攻坚、科学报国、矢志不渝的精神风范，复旦师生志愿讲解团队担任三馆的讲解工作。

复旦大学正努力将玖园爱国主义教育建筑群建设成为上海乃至全国开展理想信念和科学爱国教育的新地标。

少年。

　　资助修缮包括《共产党宣言》展示馆（陈望道故居）在内的复旦大学"玖园爱国主义教育建筑群"，是上海市教育发展基金会近年来重点支持的公益项目之一。自2017年以来，上海市教育发展基金会始终心系复旦玖园项目，急项目之所急，多次召开协调会，统筹各方力量支持项目发展，在资金上做好托底，累计资助1176万元，确保了复旦玖园如期开放，为建党百年华诞献礼。从《共产党宣言》展示馆修缮辟建到苏步青旧居、谈家桢（陈建功）旧居修缮，上海市教育发展基金会不仅在财务上"兜底保障"，更在建设中出谋划策，甘当智库。在《共产党宣言》展示馆修缮辟建过程中，上海市教育发展基金会理事长王荣华还特邀油画家俞晓夫和中国美术馆馆长吴为山分别为展示馆创作了油画《真理的味道》和雕塑《真理的味道是甜的》。艺术家精雕细琢的伟人形象不仅让真理和信仰彰显力量，还让真理与信仰在新时代焕发了甜蜜的味道；而在苏步青旧居、谈家桢（陈建功）旧居修缮中，上海市教育发展基金会则与复旦大学一起开启了"众筹"的公益慈善新模式，助力信仰、爱国、科学之光闪耀玖园星空。

　　复旦大学原党委书记焦扬亲自指挥、亲自参与了"玖园爱国主义教育群"的修缮与主题建馆工作。她为我们讲述了一个关于"信念、信仰、信心"背后的故事，一个关于上海市教育发展基金会和复旦大学在其中一路相伴、善作善成的故事。

新场域：保护好、管理好、运用好红色资源

问：陈望道先生是中国教育家、语言学家，中国共产党发起组成员，《共产党宣言》首个中文全译本翻译者。复旦大学将陈望道旧居修缮改建为《共产党宣言》展示馆是基于怎样的考量？

焦扬：习近平总书记说过，红色资源是我们党艰辛而辉煌奋斗历程的见证，是最宝贵的精神财富。新时代新征程上，我们要用心用情用力保护好、管理

好、运用好红色资源，传承好红色基因，努力创造不负革命先辈期望、无愧于历史和人民的新业绩。总书记讲得非常深刻。上海是红色资源最多的一个城市，复旦大学也有很多宝贵的红色资源，有许多与我们党艰辛奋斗相关的人和事。对于复旦大学来说，在新时代保护好、管理好和运用好红色资源，也是新时代赋予我们的新使命。陈望道先生的旧居就在我们复旦，我们一直想修缮，过去很长一段时间受制于各种客观条件的限制，一直未能开展，以至于先生的旧居年久失修。这一情况，在我们向市委、市政府汇报后，得到了高度重视，陈望道旧居改建为《共产党宣言》展示馆一事正式提上议事日程。

建设中国式社会主义现代化，大学何为？我们社会主义大学的根本任务是立德树人。怎样才能够春风化雨、润物无声地育人？课堂教育要不要？当然要，课堂是我们的主渠道。但我认为，在课堂教育主渠道之外，我们还应该有能够让学生可触、可见、可参与的新场域，使我们的教育更加生动、更加直观、更加感人，参与其中，便会受到教育。我想，我们对陈望道旧居修缮改建为《共产党宣言》展示馆是在复旦保护好红色资源，也是管理好和运用好红

玖园整体效果图

色资源的知行合一。

这种场域过去在复旦大学不多。我们在2017年启动了《共产党宣言》展示馆的建设，也就是我们老校长陈望道旧居的修缮。这个旧居已经被定为文物保护单位，但是由于各种原因所限，年久失修，而且它的意义、功能也没有发掘。所以当时我们学校党委就向上海市委的领导做了汇报，我们的老校长100年前翻译《共产党宣言》，为中国共产党的诞生奠定了重要的思想基础和理论基础，同时我们的老校长又是共产党的创始人之一。所以我们觉得，把这一个人、这段建党的历史、这种建党的精神串联打通，会给学生带来新域场下的新教育。

问：据我们了解，陈望道旧居修缮改建为《共产党宣言》展示馆在修缮之初就面临着筹措资金的困难。也是在这种情况下，复旦大学得到了上海市教育发展基金会的支持。基金会对展示馆的修缮改建工作给予了哪些具体的帮助？

焦扬：这项工作得到了市委、市政府的支持之后，要真正把这项工作做好，需要各方强有力的支持，尤其是需要资金支持。复旦大学得到了包括市委宣传部、杨浦区政府、上海市教育发展基金会等多个部门支持，其中最让我感动的是上海市教育发展基金会的支持。我们专门向上海市教育发展基金会理事长王荣华老师和理事会汇报了我们的想法，希望得到基金会的支持。基金会对这个事情非常重视。王老师（王荣华理事长）带着基金会的领导与骨干到复旦调研，还带着专家与校友深入现场，来查看，来论证，还专门开了论证会，非常仔细。

论证下来，王老师认为，这个项目非常有意义。他当时表示，如果能够激活、盘活这么宝贵的红色教育资源，对老师、对学生、对我们的教育战线都有很多的启迪和意义。后来，上海市教育发展基金会资助了我们500万元，真金白银拨进来了，对我们是如逢甘霖，给了很大的支持，给了我们很大的底气。

在这个过程中，我们还感受到了上海市教育发展基金会对于红色资源的用心、用情与用力，让我们深受感染，让我十分钦佩。王老师毕业于复旦

2020年11月13日，复旦大学玖园项目在"苏步青星"命名仪式上正式启动。中共复旦大学党委书记焦扬（右三），上海市教育发展基金会理事长王荣华（左四），复旦大学校长（时任副校长），中国科学院院士金力（左三），民盟上海市委副主委杨德妹（右二），浙江大学校友总会顾问王定吾（右一），上海复旦大学校友会副会长、中共复旦大学生命科学学院党委书记陈浩明（左一），上海复旦大学教育发展基金会理事、炜衡律师事务所高级合伙人顾靖校友（左二）一起启动并见证

大学，有很高的马克思主义理论造诣。在陈望道旧居修缮改建为《共产党宣言》展示馆，他的身体力行也为我们率先垂范了"用心、用情与用力"。在他的邀请下，上海师范大学美术学院院长俞晓夫教授为展示馆创作了大幅油画《真理的味道》，使得我们老校长的形象跃然纸上；中国美术馆馆长吴为山为我们创作并捐赠了雕塑作品《真理的味道是甜的》，并于建党百年到来前夕（2021年6月11日）在复旦大学揭幕。新域场需要新探索，这些创新让红色教育更加立体、鲜活、生动。

新起点：总书记勉励我们继续讲好理想信念的故事

问： 2018年5月，《共产党宣言》展示馆正式对学校、社会公众开放。选在这个时间开馆，有何特殊意义？

焦扬： 2017年展示馆修缮启动，我们是赶在2018年5月正式启用展馆的。因为2018年是马克思诞辰200周年，是《共产党宣言》正式问世170周年。《共产党宣言》展示馆在此时启动就有了特殊的意义。展示馆的正式启用得到了上海市主要领导的支持，各方面的专家、各方面的群众都来参观。所以我们也感到这件事情做得很值得、很有意义。

问： 后来，我们从新闻上看到习近平总书记给《共产党宣言》展示馆的志愿服务队回信，才得知展示馆有一支志愿服务队，并且讲解得非常好。这支队伍是怎样组建的？

焦扬： 所有的爱国主义教育基地也好，一些重要的展馆也好，都有一个硬性要求，必须要配备一定数量的有资质的讲解员来讲解。但是唯有我们这个馆没有这样的讲解员，也没有这样的编制设置，所以，我们是动员党员师生，以研究生党员学生为多。师生组成了义务讲解队，风雨无阻，驻馆值守，向参观的群众义务宣讲。我们的《共产党宣言》展示馆里讲解的是"星火"党员志愿者服务队。

在2020年，也就是《共产党宣言》中文全译本出版100周年的时候，我们的志愿服务队给总书记写了封信，汇报了我们这些年的工作和为《共产党宣言》展示馆义务服务的情况和体会，表达了"90后""00后"青年学子做《共产党宣言》精神忠实传人的信心与决心。没想到当月就收到了总书记的回信。总书记非常肯定我们的做法，认为非常有意义，要我们要继续做下去，做得更好。这是对我们极大的鼓舞、极大的鼓励。我们复旦大学《共产党宣言》

展示馆"星火"党员志愿服务队也获得了中共中央中宣部的"四个100"先进典型荣誉。

真理和信仰的故事,在《共产党宣言》展示馆"星火"相传。现在,我们的讲解队有不同的讲解版本。对老人怎么讲,对机关干部怎么讲,对中小学生怎么讲,对里弄居民、对农村居民怎么讲,他们都有不同分众化的讲解。讲者有心,听者受益。一批批年轻人在讲解过程中受感染、受教育,同时为了讲好,他们做了很深的功课,用心、用情、用力。要过五关斩六将,才有资格来讲解,这样也是育人的过程,学校也收获匪浅。

新方式:用众筹的方式闪耀信仰之光

问: 我们知道《共产党宣言》展示馆修缮辟建是复旦大学玖园的一期项目,现在玖园二期项目——苏步青旧居、谈家桢(陈建功)旧居修缮——在上海市教育发展基金会的支持下也得以完成。现在,位于国福路51号的三栋独立小楼分别以"信仰""爱国"和"科学"为主题共同组成了复旦大学"玖园爱国主义教育建筑群"。关于"玖园爱国主义教育建筑群",您是怎样构想的?

焦扬: 在一期项目结束后,我们马上就想到我们的"9号院",在这个院子里还有我们的苏步青老校长,还有谈家桢老师。苏步青校长是中国著名的数学家、被誉为"东方第一几何学家",谈家桢老师被誉为中国遗传学之父。我认为我们的老校长、大先生是最好的先生,他们的故事是最好的教材,他们的遗迹、旧居,都是很难得的大思政课堂,这是我们的课堂教育不能代替的。

当时这两栋房子还有很多家庭用具,还是家庭所有。所以我们跟两位大师的家人进行了很好的沟通,也得到了他们家人、后代积极的支持。

陈望道老先生的旧居,我们当时定位在"信仰"。苏步青和谈家桢两位大师都是爱国知识分子,他们放弃了在国外优厚的待遇、良好的科研条件和丰厚的报酬,毅然举家回国。所以我们就把这两个馆分别定位在"爱国""科学"。三馆呼应,理想信念教育、爱国主义教育和科学精神的教育融为一体,融合成了玖园爱国主义教育建筑群。

问:那么,二期是否也碰到了资金问题?

焦扬:二期建设遇到了更多资金方面的问题,一期因为在市委领导的关心下,从组织方面还给了一定的资金支持。二期是我们学校自己要修缮大师的旧居,我们跟基金会商量。基金会给了我们很好的建议:是不是可以用众筹的方式募捐?王荣华理事长和我说,基金会捐赠500万元,同时采用众筹的方式。我的理解是这是年轻人喜欢的方式,同时众筹的过程就是教育的过程,还是影响力扩大的过程。我们通过教育发展基金会的平台,联合了复旦大学校友会、上海民盟同舟公益基金会、浙江大学校友总会等单位共同开展。结果应者如云。

这个众筹过程非常有"仪式感",用点亮星光的方式进行。在我们复旦大学举行的"苏步青星"命名仪式上启动了这个众筹。众筹采用了新概念,叫"点亮一颗星,闪耀复旦星空"。就是说比如我发起,我丢了一千元在里面,然后大家一起跟进,跟到一万元,就升起一颗星。一共88颗星,升了62颗。总共募得1259099.58元,计2380人次参与众筹。可以说,我们探索了用众筹的方式闪耀信仰之光。

问:"玖园爱国主义教育建筑群"是否如您所期待的成为新时代大学立德树人的新场域?

焦扬:现在《共产党宣言》展示馆接待了近十万人次,每年要讲解700多场。他们不是大团队,因为地方小,哪怕你两个人来,我们也要接待、讲解。

在庆祝中国共产党成立100周年之际,苏步青旧居、谈家桢(陈建功)旧居修缮一新、全新亮相,于2021年7月3日启用。这既是复旦大学也是上海市教育发展基金会向建党百年献上的一份厚礼。

2021年7月3日，"玖园爱国主义教育建筑群"正式落成，中共复旦大学党委书记焦扬（左五）、上海市教育发展基金会理事长王荣华（右五），时任杨浦区委书记谢坚钢（左四），复旦大学校友会副会长徐明稚（右四），民盟上海市委副主委丁光宏（左三），上海汇银（集团）有限公司执行董事沃全（左二），中共复星集团党委书记、高级副总裁李海峰（右三）与苏步青、谈家桢、陈建功家属代表共同揭幕

　　同时，我们开辟了一个全新的育人场域，我认为这是我们现代教育工作者致敬先贤大师，坚守大学精神，传承红色基金和进行校园文化建设的一个重要载体。现在，玖园爱国主义教育基地已经成为新生入学、新教师入职的必修课、进校第一课。同时，在去年，玖园爱国主义教育建筑群也被批准为国家首批全国科学家精神教育基地，成为全上海、全国科学精神、理想信念教育的标志性的打卡地之一，深受各种年龄层人群的欢迎。

加强马克思主义理论学科发展，
　助力高校思政课教师队伍建设

对话人物：

徐炯　中共上海市委宣传部副部长、中共上海市委网信办主任

徐炯

关于"上海市马克思主义理论学科发展支持计划"

"上海市马克思主义理论学科发展支持计划"主要包括"人才发展计划""专项资助计划"两部分，以整体性和实践性为导向，确立"综合支持"理念，以"出成果、出人才、建团队"为目标，抓好评选、跟踪培养、评价考核等环节，形成长效机制。

"计划"在评选类型上做到四个侧重：尊重传统，树立马克思主义理论教学研究"终身荣誉奖"，继承和发扬老一辈马克思主义理论专家的优良传统；重视教学，

思政课是落实立德树人根本任务的关键课程，"要理直气壮开好思政课"。为贯彻党的教育方针，落实立德树人根本任务，在上海市委宣传部、市教卫工作党委、市教委指导下，上海市教育发展基金会积极联合上海市中国特色社会主义理论体系研究中心和上海市学生德育发展中心，于2017年共同启动"上海市马克思主义理论学科发展支持计划"（以下简称"计划"）。

基金会每年出资500万元，连续支持6年，累计资助3000万元，大力支持两轮"计划"的实施，主要用于评选马克思主义理论教学研究"终身荣誉奖"、"中青年拔尖人才"以及思想政治理论课"教学名师"，设立马克思主义理论教学研究国情调研专项资助、马克思主义理论教学研究刊物专项资助。

上海在全国首次创新性地引入市教育发展基金会等社会资源支持思政教育，充分发挥社会各界支持"马学科"建设的积极性，优化"马学科"建设管理的治理体系，在推动思政工作中起到了典型示范作用。

在上海市马克思主义理论学科与马克思主义学院建设工作推进会上，市委常委、宣传部部长周慧琳特别致谢市教育发展基金会："基金会在王荣华理事长领导下，怀着对党的事业赤诚之心和对马克思主义发展的热切期盼，大力支持'马学科'和'马院'建设，资助实施上海市马克思主义理论学科发展支持计划……这一计划精准聚焦我市'马学科'发展现实需要，为'马学科'和'马院'建设注入了强劲动力，也为社会各界共同关心支持'马学科'和'马院'发展树立了榜样。"

评选高校思想政治理论课"教学名师"，充分发挥课堂教学在马克思主义理论传播主渠道作用；注重实践，资助马克思主义理论教学研究人员开展国情调研，充分体现马克思主义理论研究的实践性特征；重在未来，培养马克思主义理论教学研究"中青年拔尖人才"，综合支持加速人才成长。

历经六年两轮的耕耘与沉淀，"计划"在打造一支政治强、情怀深、思维新、视野广、自律严、人格正的思政课教师队伍方面取得实效，得到了市委宣传部、市教卫工作党委、市教委等党政部门的高度肯定。

推动教学研究，把奖励给到个人

问：在《光明日报》上看到"上海市马克思主义理论学科发展支持计划"的相关内容，很多教育界同行都表示惊讶和羡慕。在这个计划的资助上，有哪些特殊性？对于马克思主义理论学科的发展，具有怎样的意义？

徐炯：从政策上讲，政府的钱要资助项目都没有问题，但如果要把这些钱奖励个人，按照规定就很难操作，会有一些障碍。王荣华理事长发现了这个问题，给予我们很多支持。

2017年，"上海市马克思主义理论学科发展支持计划"启动。基金会每年出资500万元，连续三年，累计资助1500万元，用于资助该计划的实施。2020年开始，又开启了第二轮资助计划，同样是每年500万元，连续三年，累计1500万元，在第一轮的基础上，增加聘请一批思政课建设特聘专家、建设一批实践研修基地等新措施。

基金会根据自己的定位支持这样一项工作，与王荣华理事长长期从事教育工作，长期在一线亲身参与实践有关。他非常了解马克思主义理论学科和马克思主义学院建设对于社会主义大学教书育人的重要意义。

我们评选出的"老马"，最年轻的是40后，很多都已经退休。兢兢业业一辈子，这样的奖励不仅仅是对个人，也是对整个研究队伍的鼓励。"名马"现在大多都在一线教学，是从事教学科研的资深专家，对他们的鼓励也非常重要。对教书育人而言，马克思主义理论学科是主导的一门学科。过去若干年有所忽视，学科和专家会被冷落，尤其是一些"青马"，他们的生活比较清苦，也没能得到其他学科那样的资源。这个项目在提高他们生活水平的同时，也提供教学、教研上的支持。给到个人的资助，不能动用机关、财政的钱，基金会的资助补足了这块内容。

2020年7月7日，由中共上海市委宣传部、市教卫工作党委、市教委和市教育发展基金会联合举办的上海市马克思主义理论学科发展支持计划（2017—2019）总结交流会在上海社科会堂学术报告厅举行。上海市教育发展基金会理事长王荣华（主席台中）主持会议并讲话，中共上海市委宣传部副部长徐炯（主席台右）和中共市教卫工作党委副书记、市教委副主任李昕（主席台左）讲话

问：您刚才提到了"老马""名马""青马"，能不能给大家解释一下，这些名头的由来？

徐炯：我们把这个项目分成三部分："老马""名马"和"青马"。

第一部分叫作"老马"，就是多年从事马克思主义理论学科教学和研究的学者。他们是这个学科领域的标志性人物。对他们的奖励，也就是对他们终身成就的肯定，可以提振整个队伍的信心。六年来，我们认真评选，最后定下了20多位"老马"。

第二部分叫作"名马"，他们还在第一线从事教学和研究。对他们的支持也是对他们工作的支持，包括支持他们带好年轻人，带好队伍。历年评选出"名马"56位。

第三部分叫作"青马"，支持了100多位中青年的拔尖人才，也是这个学科发展的新动力，代表着这个学科的未来。这些年，大学里新出了"青椒"现象，年轻教师的成长环境引起了各方面的关注。对于马克思主义理论学科，对于马克思主义学院的发展，青年队伍的培养尤其重要。因为从现状来看，它还存在着青黄不接的情况，要尽快度过这样一个阶段，我们要加快让年轻一代成长起来，能够挑起大梁。对这100多位中青年拔尖人才的奖励，实际上起到了非常好的示范作用。我们直接支持他们的研究课题，包括支持他们在教学实践方面做一些创新探索。

所以"老马""名马""青马"这三支队伍，代表着我们的过去、现在和未来，是一个总体的布局。王荣华理事长带领我们，跟我们一起努力做好这项工作。

补齐教育短板，开展国情调研

问：在"上海市马克思主义理论学科发展支持计划"中，有一块很重要的内容是"国情市情调研"。这个调研对于教师的成长和教育模式的改变起到了怎样的作用？

徐炯：总书记要求我们把论文写在祖国大地上，所以我们要了解国情，了解市情。我也参与过几次市情和国情的调查，非常有感触。实际上我们对国情跟市情的了解远远谈不上深入，也谈不上广泛。我们可能通过看书、看报、看电视、听广播，包括上网了解了一些情况。但是这些情况纸上得来终觉浅，到了实地以后才有认识，再跟书本上讲的道理结合起来，才能有更深入的了解。资助这些项目，使得我们的一大批教师能够到全国各地去实地考察，了解真实情况，也了解他们的学生为什么会有若干问题和困惑。对于教学和研究，都有很大的帮助。

我记得有一次调查，王荣华理事长也亲自参与。那一次我们到了洋山深水港最新的全自动化码头。在电视里也见过多次，但到了现场，我和那些参与的老师们无不感到震撼，耳边是一声声的赞叹。我们也前往国产大飞机的组装车间，去看了当年我们自主研发出来的运十客机。路途遥远，天又特别冷。在野外走的时候，王荣华理事长始终精神饱满、谈笑风生，不断跟我们交流他在现场看到的一些场景、他的一些思考，让我们获益良多。后来，越来越多的人要求参与国情市情调研项目，呼声很高。这也促使我们进一步搞好这个项目。6年来，我们明确这就是一个确确实实"铸魂育人"的工程。

2020年7月10日，上海市第十届政协副主席、市教育发展基金会理事长王荣华，中共市委宣传部副部长徐炯，中共市教卫工作党委副书记、市教委副主任李昕按照习近平总书记到中国商飞公司上海飞机设计研究院的视察线路，对上海飞机设计研究院进行了调研学习，随后还赴洋山深水港进行考察调研

问：铸魂育人，这是一个特别热烈又充满希望的词。最后一个问题，
　我们通过这些年的实践与调查，到底想要培养一个什么样的人？

徐炯：改革开放经过了一段时间，教育也越来越追求高质量发展。我觉得马克思主义理论学科，包括马克思主义的教学、思想政治课的教学，近年来越来越受到关注。因为它关系到我们要培养什么样的人、怎样培养人这么一个根本问题。总书记一直讲要补足精神之钙，大家要更有骨气、有底气。我觉得这就是思政课很重要的一个作用，作为思政课重要基础的马克思主义理论学科的研究，必须也要重视起来。

　　基金会成立30年，一开始比较强调助困。当时贫困家庭的孩子上不起学，在上海可能就是上不好学。现在这种情况已经扭转。新形势下，基金会也在与时俱进，寻找新的着力点，这与我们的工作也是契合的。所以我们能够一拍即合，愉快合作6年多，一直坚持到现在，而且还要坚持下去。

"曙光"给予认同感，
勇于挑战"卡脖子"任务

对话人物：

钱旭红　中国工程院院士、华东师范大学校长

钱旭红

关于"曙光计划"

"曙光计划"是上海市教育发展基金会倡议并出资设立，与上海市教育委员会共同实施管理的上海高校跨世纪人才培养基金，在教育经费匮乏的年代，它有效"助燃"了青年学者们的科研热情，更是给青年学者的科研生涯提供了宝贵的"第一推动"和"第一支持"。许多"曙光学者"的科研项目，应发展所急，适社会所需。曙光群体是一个平台，在这个群体中，围绕科学研究、学科建设，互相激励，同向而行。

　　"曙光计划"是上海市教育发展基金会于1995年倡议并设立的"上海高校跨世纪曙光计划"人才培养基金，由上海市教育委员会与上海市教育发展基金会共同管理、共同实施，是基金会最成功、最具影响力的资助项目之一。其资助对象为高校40岁以下的"三高"（高学历、高职称、高水平）教师。以科研项目为载体，以培养人才为目标，着力打造一支业务能力强、科研水平高、有一定学术影响力的高校教师队伍，达到既出人才又出成果的目的。

　　作为第一批"曙光学者"，钱旭红深知"曙光计划"的意义。20世纪90年代初，正是国家迅猛发展的时期，对人才的渴望格外强烈。基金会看准时机，给"三高"教师设立奖金。虽然金额不大，却像一道光，照亮了前进的道路。认同感让大家在困难面前不轻言放弃，也让大家在面对"卡脖子"任务时，能坚定信心，勇往直前。

　　"曙光计划"自实施以来，在实践中不断完善，已成为上海乃至全国都颇具知名度的品牌项目。在获得资助的"曙光学者"中，优秀人才和科研成果不断涌现，已产生17名院士、120多名"国家杰青"、100多名"长江学者"特聘教授和百余名高校书记校长、厅局级以上的高层次管理干部。

　　在钱旭红看来，基金会的定位和贡献是很独特的，它发挥了某一个单点上都无法发挥的作用，希望将来也能在人才培养和慈善教育上发挥更大的能量。

"曙光计划"自实施以来，在实践中不断完善与拓展，基金会在持续加大资助力度之下，已成为上海乃至全国颇具知名度的品牌项目。2002年起，基金会增设"曙光计划"跟踪项目的资助工作（共开展5届）；2008年起，"曙光计划"特别增设思想政治类研究项目，实现了更为全面的覆盖。2010年发布的《上海市中长期人才发展规划纲要（2010—2020年）》中，"曙光计划"被列入上海市实施高层次创新型科技人才开发计划。

2003年7月21日，上海市教育发展基金会和上海高校"曙光学者"联谊会捐建江西安源曙光希望小学

瞄准空白，勇闯无人区

问：您是在怎样的背景下正式申请了"曙光计划"？

钱旭红：1992年，我回到祖国。当时，正好处在中美知识产权纠纷的敏感时期，最大的冲突点在于医药和农药。我在国外学的专业是染料化学，做的也是化学相关的研究，比如医学、生物学应用，等等。

回国后，我发现医药领域已经有很多人在研究，我们最缺的反倒是农药方面的人才。虽然我不是做农药出身，但是农药和燃料一样，都属于精细化工。领导希望我能够转到这个领域，虽然我有自己的自主权，但我就想，这是一个"卡脖子"的任务，总得有人去做，就转到了这个领域。

随即，我申请了一个项目，就是"如何发展中国的绿色化学农药，创造新的绿色化学农药"。我也用这个题目申请了"曙光计划"。可以这么说，我们团队到目前为止在研究领域有过的进展和贡献，"曙光计划"起到了很大的作用。基金会从1995年开始的"曙光计划"为上海所有高校和学科带来了前进的光。

1994到1995年期间，有着特殊的时代背景。一些"文化大革命"以前毕业的大学生即将退出历史舞台，"文化大革命"后的大学生无法迅速拿过接力棒。这就导致所有高校都面临一个问题——重要的学术岗位缺乏骨干、缺乏领头人。基金会看准时机，开启了"曙光计划"。这本质上是一个人才计划，具体到内容则是研究项目。通过申报，遴选一些优秀的、能够在将来教书育人和科学研究中作贡献的人，迅速占领岗位，担起跨世纪的责任。

问：人才断档，全国的高校都有不少紧迫又棘手的任务。接手"卡脖子"任务时，您的学术生涯也面临转型。您如何看待这些卡脖子任务，又是如何做出决定的？

钱旭红：我们必须看到，在改革开放以后，中国的科学技术有了巨大进步。如果说在40多年前的科技竞争中，没有中国人的名字，那今天就是完全不同的光景。不论是在论文、影响力还是专利等各个方面，中国毫无疑问已经成为世界最强的国家之一。与此同时，我们也必须认清，我们用了几十年走过了别人几百年的道路，所以在某些领域，依旧会有差距，特别是在一些尖端产业，差距是切实存在的。

究其原因，一方面是因为我们发展的时间还很短，另外一方面则是计划经济带来的问题。简单来说，就是存在"脱节"。做基础理论的人和做应用开发的人之间脱节了，这就留下了很多问题。对于这些问题，我们都需要在发展中逐步解决。现在看来很困难，但未来一定是光明的。我们曾经从非常困

2010年，上海市教育发展基金会召开"曙光计划"实施十五周年座谈会，中共上海市委副书记、市教育发展基金会名誉理事长殷一璀，副市长沈晓明，市政协副主席钱景林以及市政协副主席市教育发展基金会理事长谢丽娟，市委副秘书长姚海同，市政府副秘书长翁铁慧，市教卫党委书记、市教育发展基金会顾问李宣海，市教卫党委副书记、市教委主任薛明扬等领导出席会议。左起：薛明扬、姚海同、钱景林、殷一璀、沈晓明、谢丽娟、李宣海

难的时期走出来，将来也一定能解决这些问题。

当然，解决问题的关键还要靠人。如今我们国家的重点实验室，包括我们的教学内容都进行了一些改革。要求围绕真实问题、围绕国家重大需求，围绕世界学术最前沿来展开工作，而不是单纯地、完全以兴趣出发。其实这也是我当初决定转型的原因。

我们当然允许每个研究者都有自己的兴趣，但是不能所有人都这么做。如果每个人都只在乎自己能获得什么荣誉、拿多少薪水、哪里热门去哪里，那冷门的领域必定无人问津。但在科学技术领域、在社会发展领域、在产业发展领域，热点和冷门是经常互相转换的，稍有不慎就被甩出去，你就失去了原有的优势，浪费大量资源。因此，自由探索、国家意志，以及世界前沿技术之间，就必须适当结合。

其实，这也是"曙光计划"最重要的意义。回望过去，"曙光计划"给予的研究经费不是最多的，但在那个艰难的时期，它给了你认可，给了你氛围和土壤，让你有一种认同感，可以坚持下去。这也让大家在面对卡脖子任务时能够坚定信心。否则，那些需要开拓的无人区就没有人愿意去了。

找准定位，突破技术瓶颈

问：上海创建科创中心，您的团队也参与其中。在科研领域，有哪些新信息能与大家分享一下？我们在科创这块，目前处于什么水平？

钱旭红：在上海科创中心建设当中有15个战略领域，其中14个领域的名称都是外国人起的，有一个领域的名称是我们起的。我们的研究目标有两个，一是如何制造新的分子。比如新的农药、新的燃料。这个对中国而言已经不是很大的问题，我们和其他国家的水平不相上下，在某些特定的领域，甚至还能领先，属于整体与世界齐平的状态。但在另外一个领域，我们和世界就在同一条起跑线上，但我们的需求更迫切，那就是制造。

发现一个新的分子不难，但发现之后需要大量生产、制造。这就会带来很多问题，而且比较麻烦，因为不可避免会带来环境污染和资源浪费。所以你会看到一个现象，大家都对化工厂、制药厂避之不及。这种直观的印象还导致很多学生在报考专业时不愿意选择化学。谈"化"色变这种不好的印象，必须要扭转。

如何扭转？需要我们思考新的方法，有没有可能把化工材料这类行业，转变为一个更安全、更清洁、效能更高的行业？这时候就需要把纳米技术运用到整个制造过程中去。把工厂的规模、制造业的规模由园区缩小为大楼，

2013上海市教师节大会暨上海市教育发展基金会成立20周年晚会上，"曙光学者"代表吴志强（左一）、钱旭红（左二）发表感言

由大楼减小为桌面，由桌面最后变为手持。希望最后所谓的工厂就是手持的工厂，而产量依旧能达到原来的规模，从此不再存在燃烧、爆炸等弊病，这样就使得社会能更好地发展。

问：纳米技术如今都是萌芽阶段，按您所说，如果能将这些想法运用到其他行业，那我们的整个工业体系都会有翻天覆地的变化。我们该如何抓住这个机遇，突破技术瓶颈呢？

钱旭红：工业技术分为两个部分：一种叫离散工业，也叫装备工业，像机床、电脑，这些都是按计件的，就是离散工业；另外一种叫流程工业，比如像石油、化工、材料、制药等。这两个工业以前互不相关，但实际上有交叉渗透，典型的例子就是集成电路。所以在大家的常规认知中，都以为研究集成电路的人是学物理的，实际上最多的是化学工程师。这也就能理解，为什么过去我们在集成电路方面会遇到那么多困难。因为我们以前是计划经济，学科被分割了，有电子工业部，有化学工业部，但在这种交叉领域，就遇到很多困难。如今我们已经意识到了这个问题，人才、资源，曾经的这些失误，将来会逐步弥补。

同样的问题在其他领域也存在。所谓离散工业，像装备工业，就是电子工业一样，由园区走向大楼，由大楼走向桌面，由桌面走向手持。过去我们产业工业的发展都是一种相对比较粗犷的、传统的模式，但是如果我们运用新的技术，比如说微纳技术，就有可能把过去一些比较极端的条件变成温和的条件，把燃烧爆炸变成一个温和的转化过程。这样，整个社会发展和工业发展就会是另外一个面貌。

自由全面，培养跨界人才

问：如您所说，要完成这样一个设想，在人才培养上是不是面临巨大的挑战？

钱旭红：人才培养也是我们过去的一个大问题，要把教育搞好，就得鼓励"超越知识点"的教育。大多数人都认为，到学校就是学知识，这是不全面的。学知识只是其一，同时也要学思维，学能力，学精神。知识就是砖头，但造大楼不能光靠砖头，还要有钢筋，有框架。我们现在的大学生，知识背了一堆，考试就考知识点。最后，培养出来的是连光盘储存能力都比不上的人。但这些并不是我们想要培养的人才，我们想要培养的是拥有拓展性思维的人，可以通过有限的知识，凭借思维去实践，最后实现人类价值。这才是教育最重要的一点。

具体来说，我们需要培养跨专业的人才。现在大学的专业，都是人为划分的，我们划分得还特别细。因此你就会认为，集成电路、芯片这些，不都是物理吗？我告诉你，它不仅仅是物理，它也是化工。不仅仅是化工，它还是数学，它是多个学科的高度集。这个时候遇到这样的问题，如果按照我们传统的育人方式，就找不到这样的人。

我们希望实现一个人自由而全面的发展，这也是马克思讲的。何为自由？就是个性自由要保留，选择自由也要保留。什么叫全面？就是健全的发展体系。所谓健全，就是素质和能力相结合，当然每个人可以有差异。将来我们面对的社会是一个产业融合的社会，产业之间还会经常跃迁。比如说原来做集成电路的，突然做制药了，制药的过两天又做航天了。那么我们以前的人才培养就无法适应这种需求变化。所以，从教育层面讲，我们所建立的学科也应该是超学科的。人类的学科有另一种划分方式，只有三类，就是物质科学、生命科学和信息科学。

问：要实现超越知识点的教育这个理念，您认为基金会在这样一个转型时期可以做哪些工作，给到教育界哪些支持？

钱旭红：每个单位都有自己的主攻目标，大家都在关注各自的目标时，从整体来看就会忽略掉一些关键点，甚至可能是影响全局的关键点。这时候就需要有一个民间组织，既了解教育，又善于跳出教育来看全局，能够从人类，从社会发展角度来看教育。基金会就发挥了这样的作用。比如说从人群的需要、社会发展需求、上海的未来出发，找到哪些是薄弱点，而这些薄弱点，可能未必有很多人关心，或者关心却无能为力。这时候，基金会就可以进行引导和支持。各个部门联合，外加基金会支持，就能发挥更大的作用。

2021年11月19日，上海市教育发展基金会"华东师大二附中强基计划资助专项"启动仪式在华师大二附中报告厅举行。基金会出资150万元，支持基础学科拔尖创新人才培养工作

一切为了教育，

建立枢纽型智库势在必行

对话人物：

权衡　上海社会科学院党委书记

权衡

探索建设枢纽型、智库式基金会

针对上海教育类社会组织发展现状，上海市教育发展基金会立足自身发展优势，着力打造成为智库式基金会，积极为上海教育类基金会的整体发展建言献策、出谋划策。基金会通过搭平台、建载体、架桥梁，汇聚反映同类组织的共同诉求、分析总结优秀组织的成功经验、指导纾解行业成员的发展困惑，并主动学习教育领域、慈善公益领域的最新文件、最新精神和最新政策，主动发挥政府部门与社会组织之间的桥梁纽带作用。基金会特别针对上海教育类基金会人才问题短板，组织教育公益行业的从业人员进行专项培训，组织开展金融分析报告会，逐步推

习近平总书记指出，智力资源是一个国家、一个民族最宝贵的资源。王荣华理事长从担任上海社会科学院院长起就致力于新智库的探索与实践。出任上海市教育发展基金会理事长后，他积极联合相关单位资助、扶持智库人才培养。基金会加强自身建设，注重科学研究，凝聚智慧、深入调研、积极建言献策，发挥智库作用，承担上海哲学社会科学特别委托课题"上海教育类枢纽型社会组织管理模式研究"，探索本市教育类基金会的发展路径及未来发展方向，发挥枢纽型教育类基金会集聚、辐射、示范引领作用。

近年来，基金会积极联合上海史志文化界，为"四史"学习教育、青少年课外教育提供更接地气的好读本，交出了一份满意答卷。为落实习近平总书记于首届进博会期间在上海讲话精神，基金会还参与策划、组织并全额资助出版了《上海城市品格读本》，为读者了解上海，特别是了解上海发展的密码、了解上海的历史方位和责任，提供知识、提供智慧。

教育是国之本、善之最。教育事业是人类最崇高的事业。为贯彻落实习近平总书记"七一"重要讲话精神，基金会出资1500万元，支持高校中国共产党伟大建党精神研究中心建设。研究中心将充分发挥高校人才、智力密集优势，着力打造"交流合作平台""成果集聚平台""人才培养平台""文化传播平台"，把伟大建党精神继承下去、发扬光大，为推动新时代高校党建和思

动、着力建设一支"知金融、懂教育、爱公益"的专业人才队伍。

基金会在建设枢纽型社会组织的探索与实践中，尤为重视汇聚各方资源、借鉴国内外优秀经验，对话教育公益事业伙伴，携手推动教育公益事业向更高层次发展。近十年来，基金会举行了多次上海教育类基金会的研讨会，接待国内外慈善公益机构的交流访问，与复旦大学、上海视觉艺术大学、上海复旦大学教育发展基金会、上海交通大学教育发展基金会、上海财经大学教育发展基金会、上海师范大学教育发展基金会、海南三亚教育基金会等教育公益同行开展交流合作，组织访港公益感恩之旅，出访埃及、日本、伊朗等国开展国际基金会交流与合作，并与若干国内外大学和公益组织签订了战略合作协议。

政工作、深化思政课改革创新、加强新时代马克思主义学院建设提供智力支持，培育更多堪当民族复兴重任的时代新人。

引领：从"曙光"到"智库"

问：您申请"曙光计划"的项目与"收入分配差距"有关，这是一个讨论度极高的话题。听说您为这个研究项目还去印度调研过一段时间，能否说一下当时的经历？

2021年12月28日，上海市教育发展基金会与上海社会科学院联合召开"上海教育类基金会枢纽组织建设模式研究"研讨发布会。上海市第十届政协副主席、市教育发展基金会理事长王荣华出席并发言，上海社会科学院党委书记权衡致辞

权衡："曙光计划"是上海市教育发展基金会一个非常重要的品牌，主要支持青年学者，让他们能更好地借助资源、借助科研，心无旁骛地做一些研究。我本人有幸于2005年申请获得了"曙光计划"的资助。

收入分配差距问题是当时的社会热点。应该如何看待我们国家在经济高速发展过程中，人们的收入差距和共同富裕的问题？我就用这个题目去申请了"曙光计划"，并获得了支持。正因为这份支持，让我得以十几年如一日地研究这个课题。"曙光计划"于我不仅仅是一种荣誉，也是一种激励。后来"曙光计划"也有继续支持我的研究。我就把中国的收入分配差距跟印度做对比，专门为这个项目到印度待了9个月时间。

回过头看，"曙光计划"是一项非常好的人才支持计划，通过资助、筛选出一些非常优秀的中青年学者，成为学科研究的引领人。现在很多有影响力的专家学者、学科带头人、一些岗位的领导，很多都伴随着"曙光计划"一路走来，我觉得非常有意义。

问：除了"曙光计划"的研究项目，您也参与了上海重点智库的遴选工作。在建立和完善智库的过程中，您认为它对当今社会发展的意义在哪里？

权衡：智库这个项目，王荣华理事长当年在上海社会科学院做党委书记时就非常重视。当时，他一直让我们思考，社科院和大学有什么区别？社科院和政府研究部门在功能定位上有什么差异？关于这些问题，我们前后讨论了一年多的时间。最后，我们借鉴了国际经验，结合国内发展需求，明确了社科院应该具备智库的定位，既可以发挥理论研究优势，又可以把这种理论研究转化为一种决策咨询的服务，为党和政府的决策提供参考。

2008年，全国社科院院长联席会议在上海召开，几乎全国的社会科学院的院长都集中在上海。我们就讨论社科院发展的定位是什么？发展的目标是什么？功能是什么？何去何从？经过两天的讨论，大家形成一个共识，我们要走中国特色的新型智库道路，构建智库型枢纽。这对全国社科院的发展、定位起到了非常好的引领和促进作用。

创新：构建枢纽型平台

问："枢纽"对于大众而言是一个新词。在建立智库时，为何要强调"枢纽"这个概念？

权衡：智库的种类有很多，有体制内的，也有体制外的。这几年，党中央也非常重视推动各类智库的健康发展。我们的想法是，各类智库应该有一些特色分工，不能千篇一律，"枢纽型智库"这个概念应运而生。简单来说就是，在智库的体系中，能不能发挥其他功能支持，包括课题、人才培养等，是一个系统性的、多功能的考虑。

基金会在加强自身建设的同时，注重科学研究，发挥智库作用。上海市教育发展基金会在理事长王荣华的领衔下，申请了上海哲学社会科学特别委托课题"上海教育类枢纽型社会组织管理模式研究"，研究探索本市教育类基金会的发展路径及未来发展方向，发挥枢纽型教育类基金会集聚、辐射、示范引领作用。王荣华理事长还受上海市委宣传部、市教卫工作党委、市教委委托，领衔上海重点智库遴选工作，相继走访了复旦大学、同济大学、上海财经大学、上海对外经贸大学、东华大学、上海工程技术大学和上海应用技术大学等高校智库，实地考察指导上海高校智库工作开展情况。此外，基金会在实地调研、开展座谈的基础上，在上海视觉艺术大学设立专项，资助成立上海艺术教育智库，该校艺术教育发展研究中心出版了"上海艺术教育发展报告"系列蓝皮书，为建设中国特色艺术教育话语体系发挥力量。

在基金会这个平台上，各类智库可以平等对话，可以头脑风暴，可以跨学科交流，可以是人才的交流，也可以是课题的交流，甚至是一些重大战略问题的讨论。大家在这个平台上能够相互交融促进，这种创新对于理解枢纽型功能，有很大的帮助。

同时，社科院在推动高端智库建设过程中也一直得到基金会的支持。我们不仅在一些项目研究上有合作，还在王荣华理事长的支持下，组织社科院的力量、团队，专门研究教育类智库的功能和作用。

我们在几年前完成了一个研究报告，把教育类基金支持的研究型智库，做了一个全方位的梳理。结果发现，各类智库在上海，围绕市委、市政府的中心工作都发挥了非常积极的作用。智库除了创新和引领功能，还有一个舆论导向的功能，我们注意到，基金会对于马克思主义学科的建设与发展也提供了很多支持。

为支持国家级高端智库青年人才建设，在上海市教育发展基金会的支持下，上海社会科学院"高端智库青年新锐人才支持专项"正式设立。2022年11月22日下午，专项工作小组成立暨第一次工作会议在上海社会科学院召开。会议由上海社会科学院党委书记权衡主持。上海市教育发展基金会理事长王荣华出席并讲话。上海社会科学院党委副书记王玉梅、副院长王振、干春晖及相关领域资深专家学者二十余人参加会议

问: 基金会专注教育发展, 智库的建设对于教育有哪些开拓创新的作用? 其重要性体现在哪些方面?

权衡: "一切为了教育" ——这既是每个教育类基金会成立之时的初心和使命, 也是教育类基金会走向联合、形成枢纽的原生动力和内在逻辑。基金会在这三十年里, 始终坚持对人才的培养。"曙光学者"也好, "晨光学者"也好, 你会看到他们的大量课题都面向现实问题, 理论结合实际。这些课题被筛选出来, 也正说明基金会对于人才培养的理念。通过项目支持, 培养大家思考现实问题, 解决现实问题, 回到现实问题的能力。实际上也是"智库型"人才的培养。

科技创新带来了很多新的课题、新的机会和新的挑战。上海又是全国改革开放的前沿阵地, 国际化、全球化参与的程度也比较深。有这样一个大背景, 就决定了不管是研究的问题, 还是专家学者本身, 都需要有国际化的视野、理论性的思维, 以及全方位思考的能力。

枢纽型智库就起到了把这些资源都整合在一起的作用, 引导不同功能、专业的智库进行交流, 共同回答当下一些重要的、现实的热点问题。另一方面, 理论跟现实的碰撞、调查研究、问题导向, 以及各种政策的需求, 这些综合性因素决定枢纽型智库对一些重大问题、重大理论创新有独特的价值。

《上海六千年》，
地方志的创新与蜕变

对话人物：

洪民荣　上海市地方志办公室原党组书记、主任

洪民荣

关于"上海六千年"之旅实践活动

为探索全社会育人的有效路径和有效经验，助力青少年学生传承红色基因、争做时代新人，基金会于2019年发起、资助并主办了"上海六千年"之旅实践活动。该活动以上海地方志普及读本系列《上海六千年》为导览，以上海市久隆模范中学为试点，分"江南文化""海派文化""红色文化"三条路线开展寻根之旅，旨在通过"知行合一"的育人模式，培育青少年对党、国家和家乡的深厚感情及使命担当，引导学生从书本走进现实，读好课堂

青少年阶段是人生的"拔节孕穗期"，最需要精心引导和栽培，而青少年的育人工作，不单单是学校的责任，更需要全社会的参与，发挥学校、家庭、社会各自优势，探索协同育人机制构建校内外育人共同体。

近年来，基金会积极联合上海史志文化界，为"四史"学习教育、青少年课外教育提供更接地气的好读本，交出了一份满意答卷。从2018年起，基金会与上海市地方志办公室紧密合作，启动资助了上海地方志普及读本系列工程。首批推出的《上海六千年》分上中下三册，分别为《远古文明》《千年之城》《百年梦想》，既是呈现上海发展的"三部曲"，也是反映上海时代特点和地域特色、面向中学生乡情教育的课外读本。为落实习近平总书记于首届进博会期间在上海讲话精神，基金会还参与策划、组织并全额资助出版了《上海城市品格读本》，为读者了解上海，特别是了解上海发展的密码，了解上海的历史方位和责任，提供知识、提供智慧。

2019年，基金会发起、资助并主办了"上海六千年"之旅实践活动。该活动以上海地方志普及读本系列《上海六千年》为导览，以上海市久隆模范中学为试点，分"江南文化""海派文化""红色文化"三条路线开展寻根之旅，旨在通过"知行合一"的育人模式，培育青少年对党、国家和家乡的深厚感情及使命担当，引导学生从书本走进现实，读好课堂理论和社会实践"两本书"。

理论和社会实践"两本书"。

在基金会的倡议、资助下，在上海市教育委员会、上海市地方志办公室、上海市通志馆、复旦大学、上海天文台、上海社会科学院历史研究所、国际问题研究所、上海犹太难民纪念馆、松江区方志办等各方的指导和支持下，上海市久隆模范中学作为首批试点校，以"寻上海文化之根、育爱国主义之情、回模范公民之道、铸理想信念之魂"为主题，精心策划了十站"上海六千年"之旅实践活动。此次实践活动也是基金会探索协同育人机制、构建校内外合力育人共同体的一次有益尝试。

地方志作为载体，推进历史教育

问：很难想象基金会和地方志的联动。您认为，基金会选择地方志的
　　原因有哪些？

洪民荣："欲知大道，必先为史。"历史是最好的教科书，这可能就是基金会
选中地方志的根本原因。现在，整个社会对读志、用志、学史、用史越来越关
注。基金会非常敏锐地抓住了这个趋势来推进历史教育。

　　我们作为地方志工作者也一直在思考，怎么让地方志在历史教育中发挥
作用。你生活在这个城市，工作在这个城市，必须要了解这座城市的历史。只
有了解这座城市，才会更加热爱这座城市，更愿意为它工作，为它奉献。我想
这就是基金会和地方志合作，推出一系列地方志地情开发的初衷。

问：地方志丛书体量大，在准备阶段，基金会对主题、内容和文字，有
　　什么要求？希望最终能呈现怎样的作品？

洪民荣：王荣华理事长讲，地方志是信史、美文、正能量。这就是基金会对我
们的要求和期望。基金会之所以选择通过地方志来推动历史教学，是因为它
深知地方志有其独有的特点和作用。

　　第一，地方志是信史。现在写史的非常多，地方志既是中华民族优秀传
统，我们称之为国有史、地有志、家有谱。地方的历史记载主要通过地方志这
个形式来记录，而且是国务院授权规定。该怎么做呢？我们写这个东西，完全
是依据档案进行，必须要有档案记载，才能记录地方志，树立它的权威性。
这就是"信史"，基于档案资料进行考证、验证，经过一层层评审、验收之后
正式出版，确立信史的地位。

　　第二，地方志是美文。尽管它是依据档案编写，但不仅仅是抄入档案，而
是根据横排门类、纵述事实，进行梳理、打磨后形成的文字。它是可以阅读
的，是成体系的，所以是美文。

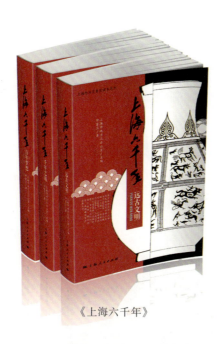

《上海六千年》

第三，地方志是正能量。因为它所记载的都是一个地区社会发展的正向、积极的一面。记录发展的过程，可以让大众感受到发展的过程，以及其中所体现的精神、力量和财富。所以说，地方志是一个正能量的东西。

正是基于这些特性，基金会才把地方志作为历史教育很重要的一个载体进行推广。

强强联手，校内外共同育人

问：地方志是一个小众的产品，通过怎样的方式才能让它触及更多的人群，发挥更大的影响力？

洪民荣：国务院《地方志工作条例》明确规定地方志20年编修一次，由地方志办公室这个机构来行使。我们花了12年，形成了218部地方志系列，总共3.21亿字，包罗万象，全面记载了上海发展的过程。看这个介绍，我们自己都

2018年8月19日,上海地方志普及读本系列《上海六千年》新书发布会在2018上海书展西阳光棚举行。上海市第十届政协副主席、上海市教育发展基金会理事长王荣华,全国第十届政协常委、上海市社会学学会会长邓伟志,《上海六千年》作者、上海市民俗文化学会会长仲富兰,上海市地方志办公室党组书记、主任洪民荣,副主任王依群,上海人民出版社社长王为松等出席首发式。仪式由著名主持人骆新主持

会觉得很不容易,普通人大概一辈子都读不完,对于学生而言,更是一个不可能完成的任务。那该怎么办?最迫切需要做的就是地方志工作的普及化、通俗化。特别是要面向中小学生,他们是祖国的未来。很多历史事件,需要从小就开始了解,掌握正确的历史史实和树立正确的历史观,才能对今后的发展有更大的帮助。基金会了解到这个情况,一拍即合,给予我们很大的帮助。

首先,在王荣华理事长的支持下,合作编撰地方志普及丛书。《上海六千年》就是第一套丛书。我们从考古学的角度,发现在现在上海的这个地区,人类已经有六千年的生存历史。为了做好这本普及读本,我们召开了多次座谈会,参与的有专家,有老师,也有学生。大家从读者的角度,给予我们很多

意见。最终决定以写故事的形式，把上海的历史呈现出来。最终，《上海六千年》带着150个故事来到大众面前，从远古文明到千年之城再到百年梦想，展现了上海这座城市的魅力。

怎么写好地方志普及丛书的问题解决后，紧接着就要考虑如何将这些书带进校园。同样是王荣华理事长带队，我们选了几所中学，请专家进校演讲，讲上海的历史。让学生能真正感受到自己生活在怎样一座城市中。同时，我们也开展线下实践活动。比如"上海六千年"之旅，组织学生去实地参观。到天文馆，到《共产党宣言》陈列馆等地，去考察、学习，具象地了解上海的发展故事，加深印象。

上海通志馆有一项很大的工作，就是面向中小学生提供历史教育的活动，非常受欢迎。这也给我们带来启发，与过去编书、讲课不同，现在多了很多活动，很多媒体的设备也都用上了。我们在上海图书馆东馆专门设立了一个项目，希望今后学生可以自己来编写身边的地情材料，真正把知识用活。

多种方式组合推广，目的就是要把中华优秀传统文化发扬光大，构成校内外育人共同体。通过这些活动，学生现在也知道，有地方志这个形式能够传承历史。我也听到一些反馈，专家学者从故事开始，讲上海海纳百川的精神。历史上我们接纳难民，跟我们现在所提倡的城市精神、城市品格是一致的。光靠讲依旧很抽象，到现场看一看，我们这些城市精神、品格都有一个个具体的案例，有事例支撑。过去是这样，现在也是这样，这对学生来说，是一种触动。

问: 基金会的宗旨是"支持教育、服务教育"，有很多模式，与地方志合作也是一种校内外育人共同体的尝试。在这个过程中，您感受最深的是什么？

洪民荣: 地方志一直是一个传统领域，过去比较侧重编修这个工作本身。我们编志书、编年鉴，但要怎么发挥作用，考虑不多。现在中央对地方志工作提出

2018年12月3日,《上海六千年》"青衿书苑"读书会由骆新主持,《上海六千年》作者仲富兰担任主讲嘉宾,王荣华、洪民荣担任对谈嘉宾,通过专题讲解、对谈分享、问答互动等方式,让参与活动的师生在与有识之师的交流中更加了解上海的发展历程与文明进步

了六个字的方针——存史、育人、资政。存史是基础的工作,但育人和资政是一次拓展,可以更好地发挥地方志的作用。与基金会合作也是一种探索,地方志到底该怎么发挥作用?这方面得到了基金会很大支持,为我们搭建了平台,开阔了视野,找到了渠道。

从全国范围看,地方志进入学校也是很罕见的,甚至可以说是首创,在全国地方志系统产生了深远的影响,提升了我们工作的创新性。在开拓这方面,基金会帮助我们真正把地方志和中小学的教育结合了起来。

突破传统,基金会发挥更大力量

问:基金会在三十年时间里做了很多尝试和创新。作为地方志专家,您认为上海这座城市需要一个怎样的教育基金会？

洪民荣：每个家庭几乎都面临教育问题，可能是自己，可能是下一代，所以大家对教育的关注度很高。我认为，教育是一个大课题。既有现实的教育，也有关注未来的教育。我眼中的基金会在这些年里做了很多拓展性的工作。

上海今后的发展需要更大的视野、更高的素养，需要对教育作出更多拓展和创新。基金会抓住全社会重视历史的契机，拓展历史在教育中的地位和作用，就是看重长期、长远的影响。这些工作，十年、二十年后再来看，一定具有非常大的价值。我们在做《上海六千年》的时候，就想着现在的年轻人来自五湖四海，他们在这座城市生活、工作了若干年后，他们怎样看待这座城市，其实是非常重要的。这也是当初我们一起合作的重要原因，也是基金会做出的创新。当然，地方志相关的内容只是基金会在历史教育这块作出的贡献，在其他方面，基金会也有资助很多项目。这种突破传统教育思维、范畴和空间的模式，值得进一步探索。

问：基金会做了很多政府部门、教育机构不方便做的工作，可见其重要性。您对于基金会未来的发展，有哪些期望？

洪民荣：我们一直都有探讨这个问题——政府做什么？社会做什么？家庭做什么？社会组织在今后的发展过程中，包括经济领域、文化领域、教育领域等，应该会发挥越来越大的作用。因为政府、社会组织、家庭，各自的定位不同。政府不可能包揽全部，政府也是有限责任的政府，今后的发展可能要通过社会团体、社会组织来承载，这是一个大趋势。当然，基金会的发展也需要多方合作，希望这个平台能在未来产生更多、更新的力量，为发展教育事业添砖加瓦。

"申光"计划

让上海之光留住精彩,传承情怀

对话人物:

范永进　上海工商界爱国建设特种基金会理事长

范永进

关于"申光计划"

"申光计划"由上海市教育发展基金会与上海工商界爱国建设特种基金会共同发起并出资设立,旨在通过项目资助等形式,围绕上海历史发展进程中的宝贵精神和物质财富开展资料收集与抢救工作,支持符合要求的专家学者围绕即将湮没在历史中的珍贵史料开展抢救工作,留住历史,铭记为上海经济社会作出特殊贡献的各界英才;存史资政,为后来者留下可供借鉴的经验。

时代变迁,文化发展需继之往者,开之来

为了适应新时代经济社会发展需要，与时俱进，开拓创新，不断深化慈善服务内涵，提升基金会组织服务社会的功能，上海市教育发展基金会和上海工商界爱国建设特种基金会共同设立了"申光计划"项目。在此之前，由上海市教育发展基金会实施的"曙光""晨光""阳光""普光""星光"计划，经过二十多年的精耕细作，培养和造就了一大批服务社会主义现代化建设的栋梁之材，并在上海乃至全国范围内形成了兼具影响力和美誉度的公益品牌。"申光计划"既和这些计划一脉相承，形成系列，又独立运作，发挥自身的独特作用，通过开拓创新，进一步深化公益服务内涵，提升基金会组织服务社会的功能。

上海市教育发展基金会与爱建特种基金会共同发起"申光计划"，不但有助于推动上海市公共事业的发展，更有助于记录和传承上海历史。"申光计划"中的"申"代表上海；"光"是在上海经济、社会、金融、文化、生态及城市建设等领域做出过重要贡献，留下光芒及照亮未来的意思。随着岁月流逝，部分在改革开放中作出过杰出贡献的精英人士已逐渐步入老龄和高龄。"申光计划"将围绕这些精英人士亲历、亲见、亲闻的珍贵史料开展抢救、挖掘、整理工作。

"申光计划"丛书首批推出的四种书分别是《从草根教师到人民教育

者。首批"申光计划"丛书已出版发行。今后，"申光计划"将有步骤地推出一批经典作品，形成传统，形成品牌，成就力量。相信在各方共同努力下，"申光计划"能够推出一批高质量的精神文化产品，传播上海声音，讲好上海故事。

首批"申光计划"丛书

家——于漪传》《大爱交响——曹鹏传》《流金年代——龚浩成传》《岁月感悟——朱荣林随笔》。首批书目通过研究并整理出版于漪、曹鹏、龚浩成、朱荣林的个人传记或自选作品，让大众了解20世纪八九十年代以来中国教育、音乐、金融、经济等领域发展的新兴面貌，对于记录上海的历史、上海的城市精神品格有重要意义。上海工商界爱国建设特种基金会理事长范永进为我们讲述了"申光计划"的缘起、理念和畅想。

缘起：留下足迹，记录历史

问： 据介绍，作为上海市教育发展基金会和上海工商界爱国建设特种基金会共同设立的公益项目，"申光计划"的主要内容是呈现在上海经济、社会、文化事业发展中作出贡献的重要人物和对历史进程有影响的关键事件，以让更多的人了解历史，记住历史。请您谈谈"申光计划"的缘起和首批资助项目的推出情况。

范永进： 是的。我们和上海市教育发展基金会从2021年开始筹备设立"申光计划"，有这个想法则是更早了。王荣华理事长和我都亲历过20世纪改革开放之初以来四十余年的激荡岁月，上海是我国改革开放的排头兵、创新发展的先行者，是经济、金融、航运、贸易和科创中心。在这段波澜壮阔的历史中，上海在各条战线上涌现出了一批又一批作出过突出贡献的人才，在改革开放中有过许多先进的思想、理念、政策、举措，形成了一笔宝贵的精神财富。在官修历史之外，以慈善公益的力量来抢救一批珍贵历史资料，是一项非常有意义的工作。

　　上海市教育发展基金会成立30年来，始终秉持"支持教育、服务教育"的宗旨，设立的系列人才培养计划、专项基金、资助项目等形成了诸多品牌，有很高的知名度和美誉度。

　　上海工商界爱国建设特种基金会2022年也刚刚迎来30周年诞辰。"爱国建设"的宗旨凝聚了刘靖基等老一辈民族工商业者的家国情怀。近年来，我

2021年11月24日，上海市教育发展基金会与上海爱国建设特种基金会联合举行座谈会，宣布双方共同出资设立"申光计划"

们大力弘扬慈善文化，进一步提升爱建特种基金会的品牌影响力。

因为上海市教育发展基金会已经有"曙光""晨光""阳光""普光""星光"及"联盟"计划这些著名品牌，我们决定把合作项目定名为"申光计划"，字面意思是"上海之光"，蕴含着留下光芒及照亮未来的美好寓意。

我们两家单位都很重视对历史、对文化的保护工作，因此对"申光计划"这个想法可以说一拍即合，很快就启动了这项工作。2021年11月24日，"申光计划"设立座谈会召开，正式确立了资助项目对象；尽管这两年面临"新冠疫情"等阻碍，我们还是克服种种困难，如期实现签约，并完成了四个项目：2023年2月21日，"申光计划"丛书举行出版揭牌签约仪式，除了上海市教育发展基金会、爱建特种基金会外，还有上海人民出版社、上海金融文化促进中心、学林出版社参与进来；2023年上海书展开幕，四项成果同时面世，分别是《从草根教师到人民教育家——于漪传》《大爱交响——曹鹏传》《流金

上海市第十届政协副主席、国家教材委员会专家委员、上海市教育发展基金会理事长王荣华,上海爱建特种基金会理事长、上海爱建集团党委书记兼监事会主席范永进,上海世纪出版集团党委书记、董事长黄强出席"申光计划"丛书出版揭牌签约仪式

年代——龚浩成传》《岁月感悟——朱荣林随笔》。

理念：分享人生，回报社会

问："申光计划"的资助对象、资助原则是什么？为什么最终选择了这
四个项目？

范永进：我们对资助项目设立了基本要求，具体包括：坚持中国共产党领导，
符合社会主义核心价值观；为上海城市发展作出重大贡献；资助项目与成果
具备一定经济与社会效益。一般应为具有教授及相应职称的专家、局级或相
应层面工作的负责同志、社会认可的知名或贤达人士。

　　同时，资助项目不包括已纳入党政部门、工青妇、高校、科研院所、民主
党派等主渠道的著史范围，主要发挥主渠道关注范围外的拾遗补阙作用，包
括但不限于以下方面：一是著名资深专家学者回顾对上海经济社会发展产生
重大影响的理论创新过程，包括其时代背景、重要人物、重大事件、理论成
果、作用意义等；二是在各条战线上作出过重大贡献的著名人士回顾上海经
济、社会、金融、文化、生态及城市建设等各领域的发展进程、关键事件、重
大项目、建设经验等；三是在上海发展重要历史时期和重大转折关头处于重
点岗位上的领导干部回顾当时所面对的困难和问题、提出的决策咨询建议、
出台的突破性政策措施等；四是在上海经济社会发展过程中发挥过特殊作用
的特殊人物回顾特定历史条件下的特别事件、关键环节、影响作用等。

　　"申光计划"丛书首批选择的于漪、曹鹏、龚浩成、朱荣林的个人传记或
自选作品，分别是教育、音乐、金融、经济等领域发展的典型代表或历史足
迹。《从草根教师到人民教育家——于漪传》讲述了于漪从草根教师到人民
教育家的一生经历，《大爱交响——曹鹏传》是著名音乐家、指挥家曹鹏的个
人传记，《流金年代——龚浩成传》讲述了著名经济学家、金融学家龚浩成的
人生经历，《岁月感悟——朱荣林随笔》是资深咨询专家朱荣林的随笔集。
他们的人生故事，一定意义上与这些领域的发展紧密相连。

畅想：培育新人，传承事业

问："申光计划"设立两年，已经取得了一定的成果，其中有哪些经验或制度保障可以分享介绍？对未来的发展，有什么进一步打算？

范永进：规章制度和精诚协力是保障我们取得成果的"两驾马车"。完善的规章制度和管理是我们顺利推进项目的保障，上海市教育发展基金会对于"曙光""晨光""阳光""普光""星光"及"联盟"计划有一套成熟的运行模式，又因为"申光计划"由两家单位共同资助，有许多新运作方式要探索，我们设立了管理委员会和秘书组，进行领导和具体管理，制订了《"申光计划"项目验收实施细则》等规章制度，做好对项目的具体管理工作；与此同时，精诚协力、信任相托为我们高质量完成项目插上了翅膀，"申光计划"的落实，与项目团队的努力耕耘、秘书组的辛劳服务是分不开的，也得到了几位传主及其家属、学生、相关受访人员的大力配合，还得到了出版社、媒体等的支持关心。

"申光计划"首批项目已经取得了成功。下一步，我们还会继续寻找合适的项目进行投入，主要形式包括：一是立项资助史料搜集、口述历史、整理保存以及出版发行等工作，申请立项的项目可以是人物传记、口述历史、回忆文集、珍贵史料等，形式包括但不限于书籍、文章、历史文件等；二是资助拟将出版或完成著作的相关作品的作者、出版单位等，帮助其进一步开展梳理、研究、成果利用等工作，或对成果进行宣传推广；三是对符合上述资助对象的已有项目、作品、珍贵资料等开展评奖工作，以鼓励进一步做好史料挖掘、抢救工作。

习近平总书记在庆祝中国共产党成立100周年大会上的讲话中指出："以史为鉴，可以知兴替。我们要用历史映照现实、远观未来"。我们希望，"申光计划"能得到更多年轻一代的关注、参与、响应，让前辈们开创的事业得到更好的延续和发扬，让上海城市精神在新时代熠熠生辉。

2023上海书展，上海市教育发展基金会理事长王荣华（右二），上海爱建特种基金会理事长范永进（左二），上海世纪出版集团党委副书记杨春花（左一），上海市教卫工作党委副书记、市教委副主任闵辉（右一）共同为新书揭幕

"四好"基金会:
立足当下,放眼未来

对话人物:

马国平　上海市民政局(上海市社会组织管理局)基金会管理处处长

马国平

关于"第三次分配"

三次分配是20世纪90年代由著名经济学家厉以宁先生提出的概念。他认为,通过向市场提供生产要素所取得的收入称为第一次分配。政府再把人们从市场取得的收入,用税收政策或扶贫政策进行再分配,就是第二次分配。而第三次分配是指人们完全出于自愿的、相互之间的捐赠和转移收入,比如对公益事业的捐献。

第三次分配与初次分配关注市场经济效率、再分配以强制性行政手段促进社会公平正义不同,它依靠"精神力量",奉行

今年是上海市教育发展基金会创会30周年。回望过去，基金会从无到有、从小到大、点滴累积、聚沙成塔，以党和国家的教育方针、政策法规为依据，致力于教育与经济、社会发展相结合，积极促进上海市的教育事业发展。

马国平在上海市教育发展基金会创会30周年时讲到基金会有"四好"：

一是标杆意识好。主要表现在作用好、规模大、管理规范、社会影响力大等方面。作为本市教育类唯一规范化评估5A的公募基金会，上海市教育发展基金会是本市基金会的优秀代表。目前，上海共有610家基金会，总资产达260亿元，其中上海市教育发展基金会资产已达7亿余元，规模雄居前十，这是非常了不起的成绩。

二是公益意识好。公益是基金会立身之本，是基金会的本质属性。作为以从事教育公益事业为目的的非营利性捐助法人，上海市教育发展基金会年年都超额完成慈善法和基金会管理条例规定的70%的公益支出任务，管理费用支出严控在10%以内。

三是诚信意识好。上海市教育发展基金会十分注重公益、公开、公信力"三公"意识。公信力是基金会的生命线。上海市教育发展基金会靠诚信，靠公开（透明度）得到了社会认可，赢得了公信力。

四是规范意识好。俗话说，没有规矩，不成方圆。不讲规范，就缺少处事规则和标准，就会给工作秩序带来混乱。基金会资金性质特殊，社会关注度高，公信力要求严，必须要有规范意识，并且不断通过工作实践强化完善规范。

"道德原则"，能够有效弥补市场失灵和政府失灵，是初次分配和再分配的有益补充。

2019年，党的十九届四中全会提出，重视发挥第三次分配作用，发展慈善等社会公益事业。这是党中央首次明确第三次分配将作为我国收入分配制度体系的重要组成。2021年，中央财经委员会第十次会议将三次分配制度建设提上国家日程，成为中华民族实现共同富裕的强大动员令与清晰路线图，也为作为第三次分配重要渠道的慈善事业实现高质量、高速度发展奠定了最坚实的基础。

五位一体，引领慈善教育

问：作为本市教育类唯一规范化评估5A的公募基金会，上海市教育基金会在慈善教育领域，起到了怎样的作用？

马国平：今年是上海市教育发展基金会成立30周年，创会以来一直秉持不忘初心，促进上海教育事业发展的宗旨，坚持党的领导，坚持规范发展，现在已经成为上海教育领域唯一的五位一体的全国优秀慈善组织。

30年来，基金会开展了一系列项目，尤其是"六大计划"，在助推青年人才的培养、助推民办教育事业的发展中起到了非常好的作用。在我看来，基金会的标杆意识非常强，规模大的同时，发挥得也很好，社会影响也很大。还有一点让我非常佩服，就是基金会一直在不断自我加压，比如说开展了枢纽型基金会这样的研究，通过这个平台发挥更大的作用。

问：您和基金会一起工作的12年中，有哪些事情给您留下了深刻的印象？

马国平：基金会是一个讲政治、有担当、敢作为的社会组织。第一，资助复旦大学陈望道旧居修缮，特别有意义。第二，在这次疫情当中，联合国儿童基金会资助上海教育363万美元（合计人民币约2400万元）防疫物资，基金会主动承担起接收任务。从通关到发放，非常好地完成了这项工作。第三，基金会创会30年来，开展了一系列资助计划，持之以恒地助力教育事业，培育了一批又一批教育工作者和青年才俊，脚踏实地地为上海的教育事业作出贡献。

同时，基金会创会以来的规范意识特别强，始终重视三个方面的工作规范。一是强化内部治理规范。不断完善理事会治理结构，注重发挥监事会作用，加强以秘书长为核心的专职工作人员队伍和志愿者队伍的建设。二是强化内部制度规范。不断建立和完善人事管理、财务管理、募捐收入和支出管理、公益项目管理、重大事项备案、信息披露、民主选举、党建工作等各项内部管理制度，做到工作有据可依，有章可循，靠制度管人管事。三是强化资金管理规范，特别是公益支出规范，上海市教育发展基金会是全市理财最好的基金会之一。

共同富裕，再迎发展契机

问：党的十九届四中全会指出，重视发挥第三次分配作用，发展慈善等社会公益事业。关于"第三次分配"，您能否给大家讲一讲，在这个新的背景下，基金会能抓住哪些机遇？

马国平：进入新时代，三次分配被写入党的二十大报告，促进共同富裕，推进中华民族伟大复兴。关于三次分配，第一次分配是讲效率，靠市场。第二次分配靠政府、靠公平。第三次分配，靠什么？靠道德，靠情怀。

现在说以先富带后富，需要有社会责任心的人反哺社会，这是世界通行的，我们国家也发展到了这一步。党的二十大报告明确指出，要"引导、支持有意愿、有能力的企业、社会组织和个人积极参与公益慈善事业"。那么，一个很好的路径就是参与到第三次分配中来。他们通过反哺社会、回馈社会，来尽他们的这份心。与此同时，慈善事业也迎来了一个很好的发展契机。

希望上海市教育发展基金会百尺竿头，勇毅前行，在新时代民族复兴大任中，抓住共同富裕、促进第三次分配和慈善大发展契机，不忘初心，建章立制，准确定位，形成特色，规范运作，不断完善以章程为核心的内部治理结构，加强理（监）事会建设，严格资金监管，规范项目运作，强化信息公开，自觉接受社会监督，为新时代上海市教育事业发展作出更大的贡献。

刘浩清，今生最爱是教育

对话人物：

俞平尔　上海市教育发展基金会理事、香港刘浩清教育基金会执行董事

俞平尔

刘浩清先生的传奇人生

刘浩清先生出生于上海宝山，后到香港发展。他一向热心教育等公益事业，是国内著名实业家和慈善家。

刘浩清先生的人生经历充满着传奇色彩。16岁时，他只身到上海洋行当见习生，19岁与人合伙开五金厂，24岁合伙创办中华轧钢厂，27岁出任大中华轮船公司总经理，并占有56%股份。从青年时代起，刘浩清先生就有一颗爱国之心。在全面抗战期间，他曾作为童子军在战场上抢救抗日伤兵。新中国成立前夕，时任大中华轮船公司总经理的他曾配合共产党组织，帮助公司的一艘名叫"大江号"的万吨轮船摆脱国民党军队的征用，从韩国

2023年教师节前夕,全国政协委员、著名实业家刘浩清先生(1919—2016)入选"上海市教育发展基金会教育慈善公益30年30人"。

刘浩清先生及香港刘浩清教育基金会,与上海市教育发展基金会一直携手并肩,对教育事业全情投入。

30年前,成立伊始的上海市教育发展基金会就得到过刘浩清、孔爱菊伉俪的大笔捐赠。1994年11月,刘浩清夫妇向上海市教育发展基金会捐赠1500万元人民币,这是基金会当时收到的最大一笔境外人士捐款。上海市决定设立上海市教育发展基金会刘浩清基金,并向刘浩清先生颁发荣誉证书,赠送了刻有"捐资助教,功德无量"的纪念座碑。

大学、中学、小学、幼儿、职教、特教,刘浩清先生几乎在所有的教育领域里都播撒了爱的种子。如今,香港刘浩清教育基金会依然秉承着刘浩清先生"今生最爱是教育"的初心,坚持不懈地扶持教育事业的发展。香港刘浩清教育基金会执行董事俞平尔讲述了那些关于"爱教育"的故事。

的仁川港回到青岛,投入新中国的海运事业,并主要服务于上海的物资运输。1951年,"大江号"改名为"和平一号",成为上海海运局主力运煤货轮,为保证上海杨树浦电厂供电和百姓用煤作出了重大功献。现在已成旅游目的地的杨浦滨江,就是曾经的民用煤炭仓库。

刘浩清以实业家的精干和上海人的商业天赋,在香港荔枝角侨企大厦内建起了拥有几十家公司的集团企业,经营着横跨石油、航运、化工、钢铁等行业的"东方石油公司"和"侨民有限公司"。

令人肃然起敬的是,晚年的刘浩清先生把公司的庞大业务交给下一代打理,而他自己却把全部精力都放在了捐助祖国的教育事业上。只要是对家乡、对上海有利的事,他总是想方设法成全。20世纪90年代,是刘浩清先生和夫人孔爱菊捐赠高峰期。作为一个有经济实力的爱国实业家,刘浩清用持之以恒的行动,诠释了他对教育的热爱,对许多需要扶持的教育项目鼎力相助。

踏踏实实为教育做些事

问: 在刘浩清先生的自传《刘浩清传》中,有一个章节——"今生最爱
是教育",专门讲述了刘浩清先生对祖国教育事业的真挚热爱与真
诚投入。我们深深地感动于先生的赤子情怀。在您看来,刘浩清
基金会秉持的初心和使命是什么? 刘浩清先生留给了基金会哪些
宝贵的财富和理念?

俞平尔: 刘浩清先生曾反复对我们讲述过他的肺腑之言——"没有发达的教
育,国家难以发达。"在他看来,实施"科教兴国"的关键是人才,发展教育是
根本办法。

　　他小时候只在上海宝山县顾村镇念完小学,便由于当地没有中学,不得
不早早到上海谋生。没有好好读书,是刘浩清先生的终身遗憾。他希望有一
天自己有足够的条件,在故乡办几所像样的学校。

　　从1978年开始,刘浩清和夫人先后在内地兴办学校、培训中心、图书馆
等,构筑"造血工程"。

　　1981年冬天,刘浩清先生在顾村中学投入第一笔资金,建立了一所图书
馆。从此,他在顾村的捐资一直没有间断过,几乎是一年为家乡办一件好事。
除了为家乡人民办实事外,在上海市区以及重庆、宁波等地也都留下了他重
视教育、资助教育的足迹。

　　刘浩清先生还把目光投向了职业培训中心。继顾村第一所职业培训中心
落成后,1991年春天,刘浩清又在重庆资助建造了一所旅游培训中心。1993年
5月,位于上海瑞金医院的上海高级护理培训中心教学大楼落成,刘浩清夫妇
为此捐资400万港元,并每年提供一笔奖学金,颁赠优秀学生和优秀教师。同
年在徐汇,刘浩清夫妇捐建爱菊小学。

　　刘浩清先生曾说:"踏踏实实为民族、为国家多办点教育事业,是我最大
的心愿,也是分内应做的事情。"

　　刘浩清先生对于教育的奉献无私而赤诚,他将他的全部财产捐赠,让后

人继承衣钵,持续不断地投入教育事业。香港刘浩清教育基金会不忘刘浩清先生遗愿,始终秉承着对教育的热爱,关注教育,扶持教育,"踏踏实实为教育做些事"。

持续播撒爱的种子

问:请您为我们介绍一下近年来刘浩清基金会主要开展的工作。尤其是请您重点介绍一下与上海市教育发展基金会共同开展的工作有哪些,进展情况怎么样。

俞平尔:近年来,香港刘浩清教育基金会沿着刘浩清先生走过的路,继续在国内教育事业中播撒爱的种子,不仅继续投入那些资助过的项目,还拓展新的项目,把善款捐赠到最需要的地方。

1993年,刘浩清在上海海运学院——如今的上海海事大学——创立刘浩清教育基金会,表达的不仅是他对祖国高等教育事业发展的关爱之情,更是对我国航运人才教育培养的倾力关注和支持。刘浩清先生还在大连海事学院设立奖教金。这些资助目前也在持续投入。

2000年,刘浩清先生率先捐资设立了"复旦大学数学学科奖教金",用于奖励复旦大学优秀的数学教师。为支持复旦大学在数学、物理和化学等基础学科集聚和造就一批具有国际领先水平的学科带头人,提高复旦大学在世界范围内的学术地位和竞争实力,2019年3月,香港刘浩清基金会特捐赠1300万港元设立"复旦大学-浩清特聘教授"项目,该项目每年设置1—2个特聘教授岗位,面向海内外公开招聘高层次人才。至2022年,该项目已评选产生14位"浩清特聘教授"。2023年该项目签订续捐协议。2023至2025年,香港刘浩清教育基金会仍将持续支持"浩清特聘教授"评选,每年捐赠300万元。

2007年，刘浩清先生曾向复旦大学上海视觉艺术学院（今上海视觉艺术学院）捐款750万元人民币，成立"浩清人才培养基金"，用于学院高级人才引进、师资培养、研发项目资助、优秀青年教师进修、个人创作及作品展、国际学术研讨会等。

2008年汶川大地震后，香港刘浩清教育基金会慷慨捐资1000万元人民币为四川省成都市彭州市桂花镇九年制学校修建教学楼，让遭受地震伤害的孩子们重新回到校园，享受学习的快乐，同时还每年捐资10万元用于奖励优秀教师和品学兼优的学生。师生们也"知大爱之无私，当发奋以自强"，用最优异的成绩回报社会的大爱。十余年来，刘浩清奖励基金一直激励着桂花学子和老师们越来越优秀，助力桂花教育教学质量的提升和飞跃。桂花学子和老师们也一如既往地用加倍的努力和优异的成绩回报着社会的大爱。

因夫人孔爱菊女士为宁波庄桥人，刘浩清先生也把宁波当作家乡，长期关心支持宁波市教育等社会公益事业发展。

2007年，香港刘浩清教育基金会在宁波大学捐资500万元人民币设刘孔爱菊基金，资助中青年教职工到国外著名大学和国内985高校进行课程培训、访学和攻读博士。2017年，刘浩清教育基金有限公司向宁波大学捐资500万元人民币设立"宁波大学孔爱菊青年学子海外访学基金"。

2018年，香港刘浩清教育基金会捐资1000万元人民币助建宁波大学梅山校区刘浩清孔爱菊图书馆，此次捐资助建的梅山校区图书馆建筑面积1万余平方米，共五层，馆内配备有各类阅览座位1200余个，研修室20多间，设有新书展示区、读者沙龙区、视听体验室、新技术体验区、学术交流区、培训区、校区中心机房等功能区域。目前，基金会还对图书馆的藏书等硬件、软件进行持续投入。2023年，香港刘浩清教育基金会与宁波大学签订捐赠协议，2023至2025年三年内将每年捐赠200万元（总计600万元），用于图书馆藏书购买，让图书馆的书香更浓。

1999年3月28日，"嘉慧园"奠基仪式举行

"为有源头活水来"

问：2001年，在全国政协九届四次会议开幕的次日，时任全国政协委员的刘浩清先生作为第一提案人，联合9位全国政协委员提交了《关于建立房产保值教育基金的意见》。此后，刘浩清先生在上海市教育发展基金会设立房产保值专项基金，首创"上海房产保值教育基金"。跨越20多年，目前嘉慧园项目的运营情况怎么样？

俞平尔：说起嘉慧园，有一段故事，是让香港刘浩清教育基金会与上海市教育发展基金合作的缘起。

　　刘浩清先生认为，自改革开放以来，中国教育事业大有发展，教育经费每年都有增加。但与世界上发达国家相比，差距甚大。除了国家继续大力抓教育事业以外，还需要发动民间力量，尤其是海外同胞的力量。过往教育基金以货币为本位，由于货币贬值化为乌有，以房产为长期保值基金，海外华侨也乐于接受，因此建议设立房产保值教育基金。

刘浩清先生与上海市教育发展基金会联系，将个人资金和内地教育牵起长长的红线，也为海外资金进入继续发挥能量提供了一条可行的通道。刘浩清先生在上海市教育发展基金里设立专项房产保值教育基金，其设想是：将钱投入房产保值，房屋的收益用于资助教育事业，使捐款能源远流长，不断扩大。

用于筹集房产保值教育基金的上海嘉慧园——七层酒店式公寓，由上海市政府提供地皮，刘浩清先生出资500万美元兴建，而嘉慧园公寓出租所得的全部收入都用于基金会的各项基金运作。

公寓如今由香港仲量行管理，所有收入列入专项基金账户，其中40%给上海市教育发展基金会，由基金会决定资助哪些教育项目，60%由刘浩清教

嘉慧园一景

育基金会提议并获得他同意捐赠。嘉慧园每年有一百多万美元的收入，这些收入真正成了善款的"源头活水"。

为真切的需求雪中送炭

问：香港刘浩清教育基金会始终心系祖国教育，这些年来为何信赖并选择与上海市教育发展基金会同行？未来还会与上海市教育发展基金会开展哪些新合作？

俞平尔：这些年，香港刘浩清教育基金会与上海市教育发展基金会始终紧密合作，绝大部分捐助项目都得到了上海市教育发展基金会的支持和帮助，与其说相互扶持，不如说是紧密融合。从一开始选择与上海市教育发展基金会合作，就是出于信任，上海市教育发展基金会资金管理严格，捐助项目选择精准，与香港刘浩清教育基金会的理念相当契合。在刘浩清看来，要"少做锦上添花，多做雪中送炭；能花小钱，绝不花大钱；要真正满足那些切实的需求"。

刘浩清先生对公益慈善，尤其是教育公益，可谓一以贯之地关切、始终如一地坚持。几十年如一日资助青年学生，支持内地教育，热心公益事业。他秉持"勤奋、豁达、信诚、坚毅"的为人之道，以大爱之心，行大善之举。而今，先生虽然永别人寰，但浩然之气长存，清爽之风飘飏。我们唯有传承弘扬刘浩清老先生的精神，努力聚财、汇智、促善、育人，做好教育公益事业，特别是管好、用好刘浩清先生所捐款物，告慰老人，不负老人。刘浩清教育基金有限公司在刘浩清先生之子刘如成的领导下，继承刘浩清先生的遗志，继续为祖国教育事业贡献力量。

让新时代党的创新理论
在党的诞生地永放真理光芒

对话人物:

王戎　上海市教育科学研究院副院长、德育发展研究院（筹）院长

王戎

关于高校中国共产党伟大建党精神研究中心

2021年10月9日,教育部、上海市在上海共同成立高校中国共产党伟大建党精神研究中心。中心的筹备和建设得到了上海市教育发展基金会的鼎力支持。

中心设若干分中心和协同单位。首批分中心设在复旦大学、上海交通大学、同济大学、华东师范大学、上海外国语大学、上海财经大学、华东政法大学、上海大学、上海师范大学、上海立信会计金融学院10所高校。首批协同单位包括:中共一大纪念馆、南湖革命纪念馆、中共二大会址纪念馆、中共四大纪念馆等红色场馆;北京大学、清华大学、中国人民大学、南开

2016年12月全国高校思想政治工作会议召开后,上海加大学校思想政治工作改革创新步伐,持续深化思政课改革创新,创新提出并开展课程思政改革实践,并先后承担教育部"三全育人"综合改革示范区、"大思政课"综合改革试验区建设、部校共建高校中国共产党伟大建党精神研究中心等重点任务,取得积极成效,课程思政等相关改革实践从上海走向全国。在此过程中,上海市教育发展基金会对不少环节予以了大力支持。比如,在推进提升高校马克思主义学院(以下简称"马院")建设水平方面,市教卫工作党委、市教委实施的"高校马院马学科专项计划"中,基金会设立"上海市马克思主义理论学科发展支持计划"予以支持,助推学科发展和思政课建设水平不断提升。又如,在推进部校共建高校中国共产党伟大建党精神研究中心方面,市教卫工作党委、市教委打造的"伟大建党精神研究"上海高校系列学术活动品牌得到基金会专项支持,推动形成了一批研究成果,得到中共中央宣传部和国家教育部认可。

大学、吉林大学、山东大学、武汉大学、兰州大学8所第一批全国重点马克思主义学院;《马克思主义研究》《中国高等教育》《思想理论教育导刊》《毛泽东邓小平理论研究》《思想理论教育》《光明日报》《解放日报》等学术报刊。

中心成立以来,各项建设工作稳步推进。教育部社会科学司会同上海市教卫工作党委、上海市教委研究设立"高校中国共产党伟大建党精神重大专项",由中心组织实施,这将是教育部高校哲学社会科学"繁荣计划""习近平新时代中国特色社会主义思想研究重大专项项目群"等多项计划的首个专项,基金会的资源支持亦成为专项的重要组成部分,具有特殊示范意义。

建立人才培养机制，"老马、名马、青马"三位一体

问：全国高校思想政治工作会议后，上海就高校马克思主义学院建设
等有关工作出台"一揽子"相关文件，配套实施了六年的"上海市马
克思主义理论学科发展支持计划"，特别是在马克思主义理论学
科建设方面取得了积极进展，能否介绍上海市教育发展基金会给
予了怎样的支持？

2020年12月，上海市马克思主义理论学科与马克思主义学院建设工作推进会

王戎： 2017年，按照市委、市政府关于加强和改进新形势下高校思想政治工作的部署要求，在市委宣传部、市教卫工作党委、市教委的指导下，上海市中国特色社会主义理论体系研究中心、上海市学生德育发展中心联合上海市教育发展基金会启动实施"上海市马克思主义理论学科发展支持计划"，作为推进上海高校马克思主义理论学科建设、构建人才培养体系的重要举措之一。

上海市教育发展基金会每年出资500万元予以全额资助，目前已连续实施6年，累计资助近3000万元。这一计划最大的特色就是形成了老中青学者"传帮带"的良性人才培养机制，俗称"老马、名马、青马"三位一体。所谓"老马"，就是被授予马克思主义理论教学研究"终身荣誉奖"的一批老一辈马克思主义理论专家，这个奖的认可度是非常高的。上海交通大学陈锡喜教授与新中国同龄，在马克思主义理论教学研究领域已经耕耘了45年。他说过的一句话给我留下了非常深刻的印象。他说："我获得过很多奖项，其中有两个是我最看重的，一个是学校颁给我的'教书育人'一等奖，还有一个就是'终身荣誉奖'。这个奖就是激励我要始终坚持马克思主义信念，在'马'学'马'、在'马'研'马'、在'马'信'马'、在'马'言'马'、在'马'用'马'。"所谓"名马"，就是评选出的一批高校思想政治理论课"教学名师"，表彰的是他们在立德树人、教书育人方面作出的突出贡献。所谓"青马"，就是一批马克思主义理论教学研究"中青年拔尖人才"，我们鼓励具有较好的理论功底和学术后劲的优秀中青年教师或博士研究生坚定教学研究道路。通过计划支持，我们把资源转化为任务，推进任务转化为成果，既起到了人才"蓄水池"的作用，也起到了人才"大熔炉"的作用。中青年拔尖人才代表、全国思政课教学展示活动特等奖获得者闫方洁在和我们交流项目情况的时候感慨："青年教师成长初期，最需要呵护和关心，来进一步坚定科研报国、科研育人的信念追求，在这一方面，上海市教育发展基金会的支持无疑具有重要的'助燃剂'作用，使我们更加心无旁骛、全力以赴投入科研、教学当中去。"

可以说，近年来上海高校马克思主义理论学科之所以在学科评估中取得积极进展、思政课教师涌现一批拔尖人才，上海市教育发展基金会予以支持的"马克思主义理论学科发展支持计划"发挥了重要作用。

在全党深入开展学习贯彻习近平新时代中国特色社会主义思想主题教育之际，2023年5月28日，上海高校"中国共产党伟大建党精神"研究学术交流系列活动——"中国共产党伟大建党精神与中华民族伟大复兴"理论研讨会在复旦大学举行

建立"1+N+X"工作架构，弘扬中国共产党伟大建党精神

问：上海高校身处中国共产党诞生地、初心始发地、伟大建党精神孕育地以及改革开放前沿阵地，承担着宣传、研究、阐释党的创新理论的重要使命，同时也具备学科和人才资源优势。对此，各方面都予以了高度关注和期待。2021年，教育部在上海成立了高校中国共产党伟大建党精神研究中心，能否介绍一下高校中国共产党伟大建党精神研究中心有哪些特色和亮点，以及上海市教育发展基金会予以了哪些支持？

王戎：我全程参与了高校中国共产党伟大建党精神研究中心建设，这是教育部给到上海的一项重任，的确得到了各方高度关注。该中心的办公室设在上海市教育科学研究院，在市教卫工作党委、市教委的指导下开展日常工作。在推进建设过程中，也得到了政府、高校、社会等各方面的大力支持，最大亮点是我们把这份支持"具体化"，建立了"1+N+X"工作架构，为探索有组织的科研模式提供了有力支撑。所谓"1"，即上海市教卫工作党委，由研究中心管理和决策机构的核心组成，承担中心建设统筹设计、规划组织和重大项目推动。所谓"N"，即若干分中心，分理论研究中心和实践转化中心两类，理论研究中心聚焦伟大建党精神理论内涵、马克思主义经典文献研究、时代价值、育人功能等某一领域，形成研究特色。实践转化中心聚焦伟大建党精神红色资源挖掘、教学资源转化、理论普及、国际文化传播、数据库建设等某一具体任务展开，打造项目品牌。"X"为若干协同单位，面向全国高校重点马克思主义学院、革命场馆、学术刊物遴选建设，为推进建党精神研究提供支持。

在创建过程中，市教卫工作党委副书记、市教委副主任闵辉同志，市教卫工作党委宣传处（哲社办）处长耿绍宁同志和我们一起召开了多场论证会，征求了包括王荣华理事长在内的多位思政工作专家的意见建议。我印象很深的是，当时王荣华理事长对中心建设予以了高度肯定，主动提出予以大力支持，

首期3年共投入1500万元用于资助开展研究中心的各项活动,包括用于项目支持、成果支持、人才支持等七项计划。高校中国共产党伟大建党精神研究中心成立以来,基金会的支持对于研究中心成为上海乃至全国伟大建党精神研究高地,聚集一批高水平专家学者、产出一批高水平学术成果、打造一批高水平研究平台起到了关键作用,对于激励广大研究人员开展伟大建党精神学术研究、理论研讨、决策咨询,形成重大理论实践、决策咨询成果,发挥了重要作用。例如,中心依托各分中心创办"伟大建党精神研究"上海高校论坛,在领衔举办第一期的基础上,由各分中心陆续举办,邀请了全国的专家学者共同研讨,产出了一批理论成果,营造了伟大建党精神的研究氛围。此外,中心推动在《思想理论教育》《上海交通大学学报(哲学社会科学版)》等重要刊物中开设伟大建党精神研究专栏,持续营造学术气氛。

新时代,让党的创新理论在党的诞生地永放真理光芒

问:作为"马克思主义理论学科发展支持计划"和"高校中国共产党伟大建党精神研究中心支持计划"的具体实施单位,您对上海市教育发展基金会作为社会力量支持学校思政工作发展有怎样的期望?

王戎:当前,上海教育系统正深入贯彻落实习近平总书记关于教育的重要论述,特别是习近平总书记在中共中央政治局第五次集体学习时关于教育强国的重要讲话精神,我们希望和上海市教育发展基金会一起,深化项目内涵建设,用好用活项目资金,进一步聚焦"坚持改革创新,推进大中小学思想政治教育一体化建设,提高思政课的针对性和吸引力""提高网络育人能力,扎实做好互联网时代的学校思想政治工作和意识形态工作""发挥马克思主义引领作用,加快构建具有中国特色的哲学社会科学自主知识体系"等党中央重要部署,深化改革探索实践,推进学校思想政治工作高质量发展,让习近平新时代中国特色社会主义思想筑魂育人的主题主线更加凸显,让马克思主义理论学科和马克思主义学院建设的方向、导向更鲜明,让马克思主义理论人才队伍的实力、活力更强劲,让新时代党的创新理论在党的诞生地永放真理光芒。

三十年，规范用好每一分钱

对话人物：

陈敏　上海市教育发展基金会监事

陈敏

关于上海市教育发展基金会规范化建设

在加强规范化建设的探索与实践中，基金会始终遵循5A级社会组织的标准和要求，严格规范各项工作，日常管理做到科学化、制度化、规范化。

近年来，基金会更是着力在加强制度规范、注重风险防控、优化项目管理等方面精耕细作，并聘请了专职律师为基金会法律顾问，规避慈善活动中潜在的法律风险。

针对项目资助过程中出现的"天女散花""雾里看花""锦上添花"等"三花"现象，基金会及时调整方向，强调精选项目、精准投入和精细管理。近年来，基金会的每个重大资助项目决策，都严格遵循实地调研、座谈交流、专题论证、项目评估、理事长办公会讨论以及理事会审议通过这一规范流程，从加强精细管理入

　　上海市教育发展基金会的成立，是上海教育改革和发展大潮中的一朵浪花。在1993年上海市教育工作会议上，时任上海市委副书记、市长黄菊提出，"建立教育发展基金（会），欢迎海内外捐资助学"。发展教育需要投入，作为市政府采取的增加教育投入的重要措施之一，上海市教育发展基金会于1993年9月11日正式揭牌成立。

　　30年来，基金会坚持党的领导，贯彻党的教育方针，致力于教育与经济、社会发展相结合，促进上海教育的改革和发展。基金会在向国内外社会团体、企事业单位和个人筹集资金、接受捐赠的同时，运用科学手段管理和使用募集的资金和物资，大力资助符合上海市教育发展规划和目标的有关教育教学、人才培养、科研项目及国际教育交流与合作。截至2023年底，基金会募集资金（含实物折算）累计共14.02亿元，累计增值收入7.88亿元，累计资助总额达14.67亿元。

　　近年来，基金会进一步明确公款、公器、公益的"三公"定位，重点把握精选项目、精准投入和精细管理的"三精"方法，在资助项目上注重"向人倾斜，向优倾斜，向特倾斜"，努力做到拾遗补阙、精耕细作、擦亮品牌，把每一分捐助人的钱都用在刀刃上，为新时代教育事业发展作出新的贡献。

手，保证项目资金花在"刀刃"上，项目资助落到"实效"上，项目验收"动真格"。近年来，为确保重大投资决策的规范化、科学化和民主化，提升投资效益，防范金融风险，提高保值增值的能力，基金会于2020年7月成立了投资决策咨询委员会。投资决策咨询委员会在理事会领导下，对基金会保值增值工作中带有全局性、战略性、前瞻性问题进行研究，并提出建设性意见；对基金会重大投资决策进行研究咨询论证，并提出咨询意见。其成立为公益基金会探索规范化、科学化、良性发展之路做出了有益尝试。

此外，基金会还进一步完善了《上海市教育发展基金会章程》《曙光计划管理办法》《晨光计划管理办法》《联盟计划管理办法》，出台了《上海市教育发展基金会专项基金管理办法》《上海市教育发展年基金会资助项目管理办法》《上海市教育发展基金会投资决策咨询委员会议事规则》等相关文件；进一步规范了每年两次的理事会、监事会，从体制、机制保证重大重要决策发挥理事、监事作用；并开好每周一次的理事长办公会以及专题项目落实会，夯实内部管理制度建设。

雪中送炭：给贫困、特殊儿童带来希望

问：万国证券当时是比较大的捐赠机构，您对当时的捐赠还有哪些印象？

陈敏：1994年，我来到万国证券工作。万国证券是当时比较大的捐赠企业，他们有参加1993年教师节的成立大会。当时，改革开放大潮汹涌，大家对未来都充满了期待。在当时的证券行业，我感受最深的就是对人才的渴望。百废待兴，百业待兴。整个社会对于教育有一种期待。

当年，万国证券给一所中学、五所高校设立了专项基金。基金主要用于奖励优秀的教师和学生。每一年的评选和奖金发放，学校都非常重视，比如华东师范大学，每年都会有一个隆重的颁奖仪式。得奖的师生会在仪式上发表感言。

让我最受感触的，不单单是企业给了师生帮助，还有学生对于企业的认同感。很多学生在获得奖学金的同时，就开始不断了解这个企业，毕业后也会想到这个企业工作。有一年，我面试过一个得奖的学生，他虽刚毕业，但对公司已经很了解，衔接非常好。他来这边工作，也对公司的发展起到了很大的作用。这种良性循环，于我个人而言，感受非常深刻。在当时的情境下，专项基金的效果也很显著。

问：30年来，基金会募集资金数以亿计。"曙光计划""星光计划"等品牌项目深入人心。不少学生在基金会的帮助下，学有所成。在这些项目中，有哪些对您触动比较大，能否分享一下？

陈敏：基金会的成立本就秉持着对优秀人才的鼓励和支持。当时整个国家的经济刚刚复苏，在发展中也就特别注重对特殊群体的支持，这点让我印象非常深刻，比如对贫困学生的资助，让他们能够顺利地完成学业。还有特殊教育，从一开始就花了比较大的功夫，比如对盲童学校、聋哑学校的资助，等等。

上海市教育发展基金会特殊教育基金奖教金颁发仪式在上海盲童学校举行，上海市盲童学校和上海市聋哑青年技术学校227名教职工获38万元资助

　　我自己去过盲童学校，其中有很多励志的故事。那些孩子虽然看不见，但他们对生活的热爱并不比其他孩子少。有一次去卡拉OK，他们虽然看不到屏幕上的影像，但他们会唱歌。那天，很多哥哥姐姐一对一陪伴他们唱歌，他们非常高兴。

　　据我所知，盲童学校里的确有孩子考上了大学，很不容易。我对高考机构也非常佩服，他们特地把考卷印成盲文，让盲童孩子去考，让他们也有同样的机会通过努力进入大学。最终，好几位考取了，消息一出，对我们企业员工也是非常大的鼓舞。

　　那些年，我们专门去学校搞活动，去鼓励他们，参加他们的很多活动，和他们一起开联欢会。这些已经超出了资助的范围，但大家都做得很开心。前几年，我才知道有几名员工那么多年来跟一对一的孩子还有联系，大学毕业典礼、婚礼，都没有落下。两人成了很好的朋友，延续至今。这些孩子对生活的热情，让你不由自主地想去帮助他们。这种爱超越了资助本身，让我非常感动。

守正创新：顺应时代要求，紧扣立德树人

问：随着改革开放，国家经济发展越来越好，贫困学生的数量也在减少。在新的背景下，基金会怎样去选择项目，有哪些新的落点？

陈敏：基金会的宗旨，一直以来都是满足社会对人才的期望和对人才的需求。一开始的着重点在资助贫困学生，去帮助这些群体，让他们可以有书读。通过基金会的努力，这些贫困学生得到了政府和学校的更多关注，贫困不再成为他们学习的阻碍。良性互动之后，学校也能得到更多的教育资金，这是相辅相成的。

　　随着国家经济的发展，国家对于教育的重视也让基金会开始思考新的阶段还能做哪些事情。实际上，基金会在这些年里做了很多品牌项目，最有名的就是"六大计划"。我作为理事去考察过"曙光计划"。可以说，"曙光计划"在医生群里反响很大。当时去上海市五官科医院、瑞金医院，那里的青年医生对于"曙光学者"的认同度很高，大家都把"曙光学者"作为自己的一个重要目标。工作中的这种自豪感是非常重要的。对基金会而言，能做到这样的效果也很欣慰。

　　在新的形势下，基金会寻求主动转型非常关键。比如，这两年我们对马克思主义教育的研究和投入、对于教育思想的研究和宣传、对陈望道故居的修葺等，与曾经直接资助贫困学生相比，都是铸魂育人的事情。

问：的确，基金会在发展中做了很多不同的尝试。那从捐赠企业的角度，30年来有什么变化吗？

陈敏：基金会这几年有个特点，以前定向资助相对少一些。募集到的钱就是给基金会，然后基金会按照章程去工作。这几年，定向捐赠的资金变多了。定向捐赠的意思就是捐赠者有一个特定的想法，这笔钱想用来做什么事，已经

明确。基金会就是操作方，把这笔定向资金用好，达到捐赠者的目标。

这点对于基金会而言是比较大的调整，很多事情自己做不了主，捐赠者就已经把一套方案想得非常明白。这个时候，基金会就要更加关注怎样操作和执行，这就是一种转型。比如，我之前提到万国证券资助过五所高校、一所中学。这个资金总额一开始已经敲定，但具体捐给哪几所学校，则由基金会选择。现在不同，有些捐赠者在捐赠时，就已经确认好很多细节，基金会能做的就是把这个项目执行下去，而这同样也是一个非常重要的任务。这几年，这样的专项基金越来越多，基金会总体做得都不错，捐赠人也比较满意。

三十而立：落实监管，规范资金运转

问：时代在变化，基金会参与了那么多的项目，资金的运转也面临更多的挑战。怎么确保这些资金都能用对、用好呢？

陈敏：作为监事，我的主要责任就是根据基金会章程，对基金运作进行监督。至于为什么要做这个项目，要捐多少，捐什么，这是理事会的事。监事不需要对项目的效果作出评估，但是我们有一个很重要的任务，就是要对资金的运作进行监督。

这个资金和企业的资金还不一样，它是捐赠人给的，规定要做教育相关的事情，不能乱用。从这个角度来看，资金的运作就要规范，按照要求，按照制度，按照理事会作出的决定、决议来操作。

另外一块重要的内容就是资金的运作，这个运作也需要规范监督。这些钱不可能都存在银行里，也会拿出去投资。那投什么，投的效果怎么样，这些监事都要考量。所以，每年我们都要对资金的运作进行审核。在投资这块，基金会成立了"投资决策咨询委员会"，王荣华理事长也有亲自参加，委员还包括银行、证券、法律等专业人士。从始至终，我们的目标都很清晰，就是用好捐赠人的每一分钱，使捐赠人捐赠的资金真正发挥它的作用。经过30年的"考核"，我们也的确做好了。

履职尽责，互勉共进，共谋发展

对话人物：

王世豪　上海银行原副行长、上海市教育发展基金会第一至第三届理事

王世豪

关于"加大教育捐赠税收激励力度"

自然人、法人和其他组织捐赠财产用于慈善活动的，依法享受税收优惠。按照已有规定，企业发生的公益性捐赠支出，在年度利润总额12%以内的部分，准予在计算应纳税所得额时扣除。个人将其所得对教育、扶贫、济困等公益慈善事业进行捐赠，捐赠额未超过纳税人申报的应纳税所得额百分之三十的部分，可以从其应纳税所得额中扣除。

国家鼓励社会力量通过捐赠等方式支持教育事业的发展，教育事业已经成为我国慈善捐赠的主要投入领域之一。对教育事业的捐赠在依法享受税收优惠的同时，还可以通过冠名等方式予以鼓励。为进一步促进教育事业的发展，民政部将联合财政部、税务总局对加大教育捐赠税收激励力度的可行性进行研究，力争推出具体的税收优惠政策。

一流城市，需要一流教育；一流教育，需要一流教育基金会。30年前，上海市教育发展基金会正式揭牌成立，承担起面向社会募集资金以支持教育、服务教育事业发展的功能。

30年来，市教育发展基金会持之以恒贯彻"支持教育、服务教育"宗旨，秉持"聚财、汇智、促善、育人"的方针，探索出一条以公信为基础、以理念为凝聚、以资助为导向、以项目为示范、以服务为中心、以智力为支撑的枢纽型社会组织建设之路。上海银行原副行长王世豪曾任上海市教育发展基金会第一至第三届理事，并与上海市教育发展基金会结下了同心同行的缘分。在他看来，上海市教育发展基金会成立30年来，始终保持良好态势，加大支持教育发展力度，深化社会公益内涵，坚守育人初心，弘扬师德楷模，彰显出"不忘教育初心、践行公益使命"的责任与担当。

艰苦创业 知难而上

问：您是上海市教育发展基金会第一至第三届理事，见证了基金会的初创和发展。请您回忆和讲述与基金会的渊源，谈谈有哪些事情让您留下了深刻印象。

王世豪：1993年9月，上海市教育发展基金会正式成立，由当时上海市政府分管教育工作的谢丽娟副市长出任基金会的理事长。在她的领导下，我非常荣幸地担任第一至第三届基金会理事。

30年之前上海市教育发展基金会刚起步时的相关工作是比较艰苦的。在20世纪90年代初，由于种种原因教育经费还十分匮乏，我至今还清晰地记得，上海每年"两会"，代表和委员们聚焦的热点都是增加教育投入。

虽然有一些市一级公益基金会如老年基金会、拥军优属基金会等都有政府投入，但是我们的教育发展基金会没有政府投入，完全要靠自己去募集资金。市委、市政府希望我们走创新改革之路，从社会上募集资金支持教育，满足市民"读好书"的愿望。

1994年10月14日，上海市城市信用合作社联社向基金会捐赠暨"城信基金"设立仪式在上海教育会堂凌云厅举行，上海市城市信用联社主任王世豪（主席台右一）被增补为基金会第一届理事

于是，市教育发展基金会成立伊始就谋划如何能走出一条多渠道筹集教育经费的路子，做好那些政府想为而难为的事。当年的谢丽娟理事长对我们理事一直叮嘱说："办法总比困难多。"

如果说到让我留下深刻印象的事情，那莫过于1993年9月11日，在上海市教育发展基金会刚成立的当天，就拉开了令人难忘的募集社会资金谋教育事业新发展的改革探索大幕——

上海市教育发展基金会在福州路外滩、国际购物中心和上海电视台大演播厅开展了基金会的首场大型募捐活动。在踊跃捐款的人流中，有103岁的老人，有知名的企业家、劳动模范，更多的是一个个普通市民……

责无旁贷　舍我其谁

问：30年之前的1993年，您曾代表单位向上海市教育发展基金捐款100万元，请问您是否还能忆起当年有什么难忘情、难忘事，有怎样的深切感受？

王世豪：当年流行的一首歌是这样唱的："白云奉献给草场，江河奉献给海洋。我拿什么奉献给您？"当年上海城市信用合作社（后改制成上海城市合作银行，现上海银行）在创办和发展过程中，没有向国家要一分钱、一寸房，却为国家创造了可贵的财富，年年缴纳税金，仅1993年一年缴纳税金就达2亿元，相当于上海市财政总收入的百分之一；存款250多亿元，贷款突破100亿元，总资产300亿元，创利润6.9亿元，缴纳各种税金3.7亿元，为充实地方财政收入、发展地方经济作出了贡献。全市城市信用合作社的自身积累也有数亿元。成为上海金融的一朵奇葩，规模与效益居全国城信社首位。上海市城市信用合作社联社将满腔的爱奉献给社会、奉献给单位、奉献给员工、奉献给家庭。1993年，我作为上海市城市信用合作社联社主任（法人代表），代表单位向上海市教育发展基金会捐款人民币100万元，表达了一个金融机构无私支持教育公益事业的拳拳之心。

　　无论是当年上海城市信用合作社，还是改制成的上海城市合作银行，直至改名为上海银行，我们始终授人玫瑰、手留余香，汇聚爱心、播撒真情，以高度的社会责任感参与公益事业。

　　爱，既是一种态度，又是一种能力。我们集点滴之爱，捐绵薄之力，汇成温暖的爱心洪流。

专业履职　推动发展

问：您作为资深金融家，非常关心公益基金会的科学理财，确保公益资金的安全运作，并以专题报告会形式具体指导过教育类基金会

1994年10月14日，时任上海市副市长谢丽娟（左二）在上海市城市信用合作社联社向上海市教育发展基金捐款100万元仪式前，与上海市信用合作社联社主任王世豪（左一）等亲切交谈

正确研判经济形势，防范理财风险。请您谈谈这方面的做法和体会。

王世豪: 我对教育公益事业一直给予热情支持，作为一名有几十年工龄的金融工作者，在市教育发展基金会理事会会议上，我都格外关心公益基金会的科学理财，确保公益资金的安全运作。尤其是2011年基金会换届，市政协原副主席王荣华接棒出任基金会理事长。他带领基金会为教育公益事业加倍努力，面对新形势，迎接新挑战，也提出了新思路，进行了新实践。在王荣华理事长和教育发展基金会的部署安排下，我数次以专题报告会形式具体指导过全市教育类基金会正确研判经济形势，防范理财风险。例如，2018年6月29日，我在上海市教育发展基金会会场作题为"世界百年未有之大变局——中国金融新挑战和新战略"的专题金融形势分析报告会。又如，2021年11月23日，我在市教育发展基金会会场作了题为"后疫情时代：经济金融的新特点和新趋势"的专题宣讲报告。报告的第一部分，讲述了疫情后全球经济金融的新特点，第二部分讲述了中美关系，第三部分讲述了后疫情时代中国金融的六个热点展望。

我在上海市教育发展基金会举办的专题报告会上多次强调：一是基金的开户必须选择四大国有银行，规避银行机构倒闭的风险；二是基金的理财投资，只能选择国债、上海地方政府债、国有银行的保兑货币市场理财产品，决不能碰市场上各类证券的"高息理财"、各类信托理财产品；三是基金投资增值，以安全为第一要素，安全为本，投资回报以合理稳定为要。

上海市教育发展基金会在这30年间，不仅守住了风险底线，而且全面提升了基金服务教育的整体效能，进一步融合了上海金融市场和教育领域，助力上海经济社会和教育事业同步发展，促进了教育的繁荣，为构建基金会新发展格局提供有力支持。

2018年6月29日，上海市教育发展基金会邀请上海市人民政府特聘咨询专家、原上海银行副行长王世豪作了题为"世界百年未有之大变局——中国金融新挑战和新战略"的专题金融形势分析报告会

教育情真　矢志奉献

问： 听说您出身教师家庭，这对您的成长和您对教育公益的情怀一定都会有影响，能否请您谈谈这方面的感受？

王世豪： 此时此刻，接受基金会的专访，讲述我与教育、市教育基金会的渊源和缘分，我感慨万千，浮想联翩……我不由得怀念教师出身的母亲顾兆三，耳畔回想起母亲的叮咛："读书改变命运；唯其真粹，唯其独特。"母亲生前是一位有着40余年教龄的小学教师，退休后继续为在职教育和社会教育出力，可以说一辈子奉献教育。母亲十分重视对我们几个子女的教育。在父母的鞭策和教育下，我们姐弟四人都感受到"教育追梦"的喜悦，先后如愿以偿地考上了上海重点大学，为我们以后职业生涯的发展插上了"隐形的翅膀"，激励我们去更广阔的天地闯荡……记得有句歌词里唱的："儿想母亲，清风一阵；母亲想儿，山高水长。"我觉得，对母爱最好的报答，就是好好生活，努力工作，并带着感恩的心回报社会，主动积极参加教育慈善公益活动。

基金会成立三十周年，取得了很大的成就，为教育事业作出了突出的贡献。作为曾经的理事、今天的志愿者，我感到由衷的欣慰和高兴。我心里始终铭记王荣华理事长常对我们说的话：基金会的宗旨是"支持教育、服务教育"，这个宗旨也是我们从过去到现在一脉相承的，那就是办优质教育，加大人才培养力度，概括起来就是坚持在"聚财、汇智、促善、育人"上发声发力。

王荣华理事长提出了"三非"的概念并叮嘱道："我们是非银行的金融机构，是非财政性的公款，是非政府性的社会组织。所以，我们要坚持公益公器、崇德向善，扶贫济困、奖优兴教。"

"老骥伏枥，志在千里。"古稀之年的我，将仍抱着炽热的憧憬和愿望：作为"70后"，自己还年轻，期待活到一百岁。百年恰是风华正茂，百年仍需风雨兼程。如今，"要圆百年如梦"，就要全身心地一如既往地热忱支持教育公益事业。站在新的起点上再出发，为教育公益事业"聚财、汇智、促善、育人"，初心永在，奋进不怠。

《真理的味道》，从何而来？

对话人物：

俞晓夫　上海师范大学美术学院院长

俞晓夫

关于《真理的味道》

《真理的味道》这幅作品是如何创作的？俞晓夫曾在接受《文汇报》采访时表示，关于陈望道翻译《共产党宣言》，习近平总书记曾经提到过一个"真理的味道非常甜"的故事，令他印象深刻。当时，年轻的陈望道在家乡浙江义乌分水塘村一间破旧柴房里奋笔疾书，翻译《共产党宣言》。母亲在屋外喊："你吃粽子要加红糖水，吃了吗？"陈望道应声道："吃了吃了，甜极了。"谁知当母亲进来收拾碗筷时，发现儿子嘴边满是墨汁——原来他是把墨水当成了红糖水。俞晓夫最终正是

《共产党宣言》展示馆

　　在《共产党宣言》展示馆中，摆放着一幅艺术油画，再现了陈望道在义乌分水塘老宅柴房翻译《共产党宣言》的场景。这幅油画名为《真理的味道》，很是耐人回味。这幅画的创作者是油画大家、上海师范大学美术学院院长俞晓夫。他的历史画，不仅再现经典的历史瞬间，也展现深邃的精神空间，具有打动人心的力量。在俞晓夫眼中，历史画是当下文化发展最好的载体之一。那

将近一个世纪前"品真理之味，溯信仰之源"这个故事生动呈现在两米乘两米的大画中。其间既融入艺术家不少合理的想象，也包含了很多经得起历史推敲的细节，历史的真实性和艺术的真实性结合得浑然天成。

在《真理的味道》中，有三个人物形象出现在破旧的柴房里。除了陈望道，还有他的母亲，以及在墙上以画像身份出现的马克思。"母亲是这个故事中真实存在的人物，既是关心陈望道的人，也是人民群众的代表。马克思画像以及画像所在的火红如党旗般的那半堵墙，则完全是艺术虚构的，我想以此突出一种象征意味，也为画面点睛。"俞晓夫告诉记者。

些波澜壮阔的时代记忆、那些伟大的历史时刻，足以形成当代绘画的"中国气派"。

上海是中国共产党的诞生地，也是中国革命红色基因的发源地，有着丰富的红色文化资源，它们亟待保护、传承和弘扬，并进一步发挥其独特的育人价值。2017年，复旦大学提出修缮陈望道校长旧居（复旦大学玖园一期工程），以"信仰之源"为主题，将其辟建为《共产党宣言》展示陈列馆，彰显上海红色起源地的精神与传承。

基金会经实地走访、多次专题讨论并征求理事意见后，最终决定作为社会力量参与《共产党宣言》展示馆的建设，对该项目予以500万元专项经费支持，与上海市委宣传部、市教委、复旦大学形成合力，助力爱国主义教育基地及青少年课外教育基地建设。

上海市教育发展基金会理事长王荣华（左二）、复旦大学副书记许征（左一）、著名画家俞晓夫（右二）和陈望道之子陈振新教授（右一）共同为画作揭幕

　　《共产党宣言》展示馆的问世，产生了广泛而深远的社会影响。2020年6月，习近平总书记给该馆党员志愿服务队全体成员回信，高度评价陈望道首译《共产党宣言》的历史意义，并对广大党员特别是青年党员提出殷切期望，"心有所信，方能行远"。总书记的回信在青年中引起热烈反响。《共产党宣言》展示馆面世以来，为广大群众尤其是青少年开展理想信念教育、革命传统教育和爱国主义教育作出了积极贡献。

　　2020年，复旦大学玖园二期工程，即苏步青、谈家桢、陈建功旧居修缮改造工程正式启动。玖园二期以"爱国""科学"为主题，与以"信仰"为主题的《共产党宣言》展示馆形成互动，构筑成为"玖园爱国主义教育建筑群"，集中展现一代学人巨匠的信仰之光、科学之路和报国之志，助力上海乃至全国的爱国主义教育、科学人文教育、理想信念教育基地建设。

实地探访，寻根陈望道

问:《共产党宣言》展示馆（陈望道旧居）2021年开馆，参观人数不断攀升。您为展示馆创作了一幅《真理的味道》主题画作，通过对陈望道的人物刻画，您想传达一种怎样的精神？

俞晓夫: 创作这幅画的时候，我希望陈望道的形象不同于我们平时画的那种英雄人物。画党的革命先辈，不能概念化，要尽量接地气，这样才能让他更贴近群众。我觉得一个普普通通的人才具有生命感。

　　我在画一个人物的时候，会提前搜集很多资料，变成一种有形象的记忆后背下来。创作的时候，就能从内心出发，凭脑子里的那个形象画出来。我想画的陈望道，首先得像他，同时得体现他浙江人的身份，不能明明是个南方人，却画成北方人。然后要抓住他人物的内核，他是复旦大学的校长，不是一个单纯的行政岗位，更是一位学问家、一位专家。他还有日本留学的背景，是一个非常儒雅的知识分子。同时，通过他的家庭教育也能看出，他家境较为殷实，这点也要表达出来。最重要的是，他作为一名共产党员，有政治理想和坚毅的品格，这一点也必须通过神情表现出来。把这些想法全部结合起来，这才塑造出了画面中的陈望道。

问: 听说您为了创作这幅画，还特地前往义乌采风，有什么收获？

俞晓夫: 基金会一开始就很重视这个项目，他们先来征求了我的意见，希望我能够为陈望道纪念馆制作一幅留得下来的作品，同时也希望我在创作之前先去感受一下，去陈望道的故乡看看，做一些采访、体验一下生活。我觉得这个很有必要，因为我们知道陈望道，但是我们并不完全了解他，所以创作一定要从寻根开始，慢慢寻找。陈望道这样一位革命老前辈，在我的义乌行中，形象慢慢地生动起来，我觉得这非常有意义，对于创作也很关键。

　　当时，实地考察的目的就是想了解《共产党宣言》是在怎样一个环境下翻译的。只有文字记载不够生动，我们现场看到，那个地方是一个柴火间，是一个比较隐蔽的地方。虽然现在已经被拆除了，但地基还在。周围还有一些建筑，我们根据这个环境，复制出陈望道故居的柴火间。

有了柴火间，第二步就是要把"真理的味道是甜的"这样一个画面感表现出来，这是有一定难度的。说故事时可以说陈望道的妈妈给了他一个粽子，他一边吃粽子一边讲话，错把墨汁当作红糖水引申出"真理的味道是甜的"这一主题。然而，要把这些画面全都表达在一幅画上，是很难的。最后经过设计，以陈望道手里端着粽子，妈妈在身边关心他这样一个瞬间为主体，表达在革命期间生活比较困难的场景。用母子之间的这种关系，表现人民热爱党、保护早期共产党的一个场景。通过实地采访以及陈望道儿子对他的回忆，最终呈现出《真理的味道》这幅作品。

从心出发，构建创作模板

问：如今，《共产党宣言》展示馆已经成为上海乃至全国具有代表性的红色地标，您认为基金会选择您来创作，投资艺术品的意义在哪里？

俞晓夫：基金会筹募的资金，主要都用于服务教育事业。通过建设陈望道纪念馆，留下一件艺术品，也是一种文化事业的传承。几十年过去之后，很多事情会慢慢淡化，但《真理的味道》这张画还在，其本身的学术价值和历史价值依旧能体现。另外，我认为这次创作应归类为国家重大题材，表现了革命家以及一些经历过革命的特殊人群的形象。基金会用这样一种形式进行创作，其实也提供了一个非常好的模板。从专业的角度看，也应该提倡。对于艺术工作者而言，不仅仅是我，还有音乐工作者、影视工作者，这样的创作都值得鼓励。

做任何事都需要走心，艺术创作也是如此。作为一名艺术家，没有真心投入，没有提前学习、没有自身水平的提高，怎么能把作品做好？这次与基金会共同创作，我们实地采访，从各个角度高度还原了当时的情景。这次创作过程本身就具有很强的教育意义。

厚植教育情怀，支持上海教材建设

对话人物：

陈爱平　上海市教委教材语管处处长

陈爱平

关于"全国教材建设奖"

党的十八大以来，党中央、国务院高度重视教材建设，专门对教材建设作出重大部署。2016年，中共中央办公厅、国务院办公厅印发文件明确提出完善教材建设表彰激励机制，实施教材建设国家奖励制度。2019年12月，正式设立"全国教材建设奖"，由国家教材委员会主办、教育部承办。

全国教材建设奖面向大中小学教材建设各领域各环节实施，分设"全国优秀教材（分为基础教育、职业教育与继续教育、高等教育三个大类）""全国教材建设先进集体""全国教材建设先进个人"三个奖项，每四年评选一次。经严格评审，首届全国教材建设奖最终共评选出全国优

上海市教育发展基金会在王荣华理事长带领下，全面关心本市教材建设和管理工作。市教委就本市相关工作也多次专门咨询王荣华理事长。他从国家教育改革发展政治站位和必然要求、上海教育综合改革的历史方位和使命担当、教材建设和管理的育人作用及本市相关工作的重点难点突破等方面，提出许多真知灼见，极大地推动了本市教材建设和管理工作。在上海市教委教材语管处处长陈爱平看来，上海市教育发展基金会和王荣华理事长对上海教材建设的鼎力支持，既是基金会支持教育、服务教育的宗旨的体现，也是基金会深厚的教育情怀和初心的印证。

秀教材999种、全国教材建设先进集体99个、全国教材建设先进个人200名。其中，王荣华同志被授予"全国教材建设先进个人"。

全国教材建设奖是教材领域的最高奖，是检阅、展示教材建设服务党和国家人才培养成果，增强教材工作者荣誉感、责任感，推动构建中国特色、世界水平教材体系的一项重大制度。全国教材工作者要以获奖者为榜样，牢记为党育人、为国育才初心使命，坚持正确政治方向，继承优良传统，推进改革创新，用心打造更多培根铸魂、启智增慧的精品教材，为加快推进教育现代化、建设教育强国、培养担当民族复兴大任的时代新人作出新的更大贡献。

"全国教材建设先进个人"奖章

用专业专注的素养，支持上海教材建设工作

问: 请您谈谈上海市教育发展基金会在王荣华理事长带领下，在哪些方面对上海教材建设工作给予关心和支持？据我们了解，上海市教育发展基金会利用自身独特资源和优势支持上海教材建设，能否谈谈王荣华理事长被聘为上海市教材委员会专家委员后，对上海的教材建设工作从哪些方面提供了具体指导和帮助？

陈爱平: 上海市教育发展基金会对本市的教材建设工作投入了极大的热忱。在这项工作上，基金会秉持着高度的使命感与责任心。王荣华理事长几乎事必躬亲，全心投入。2021年4月，上海市人民政府办公厅发文成立上海市教材委员会。上海市教育发展基金会理事长王荣华是上海市教材委员会25位专家委员中的一员，同时也是国家教材委员会专家委员、课程思政专门委员会审议组组长。他积极投身本市教材建设和管理工作，通过教材专家咨询、市教材委员会相关会议、教材排查和审核等工作，及时传达中央和国家层面对教材工作的要求和指示，对本市教材建设和管理工作建言献策，在大中小学教材排查和中小学国家课程非统编教材建设中把牢思想性底线，为本市切实贯彻落实国家要求、维护教材建设国家事权起到了指导把关作用。

用严谨求实的态度，排查解决疑难杂症

问: 其中有什么让您特别难忘的细节吗？

陈爱平: 本着基金会支持教育、服务教育的宗旨，怀着深厚的教育情怀，王荣华理事长认真履行上海市教材委员会专家委员的职责，重视并认真参加上海市教材委员会召开的每一次会议。2021年6月2日召开的上海市教材委员会第一次全体会议预备会议，王荣华理事长聚焦上海教材管理"1+4"政策文本(《上海市推进大中小学教材建设行动计划(2021—2023年)》和《上海

上海市教材委员会第一次全体会议

市中小学教材管理实施细则》《上海市职业院校教材管理实施细则》《上海市普通高等学校教材管理实施细则》《上海市学校选用境外教材管理实施细则》)的研制,结合多年从事国家教材政策研制和教材审查经验,对文本定位、原则及一些重大工作提出宝贵的意见建议。2021年11月26日,上海市教材委员会召开第一次全体会议,审议通过了上述政策文本。在本市教材委员会及相关重要会议中,王荣华理事长都积极发言,为本市教材建设和管理出谋划策,他的意见建议得到出席会议领导的高度重视。

令我们感动的是,上海市教育发展基金会把支持教材建设当作一项非常重要的工作来抓,王荣华理事长不顾事务繁忙,总是不辞辛劳地为本市教材建设和管理的重大任务亲自把关、深度参与。从2018年起,作为本市普通高中、义务教育"五四学制"国家课程非统编教材编制业务指导思政组组长,他和理事长助理王明复老师一直在关心、指导教材建设质量,为确保教材意识形态安全作出重要贡献。在大中小学教材教辅和中小学进校园课外读物排查中,针对一些排查中的疑难杂症,他从国家事权、教材审核专业性等不同维度给出了积极稳妥的意见建议,为本市教育教学改革顺利推进作出重要贡献。

用高度的使命感,为全国教材贡献"上海力量"

问:前面您介绍了王荣华理事长带领基金会团队对上海教材建设工作给予的支持,能否就市教委所了解的情况,再谈谈他在国家教材建设方面所做的工作?他在哪些方面给您留下深刻的印象?

陈爱平:据我们了解,上海市教育发展基金会对国家和上海教材工作十分重视,基金会专门设立了"国家和上海教材建设的专项基金",全力支持国家和上海教材建设工作。这可能在全国也绝无仅有,可见上海市教育发展基金会对这项工作的重视程度。

王荣华理事长在被国家教材委员会聘任为国家教材委员会专家委员后,主动关心上海的教材工作,使上海的教材工作始终保持与国家对地方教材建设要求同步。在工作中,我有机会同上海市教委分管领导一起向他汇报上海的教材工作,同时也了解到国家对教材工作的要求,我们受益匪浅,对我们做好上海的教材工作帮助很大。我们都十分钦佩他。

在与王荣华理事长的工作接触中,比较突出的感受是他政治站位高、责任使命强。他常说,教材建设是国家事权,体现国家意志,事关千百万青少年学生健康成长。每次请他参加教材建设工作,他都身体力行,全情投入。据我了解,几年来,在国家教材建设的规划、课程标准的审定、马克思主义理论研究和建设工程重点教材、基础教育三科统编教材及各级各类教材的审读过程中,他都以崇高的使命感,紧紧围绕立德树人,严把教材关。他政治敏锐,立场坚定,旗帜鲜明,忠诚担当,恪尽职守,执着奉献。这些都给我留下了很深的印象。

我和周围的同事们深深感到,王荣华理事长总是满怀对党和国家的教育事业高度负责的精神,具有高昂的政治热情、严谨科学的态度。他自觉以习近平新时代中国特色社会主义思想为指导,忘我投入事关国家事权、体现国家意志的教材建设工作中。他思想理论积淀深厚,学术造诣较高。他坚持以对历史负责、对人民负责、对国家与民族未来负责为出发点,严把教材的政治方向、价值取向、作者(作品)倾向、学术导向关。他全身心投入教材建设工作中的敬业奉献精神,深深打动了我和同事们,也时常激励我们在教材工作的岗位上不懈奋斗。

我们欣喜地获知,鉴于在国家教材建设工作中的突出表现和较高的履职能力和水平,王荣华理事长在2021年9月被国家教材委员会首届全国教材建设奖授予"全国教材建设先进个人"。在此,我们向上海市教育发展基金会,向王荣华理事长表示敬意和感谢!

以"人民教育家"为名，
树立一面旗帜，与于漪教育思想同行

对话人物：

陈军　上海市市北中学校长　　　　　　吴坚　复旦大学附属中学校长

关于"人民教育家"于漪

于漪，1929年2月7日出生，中共党员，上海市杨浦高级中学名誉校长，曾任全国语言学会理事、全国中学语文教学研究会副会长。长期躬耕于中学语文教学事业，坚持教文育人，推动"人文性"写入全国语文课程标准。主张教育思想和教学实践同步创新，撰写数百万字教育著述，许多重要观点被教育部门采纳，为推动全国基础教育改革发展作出突出贡献。曾荣获"全国先进工作者""全国三八红旗手""全国教书育人楷模"等荣誉称号，2019年9月17日，国家主席习近平签署主

席令，授予于漪"人民教育家"国家荣誉称号。

颁奖词中这样描述，她已是90岁的耄耋老人，有着60年的教学生涯。她依然活跃在语文教学改革的第一线，坚守"在讲台上用生命唱歌"。她深爱着学生，痴迷着语文教学。"我做了一辈子教师，但一辈子还在学做教师！"她用这样的话语不断地鞭策着自己，也勉励着更多的青年教师。于漪，师者的楷模。

上海市教育发展基金会以传诵"人民教育家"于漪为核心，牵头上海市师资培训中心、市师范院校，提前部署于漪教育读本进校园、进课堂、进教师培训等相关工

"站上讲台就是生命在歌唱"，"人民教育家"于漪老师用这样的精神树立了一面旗帜。她曾说，"教育是一项伟大的事业，一头挑着学生的今天，一头挑着国家的未来"。从教70年，从一名普通的人民教师到"改革先锋"，再到"人民教育家"，于漪诠释了一名教师对教育事业的满腔热忱，也成了无数中国教师心中的偶像。

龚敏　上海市徐汇区乌鲁木齐南路幼儿园园长

作；基金会还依托自有宣传阵地，在基金会会刊、官网开辟了"教师心语""名师谈教育"专栏，刊登于漪近50篇文章。立足顶层设计，基金会还策划、主办了以"人民教育家"于漪为主题的系列活动。2018年，基金会召开了"人民教育家于漪教育思想研讨会"，吸引700余名教育工作者参会，在全国教育界引起热烈反响；2020年，基金会开展了"铸魂筑梦——人民教育家于漪教育思想诵写讲展示交流会"等传诵工程，在全社会掀起一股"学习于漪、宣传于漪、践行于漪"的热潮。

上海市教育发展基金会与于漪有着不解之缘。近30年来，基金会持续聚焦跟踪支持于漪老师及其创建的上海市教师学研究会的教育探索和实践，与于漪教育思想同行。在基金会的呼吁和教育界的努力下，于漪教育思想研究中心于2020年在杨浦高级中学落成。在于漪看来，成立于漪教育思想研究中心只是一个引子和原点，是为了让广大优秀教师交流先进思想、传播育人经验，团结一致、群策群力、攻坚克难并付诸实践，共同研究新中国教师的成长规律，让我们的教育队伍中涌现出更多卓越的教师，才无愧于这个伟大的时代。

近年来，基金会紧紧围绕"人民教育家"于漪这面育人旗帜，立足于漪教育思想的整理、研究与传诵工作，出资设立了"于漪教育思想研究专项基金"，从源头入手，落实相关经费的投入和使用；依托上海市教师学研究会，并组织联合复旦大学和华东师范大学的高校教授、市北中学、杨浦高级中学的骨干教师的研究资源，出版了《于漪全集》《人文主义的教育理想——于漪教育思想研究论文集》《于漪教育教学思想概要》等一批专著；会同上海市师资培训中心、上海市教师学研究会等共同推进于漪教育读本进校园、进课堂、进教师培训等相关工作。

基金会真诚希望，通过共同努力，聚集起一支像"人民教育家"于漪那样有理想、有信念、有追求、有担当的教师队伍，以教育的自信创建自信的教育，开创中国自己的教育学和教师学，为国家和民族的复兴贡献上海的教育智慧和力量。

德智融合，滴灌生命之魂

陈军

上海市教师学研究会创建于1986年，首任会长正是于漪。上海市市北中学校长陈军现任上海市教师学研究会会长，他也是于漪老师的弟子。

山东教育出版社的六卷本《于漪文集》已经体现了集思维训练、人文观念、学科德育等于一体的于漪语文教育思想。在基金会支持下，上海教育出版社《于漪全集》的出版，让我们看到于漪教育思想还在不断迸发：德智融合、国家命运、爱国意识……

于漪老师的时代先进性到底是什么？在陈军看来，可以用三个词概括：教文育人的旗手、时代师表的楷模、教育改革的先锋。

德智融合，从"以知识为本"到"以学生为本"

问： 20世纪80年代初，于漪老师还很年轻，正是她教育思考产出旺盛、教学成果不断发表的时候。您是怎样与于漪老师相识的，这里面有什么样的故事？

陈军： 我20岁时初为人师，在安徽军天湖农场边上的寒亭中学工作，那是一所乡村中学，作为年轻的语文老师，我空有一腔热忱，却缺乏实践经验，不知道怎样上课，尤其不知道怎么教乡村孩子。

我在《中学语文教学》《语文报》《语文教学通讯》等报刊上读到于漪老师文章，被吸引住了。工作中遇到困惑，就给于老师写信求教，还真的收到了于老师回信。

那是改革开放以后不久，于老师正在教学岗位上，她的教学思想呈现一种蓬勃的状态。这是我跟于老师缘分的起点。她留给我的第一印象是一位非常热爱学生的老师，有艺术技巧的老师，肯动脑筋的老师。

1996年底调到上海任教后，我每年都要到于老师家请教。于是，我斗胆自以为是于老师的私淑弟子，得于师提耳之教已经30余年。

问： "生命和使命同行"是于漪老师的名言。于漪教育思想影响着一代代基础教育工作者，从您的角度看，于漪教育思想带来了哪些创新突破？

陈军： 我从一个学习者、一个一线教育者的角度，讲一下我内心的体会。

第一，于漪老师的学生观说到底就是爱学生。于漪老师给我们的启迪是要从孩子的立场上去爱他。于老师跟我讲过，做老师的有个特点，很容易喜爱那些长得好看的、聪明的、解题解得很快的、很贴心的孩子。但有些孩子不爱开口，或存在着某些缺陷，这样的孩子我们能不能做到去包容他、去爱他？有优点要爱，有缺点也要去爱，把缺点当作可弥补的空间，这才是真正对孩子的爱。于漪老师作为一个普通教师，她在爱学生这方面达到了一定的境界，让我由衷敬佩。

第二，于漪老师的学科观是德智融合，学科育人。学科教育不应仅仅从知识教授的角度去考量，更应该着眼育人的价值，引导学生追求进步、追求真善美。分数很重要，但分数应该放在人发展的过程中去考虑，分数不是目的，人本身的发展才是目的。从"以知识为本"转换到"以学生为本"是教育思想了不起的突破，是教育本质的回归。

第三，于漪老师强调教育中的文化观，她是文化自信的倡导者和践行者。她对中华优秀传统文化怀着深沉的眷恋，立足中国大地办教育，自觉担当为国育才、为党育人的重任，是她毕生的信念。在教育内涵当中，于老师抓住了根本的核心点，从文化的立场出发，用优秀的中华文化滋养孩子的心灵，培养有中国心的时代新人。

"教文育人"，不让孩子成为"空心人"

问：于漪老师坚持教文育人，推动"人文性"写入全国《语文课程标准》，主张教育思想和教学实践同步创新，这一变革有着怎样的背景和意义？

陈军：在于漪老师的教学生涯中，始终抱有坚定的人文主义教育理念，认定语文教学的目的是"教文育人"。我从事教育也有几十年了，我觉得强调人文性，是强调教育要以人的发展为目标，要围绕人本身的自主性以及人的个性化发展来展开。但人不是空洞的，不是工具化的人，人有文化属性，是有文化内涵的人。语文教育不"缺位"，孩子才不会成为"空心人"。

然而，20世纪80年代中后期，语文教育"工具化"引导下的片面教学与引进的标准化考试一拍即合，语文教学陷入题海训练，学生没有兴趣，老师也陷入迷茫。于漪老师敏锐地察觉到，当时的机械训练过于严重，在功利主义盛行的情况下，她仍坚持把工具性与人文性统一在语文教学内容之中。

在于漪老师看来，没有人文，就没有语言这个工具，舍弃人文，就无法掌握语言这个工具。语文应是工具性和人文性的有机结合。于老师梳理了国外语言学发展脉络，并一再推敲中国传统教育中的文道关系，她认识到语文教学中只提"思想性"存在一定的局限。语文学科内涵丰富多彩，除了思想以外，还有道德的、情操的、审美的种种特征，文化含量更不必说。

所以，于漪老师倡导"弘扬人文，提高素质"。于漪老师认为教育的主要目的是提高学生的精神境界，培养学生的人文情怀，而语文学习是达到此目的的有效途径。于漪老师提出该倡导之后，在整个基础教育，特别在语文学科教学方面，发挥了巨大的作用。

问：于漪老师在长期的教师、校长和培养青年教师的工作生涯中积累了教师职业发展方面的理论和实践的财富，形成了一部活生生的"教师学"。她还在教师学研究上，作出了怎样的贡献？

陈军：于漪老师在培养青年教师上投入了大量精力，从担任上海市第二师范学校校长，提出"两代师表一起抓"，到成立上海市教师学研究会，她将教师培训上升到教师学的理论高度，尽管年事已高，但仍然在为教师培养工作殚精竭虑。

上海市教师学研究会，是于漪老师一手创立的学会。目前全国仅有此一家以"教师学"为主题的研究学会，于老师创立教师学研究会的目的是研究教师成长的规律，上海市教师学研究会目前的研究方向主要包括教师教育生涯的共性、中国教育者和教育行为的特性、当代教师发展的路径等。

2019年12月28日，由中共上海市教育卫生工作委员会、上海市教育委员会指导，上海市教育发展基金会、上海市中小幼教师奖励基金会主办，上海市教师学研究会承办的"人民教育家于漪教育思想研讨会"在上海开放大学隆重举行

支持、引领，基金会与于漪教育思想同行

问: 基金会一直关注、推动着于漪教育思想的发展和传播。在出版于漪老师相关书籍的过程中，您跟上海市教育发展基金会有着密切的接触，在您看来，基金会发挥了怎样的作用？

陈军: 这么多年来，上海市教育发展基金会与上海市教师学研究会之间的关系非常密切，上海市教育发展基金会一直在支持着教师学研究会的发展。特别值得一提的是，过去20多年，上海市教育发展基金会一直跟踪支持着于漪教育思想的研究。基金会既是于漪教育研究的支持者，也是共同研究的工作伙伴。

这种关系使得我们整个研究的成效非常显著。特别是王荣华理事长，他本身就是一个学者，也是于漪老师的"于粉"，他对研究于漪高度重视。他的精神境界和人格魅力，对我们的影响非常巨大。教师学研究会在基金会的扶持下，进一步探索对于漪教育思想的研究，我们作为研究者和学习者，也经历了一次再教育。

有一件事让我印象深刻也非常感动。于漪老师被中央表彰后，我们举行了于漪老师教育思想研讨会。当时，王荣华理事长就提出，于漪教育思想的研究是一个综合化的系统工程，首先要确立研究的主题和目标，确认于漪教育思想的本质属性。在这一点上，是王荣华理事长点明了关键——"人民教育家"。要从"人民教育家"的角度去归纳于漪老师的教育思想，这是基金会思想引领的根本点。

在基金会的支持下，我们花了近五年，全面、系统地整理了于漪老师的文稿，全书稿共计近600万字，分为21卷本，最终出版了《于漪全集》。这是一部很了不起的专著，它不仅从理论上更加系统、全面地完善了于漪教育思想，也帮助我们进一步从不同的角度认识于漪老师、学习于漪老师。

2022年10月12日，上海市教育发展基金会与上海市教师学研究会共同举行于漪教育教学思想研究工作推进会。理事长王荣华、"人民教育家"于漪、上海市教师学研究会和于漪教育教学思想研究的子课题负责人，出版系统代表一同出席会议

问：《于漪全集》系统地介绍了于漪教育思想的发展过程，在整个教育界中广泛传播，取得了怎样的效果？

陈军：随着于漪教育思想的广泛传播，在中小学教师队伍当中，大家对于老师是非常崇敬、钦佩的，产生了巨大的正能量。对于青年教师的成长，于漪老师本身也起到了强大的示范性和激励作用。于漪教育思想对教育学理论的建设也产生了积极的影响，提供了丰厚的材料，对于在未来的教育中，如何弘扬中华优秀文化传统，建立本土化的、中国化的教育学，同样起到了奠基和引领的作用。

身正为范，激励教师人生信念

吴坚

复旦大学附属中学校长吴坚的高中时代在杨浦中学度过，虽然未曾成为于漪老师的学生，但他在校园中常常听于漪老师的报告和讲座。"长大后，我就成了你"，当吴坚走上工作岗位，成为一名教育者之后，才发现于漪老师的榜样力量，一直影响着他、激励着他的教育人生。

全面育人，关怀学生终生发展

问：您曾在杨浦中学读书，您当时与于漪老师有过交集吗？在您的学生
时代，于漪老师是一个什么样的形象？

吴坚：1980到1983年，我在杨浦中学度过了我的高中生活，于漪老师当时在
初中执教，我虽然没有直接上过于漪老师的课，但我经常听她的讲座、报告。
当时我们有晨会课，于漪老师通过晨会课对学校的全体同学做指导讲座，结
合语文教材中的名篇目进行讲授，不仅教授知识，更重要的是让学生真正理
解文字背后所蕴藏的民族文化和历史，以及对民族复兴的追求，让学生懂得
自己身上肩负的责任。我也在学校的大礼堂听过她的一些报告和讲座，看上
去好像没有离开语文，但事实上远远超越了语文作为一门学科所具有的影响
力和感染力，这个过程至今还是历历在目的。

　　当时于漪老师在我心中的形象是一个真正的、教师的模样，给予学生和
学校无私的奉献，她有明确的追求，这种追求在于培养学生、爱护学生，在
学生人生成长中最重要的阶段完成人格的塑造。

　　所以，她对杨浦中学的校友影响都很大。从我现在的理解来看，教育本
身不仅是关怀学生的学业成长，更应该是关怀学生的终生发展，包括理想、
追求、信念，这个教育的根本，于漪老师贯彻始终。

学做教师，教育情怀矢志不渝

问："我做了一辈子教师，但一辈子还在学做教师！"于漪老师用这样的话语不断地鞭策着自己，也勉励着更多的青年教师。当您开始从事教师职业后，您怎样去理解这么一句非常朴实但感染力极强的话语？

吴坚："一辈子做教师，一辈子学做教师"，这句话是于漪老师学高为师、身正为范的标志。这句座右铭极具感染力，作为一名人民教师，这句话被我们奉为经典。

　　每位从事教师职业的教育者，都须扪心自问——自己想要做怎样的老师。要有学识，要有才华，要把学识和才华奉献给学生，培育学生的成长，助推学生未来为国家建设服务。对我来说，始终以教师的视角思考教育问题，成就与发展学生，也是我矢志不渝的教育情怀。

　　但同时，教师自身的发展也非常重要，做老师就要身正，做老师就要有自己的立场、原则和基本的道德示范要求。这也是我在自己的职业生涯中的体悟。尤其是做老师以后，这种感受也越来越强烈和深刻。"身正"这个词简单、直白，但是也是最核心的、最有内涵的价值，是激励每一位教育者的人生信念。

师者之爱，点燃孩子心中灯火

问：于漪老师本人的榜样示范和她的教育思想，对您自己的教育理念，有着怎样的启示，是否产生了一些影响？

吴坚：于漪老师曾说过，教育是点燃孩子们心中的那盏灯。从我的理解来看，每个人心中都有火苗，是可以被激发起来的一种创造动力。问题在于，怎么样去发现，怎样去点燃，怎样去给小火苗搭建燃烧的舞台。

我也是一名父亲，我亲身的体会是如果站在家长的角度"我觉得我要为你好"，未必就是真的为孩子好。所以我的体悟就是"站在孩子的角度去爱他"，才是真的好。于漪老师也说过，教育的本质是爱，爱学生是教师的本职和本分，"展现和示范出来的师者之爱"是天性。

当真心投入教育事业之后，能够平视孩子、理解孩子，发现孩子身上的闪光点，这才是教师的价值和意义。当然，这个过程中如果有了爱，胸怀就会宽广，不会被外物的繁杂所影响。

教育本身是琐碎和单一的，我们在培养孩子时，不能只是着眼于事物单一的表象，而应更深层次地探索孩子成长的可能性，去点燃那盏灯，这就是于漪老师给予我们最大的鼓励。

当然，点亮的过程可能需要很长时间去等待，我们要有足够的耐心去支持孩子、包容孩子、成就孩子，我相信这也就是教育者最核心的素养。

一封回信，助推创新探索

龚敏

一封信，牵起了于漪老师和乌鲁木齐南路幼儿园之间的缘分。乌鲁木齐南路幼儿园园长龚敏一直以于漪老师作为心中的丰碑，她以这封信为契机，在于漪回信精神的鼓舞下展开了"五育新探索"。

问：您和于漪老师之间"一封信的故事"成为美谈，这个故事的来龙去脉是怎样的？

龚敏：这个故事要追溯到很久之前，有一次上海全体中小幼骨干教师要去聆听于漪老师的一个讲座。我赶到的时候，已经没有空余座位了，我就在第一排旁席地而坐，近距离地聆听于漪老师的教育教学思想。当时，于漪老师在台上说，她要学做一辈子的教师。我在那么近的地方感受到这句话的力量，在那一刻，这句话就像一颗种子一般，种进我的内心，我决心也要在学前教育事业上一辈子学做老师，做好老师。

之后，于漪老师获得了"人民教育家"称号。她回沪后开了一场讲座，我又来到了现场，聆听于漪老师讲述她的教育理想，我再一次感受到那样一颗热爱教育的拳拳赤子心。我泪洒现场。不久之后的教师节，我将这段经历写了下来，在《新民晚报》夜光杯专栏刊登。

在刊登之后，我收到了很多鼓励。其中就包括上海市地方志办公室党组书记兼主任洪民荣研究员的赞赏，他提议让我直接给于漪老师写信请教。于是，我就提笔给于漪老师写了一封信，畅谈对教育的理想，表达对她的敬佩和敬仰之情。

不过，如何传递这封信呢？洪民荣把我推荐给另一位重量级的热心人——上海市教育发展基金会理事长，同时也是于漪事迹和教育理念最早的推介者王荣华。王荣华理事长在基金会的办公室里热情地接待了我，耐心地听取了我在夜光杯写作的缘由和致信于漪前辈的诉求。这位老领导为了我，专门致信于漪，并且在信中高度评价乌南幼儿园是一所"重研究、勤实践、争上游、有特色"的幼儿园。

令我感到意外的是，于漪老师很快就给我这个晚辈回了信，并解答了我对劳动教育的困惑。之后，王荣华理事长郑重地将于漪老师的亲笔书信与自传《红烛于漪》交到我手中。他还精选回信中的核心部分，挥毫泼墨三份书法作品赠予乌南。基金会这份对学前教育的关心和支持，令所有乌南教师精神振奋，感激不已，这也成为我们前行道路上的动力。

问: 于漪老师在信中阐述对劳动教育的思考,这给乌南幼儿园带来了哪些启示?

龚敏: 于漪老师回信中介绍了自己对新时代"五育"中的薄弱环节——劳育的见解,她认为这确实是一个社会性的时代课题和新挑战。同时,她也鼓励我们在确保安全的前提下大胆探索。

随后的一年,我们在于漪回信精神的鼓舞下展开了"五育"新探索。这一年的探索,有对自我成功经验的坚持,更有根据形势发展所做出的新尝试。

每年10月,我们都会在乌南举行劳动教育研讨、讲座,开展对于漪老师教育思想的再认识、再深化,努力为上海市的学前教育事业发展作出自己的贡献。

问: 在于漪教育思想的引领下,乌南幼儿园还发生了怎样的改变?

龚敏: 于漪老师的教学思想非常丰富。在新时代推进教育高质量发展的背景下,深化学习于漪老师的教育思想显得尤为必要。在于漪教育思想的引领下,我们进一步丰富和拓展了乌南路幼儿园"中国心"的课程目标和内涵。

于漪老师曾经提出,教育事关国家和民族的未来,是为学生树根立魂的事业。她旗帜鲜明地指出了,课堂是落实德育的主阵地,学科教学是落实德育的主渠道。通过学习于漪思想,我们进一步明确了德育必须要从娃娃抓起。

结合我们幼儿园"中国心"课程的培养目标和社会归属感研究,我们在一日活动中渗透开展了多种形式的德育活动。我们幼儿园也同步申报了上海市市级重点课题,探索出融入集体、分享价值、共享自己等教育路径,让每一位乌南的孩子在感受和体验多元文化中厚植中国心,增加孩子们对国家和民族文化的认同与自信。

记得于漪老师还提出,校长是培养教师的第一责任人,要重点培养青年教师,教育的希望在青年人身上。于漪对教师的培养非常重视,多年来手把

2020年10月30日，上海市教育发展基金会理事长王荣华率基金会全体工作人员，并特邀上海市教师学研究会会长、市北中学校长陈军，赴乌鲁木齐南路幼儿园开展实地调研。座谈会上，理事长王荣华将于漪老师的亲笔书信与自传《红烛于漪》郑重递交到龚敏园长手中

手地教育后辈如何成为一名好教师，这样的精神让我尤为感动。

在于漪教育思想的启示下，我们深化了幼儿园已有的教师队伍建设经验，着力从基于教师个体的教师差异化发展，到让教师做自己专业发展的CEO，努力使老师由被动转主动，从单一发展到多元的发展，做新时代有理想信念、有道德情操、有扎实学识、有仁爱之心的"四有"好教师。

"诵、写、讲"三种形式
展现"人民教育家"于漪老师的思想精髓

对话人物:

徐建华　上海教育报刊总社副总编、东方教育时报总编辑

徐建华

"人民教育家"于漪传诵工程

在助力教师队伍建设的过程中,上海市教育发展基金会与"人民教育家"于漪结下了不解之缘。于漪是学科教改的先行者、素质教育的坚守者、青年教师思想的引领者、先进教育思想的传播者,是教育界的一面旗帜。新时代下,如何更好地宣传、学习、践行于漪教育教学思想,激励更多教育工作者做"四有"好老师,落实立德树人根本任务?基金会于2020年正式启动了"铸魂筑梦——于漪教育思想传诵工程",通过"诵、写、讲"——诵于漪老师的大爱胸怀,写于漪老师的教育格言,讲于漪老师的精神世界——以丰富的艺术形式来传播于漪教育教学思想。

对于传诵工程的开展,于漪表示:"活动

"我非常有幸参与了'于漪教育思想诵写讲'展示交流活动"，"我们的历史职责就是去传播、弘扬于漪老师教育思想，培育更多'于漪式好教师'"，上海教育报刊总社副总编、东方教育时报总编辑徐建华在接受访问时动情地说。而上海市教育发展基金会王荣华理事长主持策划会时说的话让徐建华总编辑记忆犹新。

与时代同行，举办"于漪教育思想诵写讲"活动

问： 您所在的报社受上海市教育发展基金会和上海市语言文字工作委员会办公室办的委托，作为重要的组织方，举办"于漪教育思想诵写讲"展示交流活动，您是这项活动的参与者，可否介绍一下活动详情？

徐建华： 我非常有幸参与了"于漪教育思想诵写讲"展示交流活动，王荣华主席对这项活动给予很多指导，我清晰地记得王主席在几次策划会上都强调于漪教育思想的时代意义，指出从课堂授课到教育改革，从呼吁"教文育人"到倡导"弘扬人文"，从培养学生到培养老师，于漪老师的教育实践始终与时代同向同行，她的教育思想正是从这样的教育实践中生长出来、提炼出来，是难能可贵的。所以，宣传、传播于漪教育思想是非常迫切且具有深远的历史意义。

的举办，从我个人来说有不能承受之重，但从活动本身的意义而言，能彰显中国汉字的魅力，弘扬家国情怀。树立民族精神之根，铸就爱国主义之魂，这样的价值取向对学校、对师生具有重要的意义。能作为这次活动的抓手，我感到非常荣幸。"基金会多年来支持市语委办开展"书法名家进校园""魅力汉语"中华经典诵读等活动，为传承优秀传统文化作出了积极贡献。基金会希望通过共同努力，聚集起一支像于漪那样有理想、有信念、有追求、有担当的教师队伍，以教育的自信创建自信的教育，开创中国自己的教育学和教师学，为国家和民族的复兴贡献上海的教育智慧和力量。

铸魂筑梦——2020年"人民教育家"于漪教育思想诵、写、讲展示交流会在上海市香山中学举行，上海市教育电视台、上海教育报刊总社、市书法家协会、市教师学研究会、市语言文字工作者协会等教育同行广泛参与积极响应

"于漪教育思想诵写讲"展示交流活动是由上海市语委办、上海市教育发展基金会主办，上海市浦东新区教育局、上海教育报刊总社、上海市书法家协会、上海教育电视台承办，浦东新区语委办、东方教育时报、上海市语言文字工作者协会、上海市教师学研究会协办。

问: 这项活动确立的宗旨是什么?

徐建华: "人民教育家"于漪老师始终坚守"站上讲台就是生命在歌唱"，践行着"一个肩膀挑着学生的现在，一个肩膀挑着国家的未来"的使命，在中国基础教育的变革与发展历程中已然清晰留痕，成为一代又一代教师的楷模。我们举办"于漪教育思想诵写讲"展示交流活动，目的就是通过"诵、写、讲"这三种形式，多形态地在上海各学校开展于漪教育的学习、传承和研究，以助推上海教育的综合改革。

多视角学习, 静心感悟于漪老师教育思想

问: 为什么这些活动会独树一帜地用"诵、写、讲"这三种形式?

徐建华: 我们传统的学习就是大家捧着书默默阅读, 静心感悟。我们在上海市教育发展基金会的指导下, 想突破常规, 多形态、多视角地学习于漪的教育思想, 以不同的教育手段来研习于漪的教育思想。

问: "诵、写、讲"具体的样式是怎么样的?

徐建华: 诵, 是邀请著名艺术家丁建华、过传忠等示范诵读于漪老师的教育名篇, 教师自己也通过诵读, 感受于漪教育思想的深刻和美。写, 是邀请沪上著名的书法家周志高、戴小京、宣家鑫、潘善助等用不同的书体展现于漪老师的教育格言, 并进行巡展。讲, 是由上海的教育名师讲述于漪老师辛勤耕耘的感人教育故事。

问: "于漪教育思想诵写讲"展示交流活动的成效怎样?

徐建华: "于漪教育思想诵写讲"展示交流活动开展了一两年, 在上海教育界引起了较大的关注。很多学校也结合自己的实际开展形式多样的"于漪教育思想诵写讲"活动, 他们从教育思想、道德教育、语文教学、教育管理、教师教育多纬度开展于漪教育思想精髓的讨论学习。

我们举办这项活动的目的, 就是希望把"人民教育家"于漪老师的故事一代代讲下去, 讲到广大师生的心坎上去, 去传播、弘扬于漪老师教育思想, 培育更多"于漪式好教师"。

我们希望通过大家的齐心努力, 聚集起一支像于漪那样有理想、有信念、有追求、有担当的教师队伍, 为推动上海教育事业取得更大发展作出新的贡献。

同频共振，弘扬陶行知教育思想

对话人物：

吕左尔　上海市陶行知研究协会会长

吕左尔

关于上海市陶行知研究协会

上海市陶行知研究协会原名上海市陶行知教育思想研究会，成立于1980年11月，1993年改名为上海市陶行知研究协会。"市陶研会"自成立以来，在市教委的领导下，在市教育发展基金会的支持下，坚持陶行知教育思想的理论研究，曾编印《陶行知生平图片展》在沪、苏、皖等省市巡展，出版《陶行知佚文集》《陶行知教育思想与实践》《民主之魂——陶

上海市陶行知研究协会原名上海市陶行知教育思想研究会，成立于1980年11月，1993年改名为上海市陶行知研究协会（以下简称"市陶研会"）。近十年来，"市陶研会"紧密围绕沪、浙、苏、皖一市三省学陶教改一体化项目"长三角地区行知伴我成长论坛"，在上海市教育发展基金会的支持资助下，每年一届论坛，连续举办了八届，抓住陶行知生活教育思想与"做'四有'好教师""课堂课程改革""创造教育"等理论与实践，深入探究与交流，产生了大量的学术成果，形成了巨大的影响力，推动促进了上海乃至长三角地区教育的综合改革。特别是"市陶研会"重点研究项目"小先生成长行动计划"获上海市教育发展基金会百万元资助，目标是"要培育千百万小先生"。

2023年5月，市陶研会第九届会员代表大会第一次会议选举产生了新领导班子，选举吕左尔为会长，沈杰、金忠明、周烨为副会长，陈骁任秘书长，特聘老会长王荣华为本会"首席专家"。吕左尔会长在访问中畅谈上海市陶行知研究协会与上海市教育发展基金会同向同行、同频共振，共同在新时代弘扬陶行知教育思想的过去、现在和未来的工作。

行知的最后100天》《20世纪陶行知研究》《陶行知词典》《陶行知教育名著英译本》《陶行知与上海教育》《上海民工子女教育状况蓝皮书》等书刊，协助上海市陶行知纪念馆、上海教育电视台等拍摄大型纪录片《陶行知》《一代名师陶行知》等电影电视，协助上海教育音像出版社出版《陶行知生平、创造教育、师德》录像带两盒（182分钟），协助上海东方电视台"新闻调查"栏目出版《陶行知——一篇未发表的序》专题片。

同频共振，弘扬陶行知教育思想

问：上海市陶行知研究协会与上海市教育发展基金会有什么特殊的联
   系？

吕左尔：上海市陶行知研究协会与上海市教育发展基金会是同属上海市教委
领导主管、上海市民政局注册指导的社会组织。

市陶行知研究协会是公益性的名人学术研究社团，市教育发展基金会是
向社会公募的支持教育、服务教育的社团。

两个协会确实有特殊的联系。上海市教育发展基金会现任理事长王荣
华同志，曾任上海市陶行知研究协会第三、四、五、六、七届会长。其间，王
荣华同志曾任上海市教卫工作党委书记，上海市人民政府副秘书长，第十届
上海市政协副主席，上海社会科学院党委书记、院长，国家教材委员会专家
委员。这个过程中，王荣华同志始终兼任上海市陶行知研究协会会长。个中
的缘由是：国务委员、中国陶行知研究会会长张劲夫同志是陶行知的门生，
王荣华同志曾收到他的一封信，信中热情邀请王荣华同志担当上海市陶行知
研究协会会长一职。为了不辜负张劲夫同志的嘱托，王荣华同志兼会长一职
二十多年，为上海的"陶研"事业作出了极大的贡献。后为接手上海市教育发
展基金会，王荣华同志先是把上海市陶行知研究协会的法人代表的身份交
给了我，让我在副会长兼秘书长、法人代表的岗位上磨炼考察，于2018年再
将市陶研会会长的重任交付于我。2022年9月，为了在新时代进一步推动学
习陶行知教育思想、弘扬陶行知伟大精神、助推教育改革，为了能进一步获
得王荣华同志的学术指导与工作支持，同时依据他对市陶研会作出的突出贡
献，本会经研究决定并表决通过，特聘王荣华同志为本会"首席专家"。市陶
研会的学术研究工作离不开老会长的指导，本会的经费也得到基金会的长
期支持。

以陶行知思想，推进长三角地区陶研工作再上新台阶

问：上海市陶行知研究协会举办"长三角地区行知伴我成长论坛"，上海市教育发展基金会给予了哪些支持？

吕左尔：上海市教育发展基金会以支持教育、服务教育为使命。长三角地区一体化是我们党和国家重要的发展战略。本会联合江苏省"陶研会"、浙江省"陶研会"、安徽省"陶研会"，自2012年至今共轮值主办了八届"长三角地区行知伴我成长论坛"，每届论坛都得到基金会的资助，从不间断。其间，三次轮值到上海举办，王荣华同志都亲自莅临论坛致贺辞并指导工作。"市陶研会"作为主办方之一，每年都把"长三角地区行知伴我成长论坛"纳入年初的工作计划，作为上海市"陶研"工作的重要抓手，紧密围绕论坛的主题，组织市属实验学校开展学术研究与实践活动，并且将各项成果通过单位第一轮选拔、各区"陶研会"以及区域"学陶"联盟的第二轮选拔，以至"市陶研会"第三轮公开选拔，在专家组优中选优的基础上，产生本届论坛的交流代表，以确保通过论坛提升上海"学陶"人整体的学术水平，通过参与长三角论坛的学术与实践交流，体现上海"陶研"的新境界、新跨越、新举措；同时，学习苏、浙、皖三省的宝贵经验，以推进长三角地区"陶研"工作再上新台阶，取得新成效。回望论坛的历程，好像就在昨天：

2012年"长三角地区行知伴我成长论坛"在江苏吴江举办，主题是"陶行知生活教育理论进课堂、进课程"。

2013年第二届论坛在上海市崇明区举办，主题是"生活教育与办人民满意的教育"。崇明区陶行知研究会成立，中国陶行知研究会会长朱小蔓亲临祝贺，王荣华会长致贺辞。

2014年第三届论坛在浙江嘉兴举办，主题是"践行六大解放，让孩子快乐成长"。

2015年被我们定为"做'四有'好教师落实年"，当年的第四届论坛在江苏南通举办，主题为"学陶师陶，做'四有'好教师"。

王荣华理事长高度重视陶行知教育思想在新时代的理论创新和实践创新工作，积极支持上海市陶行知研究协会开展相关工作，研究、弘扬、践行陶行知教育思想

2016年第五届论坛在上海市宝山区举办，主题为"立足陶行知教育思想进课程、进课堂"。

2017年第六届论坛在浙江宁波举办，主题为"生活教育思想与生活力培养的实践与思考"。

2018年第七届论坛在江苏淮安举办，主题为"立德树人，做人民满意的'四有'好教师"。

2019年第八届论坛在上海市宝山区举办。当年恰逢陶行知创办重庆育才学校80周年，我们确立主题为"牢记初心，育才树人"。

第八届论坛，我们把安徽省"陶研会"也接纳进来，来自沪、苏、浙、皖长三角的"陶友"真正齐聚，携手共进，共同打造长三角"学陶"促进教改一体化建设。"长三角地区行知伴我成长论坛"已经成为全国"学陶"的一个品牌项目。然而，这一切离不开上海市教育发展基金会的资助。

"小先生成长行动计划"，培育千百万"小先生"

问：上海市教育发展基金会给予"小先生成长行动计划"项目百万元资助，可以介绍一些情况吗？

吕左尔："小先生成长行动计划"是"市陶研会"首推、支持的项目。2021年10月18日，教育部副部长翁铁慧在上海召开的学习与弘扬陶行知教育思想大会上提出了要从四个方面弘扬陶行知思想：一是挖掘陶行知先生不懈奋斗的故事，丰富大思政课育人资源；二是弘扬陶行知先生的崇高精神，提升教师教书育人的思想境界；三是发展陶行知先生的教育思想，建构完善中国特色育人理论；四是深化陶行知先生的教育实践，推进形成科学育人机制模式。"市陶研会"小先生成长行动计划"正是按照教育部副部长翁铁慧的指示精神，结合当代于漪老师的教育理念思想以及教委有关减负的要求提出的项目，依据"新课标"，旨在让学生参与课堂、社区与家庭的活动，培养核心素养，"五育融合"全面发展。"小先生制"我们概括为四句话："行知发明，上海诞生，

在上海市陶行知研究协会"2023小先生成长行动"研讨展示交流大会上,会长吕左尔作主旨报告

国际品牌,时代精神。""小先生制"是陶行知生活教育"教学做合一"思想的重要实践,对核心素养、"五育融合"发展目标的实践有重要的启示。

2021年6月初,我们正式启动"小先生成长行动",项目以进课堂、进社区、进家庭的实施路径,培育千百万"小先生"。"小先生制"是"教学做合一"的重要方法,"教学做合一"是生活教育的方法论。陶行知强调,"教的法子要根据学的法子,学的法子要根据做的法子"。从行为角度看,强调教学中做的实践性与真实性;从人际关系角度看,师与生、生与生、生与父母、与社会大众的合作对话,相教相学,民主平等,没有分别心。更为重要的是,其学理是陶行知主张"为学而学,不如为教而学之亲切"。其重要原则是即行即知、即知即传、即传即联、即联即前。陶先生在九一八事变国家危亡之际,在上海创办了山海工学团,倡导"工以养生、学以明生、团以保生",团结抗敌。党的二十大描绘了实现第二个百年奋斗目标的宏图,实现中华民族伟大复兴,实现中国梦,践行"一带一路"倡议,把"人类命运共同体"之伟大旗帜高高举起,而要实现这一切,离不开"互助分享、担当共赢"。新时代下,大力把"小先生成长计划"项目做好、做大,就是对二十大提出的教育"培养什么样的人""怎样培养人""为谁培养人"最好的回答。我们坚信,少年强则国强。对于上海市教育发展基金会给予百万元资助的"小先生成长行动计划",市陶研会正全力推进该项目的理论研究,争取做出优秀学术成果,在实践上加以指导,在试点学校与单位取得经验,还发展了30个子课题,进行深入的研究。在"小先生"进课堂、进社区、进家庭的实践中,都有非常好的效果。讲好中国故事需要有更多"小先生"的生动故事来为中华民族崛起助力,为更好的国际生存环境助力。我们开展"小先生成长行动"项目的"陶研"团队,以及上海市教育发展基金会的同道对项目的指导和资助,就如王荣华理事长所言:"与善同行,功成不必在我。"

加强教师队伍建设，

赓续百年初心，担当育人使命

对话人物：

唐秋明　上海市宝山区教育学院党总支书记　　　冯吉　上海市宝山区教育学院科研室主任

"学陶""师陶""研陶"

陶行知是中国伟大的人民教育家，他"爱满天下"的教育情怀、"千教万教教人求真，千学万学学做真人"的教育追求、"生活即教育，社会即学校"的教育理论、"捧着一颗心来，不带半根草去"教育精神，铸就了民心所向的一代师魂，也展现了中国特有的教育家精神。他以毕生的教育实践为中国教育探寻新路，为教育事业发展作出了巨大贡献。

在纪念陶行知先生诞辰130周年主题活动上，教育部副部长翁铁慧提出四点希望：一是要挖掘陶行知先生的奋斗故事，丰富"大思政课"育人资源；二是要弘扬陶行知先生的崇高精神，提升教师教书育人的思想境界；三是发展陶行知先生的教育思想，建构中国特色育人理念；四

党的十八大以来，以习近平同志为核心的党中央高度重视教师队伍建设。习近平总书记多次作出重要指示，对广大教师提出争当"四有"好老师、"四个引路人"、"四个相统一"的殷切期望，将"坚持把教师队伍建设作为基础工作"作为教育改革发展的"九个坚持"之一。

面对实现中华民族伟大复兴战略全局对教育内外环境带来的深刻变化，面对现代化经济转型升级对教育的迫切需求和人民群众不断提高的教育期盼，以高质量为目标，夯实教师队伍建设，完善教师人才培养机制任重而道远。

在上海市教育发展基金会的支持下，"长三角青年陶行知教育研究联盟"于2021年正式成立，联盟推动学习方式、教育资源、课程内容与实施方式等研究、关注教师专业素养、教师教育体系与教师培养机制完善，在陶行知教育理论视阈下，以立德树人根本任务为指引，着力加强平台建设、队伍建设、协同研究以及学术交流，构筑陶行知教育思想研究高地、教育改革与创新发展高地、新时代师德师风建设高地。

是深化陶行知先生的教育实践，推进形成科学育人的机制模式。在上海市教育发展基金会的支持下，"长三角青年陶行知教育研究联盟"以出实践成果、出人才队伍、出协同生态为目标，协力开辟"学陶""师陶""研陶"的新模式，积极探索陶行知教育理论在新时代的理论创新和实践路径，取得了可喜的成绩。

重引领，完善教师人才培养机制

　　面对教育现代化对教师队伍的素质、结构提出的更高要求，宝山教育人赓续40年"学陶师陶"精神，坚持以陶行知教育理论为引领，对解决立德树人、"五育"并举、"双减"政策落地、教师队伍建设等一系列教育改革发展重大问题、关键问题，提供了本土化的理论支撑和实践路径。宝山区教育学院党总支书记唐秋明始终关注并鼓励青年教师应在陶行知教育理论研究的指引下，成为教育研究的探索者和教育理论的践行者。她表示，她切身感受

第一届长三角陶行知教育研究联盟成果分享会

到在上海市教育发展基金会的资金资助与品牌支持下，"长三角青年陶行知教育研究联盟"（以下简称"青陶"联盟）传承既往"陶研"的优良"基因"，成了教师人才培养的重要助力，联盟成员中已走出了一批种子教师，成为各自学科领域的中坚力量，为宝山教育灌注了新的活力。

"青陶"联盟成员微论坛：知行合一的实践探索

问："长三角青年陶行知教育研究联盟"究竟是怎样一支人才队伍？如何有效开展陶行知教育研究？

唐秋明："长三角青年陶行知教育研究联盟"由四个区域（上海市宝山区、江苏省南京晓庄学院、浙江省杭州市、安徽省黄山市歙县）的优秀教师自主申请、联盟择优遴选，共推荐300名青年教师成为第一期学员。联盟采用"核心平台引领、研究任务驱动、多向联动实践、成果交流提升"的运行机制，实现三项产出"出实践成果，出人才队伍，出协同生态"，开发丰富课程、教学课例、研究报告，将第一批300名青陶学员培养成各条线、各领域的优秀教师，形成长三角协同创建本土教育思想和实践的机制、氛围。配合导师培养，1位学员配备1位导师，形成精准培养效应，联盟内成立临时党支部，形成教师学习共同体，协力开辟"学陶""师陶""研陶"的新模式，探索陶行知教育理论在新时代的新发展，为当前教师培养提供本土化理论支撑和实践路径指引。

问："长三角青年陶行知教育研究联盟"成立以来有哪些成果？

唐秋明：自成立以来，联盟的成果是喜人的。首先是加强"学陶"思想引领，引导陶行知研究联盟成员树立正确的教育观念和研究态度，自觉把党的教育方针贯彻到教育教学工作全过程。其二，搭建"师陶"交流平台，分别为"一月一论坛"平台、联合教研平台、"一课一报告"成果评比平台、优秀成果展示与发表平台。平台通过整合四地的研究资源，包括历史现场、历史当事人、专家资源和实践资源等，组织课题研究、项目评比等活动，让教师深入探究教育问题，在交流过程中不断自我调整，自我建构，也让教师个体的实践智慧转化为群体教师的实践理论。其三，形成"研陶"成果，联盟成员的研究成果获奖或发表数百项，立项参与区级及以上课题100多项。在"一课一报告"成果评比中提交成果96项，其中教学案例37项、研究报告34项、课程开发25项。当然，这些收获与成绩只代表过去，"青陶"联盟还将在基金会的支持下，立足陶行知教育的传承与创新，不断前行。

问: 从您的角度来看, 上海市教育发展基金会是如何支持"长三角青年陶行知教育研究联盟"成立与运作的?

唐秋明: 我非常感谢上海市教育发展基金会一直以来对"长三角青年陶行知教育研究联盟"的支持与引领。对内, 基金会为联盟提供了经费支持, 用于我们的项目研究、专家指导、共享课程研发与实施等, 也给我们的学员与导师带来了激励作用。对外, 基金会协助联盟整合社会资源, 提供宣传联盟的活动和成果的平台, 扩大联盟的辐射度和品牌效应。"纪念陶行知先生诞辰130周年主题活动"上, 在教育部副部长翁铁慧的见证下, 在基金会的推动协助下, 宝山区联动江苏省南京晓庄学院、浙江省杭州市教育局、安徽省黄山市歙县教育局四地连线, 共同成立"青陶"联盟, 携手引领陶行知教育理论的新传承和新实践, 也成了区域教师发展的推动者。教育部副部长翁铁慧在作领导讲话时, 特别提及"长三角青年陶行知教育研究联盟"成立事宜, 对联盟的发展寄予厚望。在这一过程中, 我个人也感受到基金会已经成了许多优质教育项目与教育行动的孵化器, 也期待宝山教育和基金会将来有更多、更深入、更密切的合作。

强培养, 健全教师教育体系

陶行知先生毕生致力于教育事业, 为中国教育现代化作出了开创性贡献, 他的办学足迹遍布大江南北, 在"第二故乡"宝山更是留下了深刻烙印, 基金会也在此见证了"长三角青年陶行知教育研究联盟"的诞生。宝山区教育学院科研室主任冯吉既是宝山"陶研"的一分子, 同时也担任"青陶"联盟的导师, 在实地参与"青陶"联盟的过程中, 她深深地感到基金会对陶行知教育理论研究助益良多。

问："长三角青年陶行知教育研究联盟"是如何引领青年教师进行"学陶""师陶""研陶"的？

冯吉：联盟为青年教师提供了"数据采集与量化分析"与"情报与课例研究"等专题培训，"新时期名师成长与专业要求""与坚持梦想者同行"等讲座，与区骨干团队、学科教研员开展联合教研活动，以讲练结合、导师带领的方式为联盟成员研究提供了深入的、有针对性的指导。同时通过弘扬陶行知先生的爱国精神、奉献精神、求实精神、创新精神和育人精神，探索陶行知教育的时代化、现代化和本土化，彰显其为解决当前教育教学改革重大问题提供的理论支撑和实践路径，引领学员们发扬陶行知先生"爱满天下"的精神，追寻"生活即教育""社会即学校""教学做合一"的行知足迹，深耕课堂教学。

问：您个人认为，上海市教育发展基金会在培养青年陶行知型教师过程中扮演了什么样的角色？

冯吉：在参与活动的过程中，我感受到了基金会的影响力和品牌效应。基金会的平台协助我们推进长三角地区在学校发展、教师队伍建设、课堂教学、评价方式等方面的长效合作机制，并为我们的"行知行""行知寻"等教育品牌提升辐射力和穿透力。基金会理事长王荣华多次出席相关学术汇报研讨活动，足见基金会对联盟的肯定与对联盟青年教师成长的大力支持。作为"青陶"联盟的一名导师，我个人也十分荣幸能与这样一群优秀的同伴们共同成长，在基金会的支持下，为健全区域特色教师教育体系贡献自己的一分力量，培养出一批政治坚定、情怀深厚、学识扎实、视野开阔的青年陶行知型教师。

叶克平捐资助教，育人兴邦，

将一生的教育情怀书写在大地上

对话人物：

叶涵　叶克平之女，上海市教育发展基金会理事、法律顾问

叶涵

上海市教育发展基金会法律顾问叶涵女士

关于叶克平

叶克平，江苏宿迁人，1912年出生，东吴大学法学院毕业。新中国成立前是共产党组织在上海文化教育界的主要领导人之一。新中国成立后，历任上海市晋元中学、上海中学校长及上海中学终身名誉校长。他一生淡泊名利，立志以为国家培育人才作为人生目标，在上海教育界享有盛名。

1955年始任上海中学校长的叶克平，全面贯彻党的教育方针，为社会主义基础教育作出了积极贡献。叶克平校长作为党的教育工作者，精于管理，严谨治学，创造形成了"重基础，重理论"，"理论联系实际"的办学治校思想。集体备课、"滚雪球"、"十年成果展"等成为这一时期的突出成果。在这一时期，上海中学着重

2015年10月13日，上海市教育发展基金会捐赠的叶克平校长铜像落成揭幕仪式在上海中学举行，铜像下镌刻着上海中学原校长叶克平毕生践行的座右铭：没有对学生的爱，就没有教育

"我这一辈子最大的理想，就是办学校，育青年，教学生。"这是著名教育家、上海中学名誉校长叶克平的人生理想和毕生追求。

上海中学是一座创建于1865年的学校。在它成立150周年时，上海市教育发展基金会在校园树立了一尊铜像，以纪念老校长叶克平，彰显上中"立德树人"的办学原则。

叶克平出身教育世家，1932年从教，1954年进入上海中学，他把教育和强国紧密联系在一起，先后服务于上中35年。1978年，上海中学在停办10年后复校，66岁的叶克平复职，重任校长。他请回各学科教学骨干，培

进行了社会主义教育的探索，涌现了唐秀颖、顾巧英老师等为代表的一批名师。在历任校长和教师的共同努力下，学校为社会主义革命与建设事业培养了一大批杰出人才。这一时期毕业的上中学子，后来成为党和国家省部级领导的有50多位，"两院"院士30余人。

1978年7月，上海市委指示，同意上海中学正式复校。叶克平校长在上中复校与逐步走向中兴的过程中倾注了诸多心血。1984年10月，上海市人民政府授予叶克平同志"上海中学名誉校长"。七年的复

校任务基本完成后，叶克平退居二线。在120周年校庆纪念册上，以叶克平校长为代表的前一辈学校领导集体写下了新中国成立以来上中得到良好发展的成功秘诀，总结为一句话，就是：坚持党的教育方针，抓好学生的思想品德教育，营造良好的学风、教风、校风，在实践中提升社会主义教育的办学经验，培养又红又专的社会主义接班人。

养年轻教师，筹资修建教学楼，"为振兴中华努力育人"。

2000年，88岁的叶克平在病中表达了他最后的愿望。2000年，上海中学以叶校长捐出的10万元设立"叶克平奖学金"；2002年，叶克平的夫人、上海小学原校长毛诗去世，子女们遵从母亲意愿，捐出她的积蓄10万元；2012年，在叶克平诞辰100周年之际，叶家子女追赠80万元，成立了总计100万元的上海市教育发展基金会"叶克平教育专项基金"。之后，在叶家家族的捐赠和社会爱心人士的支持下，基金总量逐步扩大到370余万元。

叶克平教育基金的设立，主要用于支持上海中学的发展，奖励优秀学生，特别是家庭贫困的优秀学生。2022年，叶老的孩子们再行善举，在上海市教育发展基金会协调下，基金资助范围定为每年为久隆优秀学子提供10万元奖学金。

叶克平教育基金的背后是一位淡泊名利、一辈子忠诚于教育事业、挚爱他的学生和子女的"革命人"与"教书匠"，他生前为中国的教育发展辛勤耕耘，去世后依然用大公无私的精神捐资助学。叶克平一生的教育情怀和理想就这样被书写在祖国的大地上，鼓励一代又一代后辈学子，接续践行叶克平老校长"为振兴中华而勤奋学习，成为祖国栋梁之材"的设奖初心。

叶克平之女叶涵担任上海市教育发展基金会理事、法律顾问。她深情回忆了父亲叶克平老校长毕生忠于革命事业、忠于教育事业、追求崇高理想、呵护学生成长的动人往事。她勉励上中、久隆学子珍惜来之不易的美好时光，努力向学，早日成为祖国的栋梁之材。

不以高分为办学目标　强调德智体全面育人

问："没有对学生的爱，就没有教育"是叶克平校长为上海中学留下的教义。您眼中的父亲，是什么样的？

叶涵：我的父亲是江苏宿迁人，也是穷苦学生出身。我的祖父担任过江苏省

2022年3月4日，"传承爱的教育，弘扬自强精神"上海市教育发展基金会叶克平奖学金设立仪式在上海市久隆模范中学隆重举行。上海市第十届政协副主席、上海市教育发展基金会理事长王荣华，叶克平校长家属代表叶清、叶涵、叶淼、叶沂，上海市久隆模范中学校长苏晓云、原校长朱建平等出席活动

洋河实验小学的校长，但他去世时，我父亲仅十几岁。后来，父亲随姐姐来到上海半工半读，后毕业于东吴大学法学院。毕业以后，他曾任上海市浦滨小学教师，培真中小学教导主任、校长。新中国成立后，历任上海市晋元中学、上海中学校长、上海中学终身名誉校长。

我父亲从来不把学生的高分作为办学的目标，他一直强调德智体全面发展。他曾这样说："上海中学是一所寄宿学校，还必须进行集体主义教育，使学生成为热爱集体、关心集体的社会主义新人。"

上中重视体育锻炼，上中有一个传统——先上"体育课"再上文化课。每天早上上中都会开展晨练，这个传统一直坚持到现在。我在上中读书的时候，每天早上六点钟左右学校会吹起床号，所有的学生在简单洗漱以后就到操场上去早锻炼。我父亲每天也会早早来到操场，陪着学生早锻炼。锻炼大概45分钟左右，我们再回教室上早自习，早自习结束以后，排队去食堂吃饭。上中复校以后，还是坚持早锻炼的传统，在我父亲担任校长的那些年里，他一直坚持与学生一起参加体育运动。

上中还重视培养学生的劳动技能。上中有一片农业试验田，每个年级每个星期都会专门安排一个下午的时间进行劳动，或是大扫除，或是在种地或养猪，用于改善学生伙食。

复校以后，我父亲还是坚持这样的传统，当时在社会上还引起了不小的争议。家长对学生的学习抓得非常紧，心疼学生花大量的时间去早锻炼、参加劳动，纷纷提出意见。我父亲说："上中的办学传统不能丢，我们不是要培养那种仅学习好的学生，我们一定要培养德智体全面发展的社会主义新人。"

坚持数年后，上海中学的办学成果凸显，高考中的重点大学录取率在上海名列前茅，在社会也享有美誉。除了老百姓的口碑，媒体也进行了广泛的报道，这样一来，我父亲的教学理念也逐渐被大家接受。

到1985年，我父亲退居二线。当时上中复校已有七年，学校各项工作也已走上正轨，优良传统得以延续，社会局面也已打开，他自觉年事已高，应该培养年轻一代担起重任，便从一线岗位退了下来。

问：关于您父亲留下的教育思想，您觉得到今天为止还依然印象深刻的有哪些？您父亲在对您的教育上，给您带来了怎样的影响？

叶涵：我父亲将上海中学的教育特色总结为加强基础、培养能力、发展智力、因材施教等几个方面。特别是因材施教的教育方法，他提出得比较早，也是率先开始探索实践的。上中的课程会照顾到大多数学生，但也会根据学生的不同程度开展个性化教育，特别是针对少数拔尖的学生，采用课外小组、课外讲座等形式，进一步满足学生多样化的需求，助推资优生提升能力水平。

同时，德智体全面发展始终是他最坚持的一个目标。他培养学生，不仅要看学业水平，更重视道德品质的发展。很多上中的老校友都认为，叶校长在他们青春成长的黄金期，帮他们树立了一个正确的世界观、人生观。

我父亲曾说，中小学是基础教育，基础教育就要在打好基础上下功夫。对中学生来说，尤其应该打好人生观、世界观的基础，懂得怎样做人、做怎样的人。

我觉得我的父母留给我们八个子女最重要的财富是正直和善良，这让我们终身受益，这笔宝贵的财富在我们家庭的第三代中依然传承着。作为家长，我的父亲和母亲对我们的学业非常重视，在道德品质上更是严格要求着我们，并用言传身教影响着我们。

病榻上郑重许下心愿　毕生积蓄捐赠教育

问："叶克平奖学金"的设立，是您父亲的心愿，令人动容。您能回忆
　　一下当时奖学金设立前后发生的故事吗？

叶涵：设立教育基金是我父亲一直以来的心愿。他正式跟我们子女提出这个想法是在1997年他85周岁的生日聚会上，当时我们天南海北赶回上海聚在一起为他贺寿，当时他走路已经有点慢了，但思路清楚，表达流畅，他说自己这一辈子于公于私都问心无愧。于公，对工作过的学校、培养过的学生，问心无愧；于私，八个子女个个都成才立业，也问心无愧。但现在还有一个心愿未了，就是他想把所有的积蓄都捐出来，在上海中学成立"叶克平奖学金"，奖励那些品学兼优的好学生，为培养孩子们再做一点事情。他一提出这个想法，我们全家都表示支持和理解，特别是我妈妈，她第一个说："老头子，我支持你。"

2000年春节前，我父亲突发脑溢血住院抢救。身体略微恢复后，时任上海市教育党委书记王荣华陪同时任上海市委副书记龚学平前来看望我父亲，我们便提出了父亲的心愿——在上海中学成立叶克平奖学金，龚学平书记一

听就表示了支持，王荣华书记立即承诺帮助协调落实。

在王荣华书记的沟通和协调下，2000年5月，在我父亲逝世前3个月，他将毕生积蓄10万元捐赠给上海中学，设立了上海中学"叶克平奖学金"。时隔两年，我的母亲、上海小学原校长毛诗辞世，又捐赠10万元用于奖学金；之后，我们8名子女陆续出资，将奖学金总额增加到100万元。

2014年，为了更好地实现我父亲的遗愿，方便上中校友及社会各界个人与企业捐资兴教，让奖学金在更广范围发挥其社会公益效能，我们将奖学金依托上海市教育发展基金会平台，在"上海中学叶克平奖学金"的基础上设立了上海市教育发展基金会"叶克平教育基金"。后来，在我们家族的捐赠和社会爱心人士的支持下，基金总量逐步扩大到370余万元。

在"叶克平教育基金"的支持下，上海中学"五四表彰校长奖学金"成为上海中学校内的最高荣誉，自奖学金设立以来，获奖学生大多进入了我国乃至全世界顶尖大学深造。

奖学金不仅仅是给予学生物质奖励，更是一份荣誉和激励，获此奖学金会成为学生一生中值得纪念的新起点。

资助范围扩至久隆 雪中送炭更有意义

问：随着叶克平教育基金金额的增加，基金资助范围也进一步扩大，从上海中学拓展至上海市久隆模范中学，惠及更多品学兼优、家庭贫困的学子。您能介绍一下这个拓展过程吗？

叶涵：从2001年上海市久隆模范中学建校开始，我便关注到了这所学校，教育是改变贫穷的最好途径，这一点我非常认同，当时我就埋下了一个心愿，有机会和条件的话，要为久隆模范的孩子做点什么。

随着基金本金的进一步增加，我觉得时机已经成熟，已经有能力资助久隆模范的优秀学生。在征得兄弟姐妹的同意之后，我们将奖学金范围扩大，每年为久隆优秀学子提供10万元奖学金。

2023年2月28日,"我们的故事"——2022年久隆"模范生"颁奖仪式在久隆模范中学礼堂拉开帷幕,叶克平家属代表叶涵女士、上海市教育发展基金会理事长助理王明复、秘书长张宏莲为荣获2022年上海市教育发展基金会叶克平奖学金的获奖学生颁奖。叶涵女士亲切勉励久隆学子自强不息,刻苦向学,立志成才

　　从2022年开始,久隆模范中学组织评选久隆"模范生",每年有15名同学可荣获叶克平奖学金,评选标准以社会主义核心价值的基本内容为基础,坚持立德树人,坚持"五育"并举,设定自强、勤俭、勤劳、勤学、爱心、活力、传承、创新、环保、敬业、正直等15个方面的评价方向。

　　教育是最好的公益,而做公益,雪中送炭是最有意义的。那些学业优秀但家境贫困的学生,最应该得到帮助。我相信这一定也是我父亲想做但没来得及做的事情,如果他知道我们现在在久隆模范中学设立了这样一个奖学金,而久隆模范中学又是这样一所特殊的学校,他一定会感到欣慰。

提升青年教师育德能力，
打通立德树人"最后一米"

对话人物:

周增为　上海市教师教育学院党委书记

周增为

多渠道助力教师队伍建设

上海市教育发展基金会重视教师队伍建设，资助市教卫工作党委、市教委、市学生德育发展中心等开展上海市教育功臣、上海市教书育人楷模（"四有"好教师）、上海市"育才奖"、"最美教师"、"三全育人奖"等评选表彰活动，通过推选典型、表彰先进，助力师德师风建设，引导广大教师以德立身、以德立学、以德施教，不断提升教书育人的能力和水平，真正成为学生成长发展的指导者和引路人。此外，基金会还与上海市总工会、上海市教师学研究会等合作开展了上海高校青年教师教学竞赛、"新秀教师在课堂"、"上海市教师读书节"等教师培训、教学评比系列活动，多渠道、多举措助力教师专业素质能力的提升。

青年教师是教育教学发展的生力军，而三尺讲台是把立德树人任务落到实处的"最后一米"。2020年起，为深入贯彻《高等学校课程思政建设指导纲要》，落实立德树人根本任务，形成"全员、全程、全课程"育人格局，在中共上海市教育卫生工作委员会、上海市教育委员会指导下，上海市师资培训中心、上海市学生德育发展中心、上海市教育发展基金会联合发起了"上海高校青年教师培养资助计划"课程思政教学案例展演活动。

面向高校青年教师、推动课程思政建设的展演活动已连续举办三年，汇聚了各方专业力量，提炼课程思政建设中的优秀案例与典型经验，引导青年教师强化育人意识，找准育人角度，提升育人能力。活动搭建了市级课程思政建设交流平台，促进优质资源在不同区域、层次、类型的高校间共享共用，确保课程思政建设落细、落小、落实。

作为活动的亲历者，上海市教师教育学院党委书记周增为讲述了展演活动的价值和意义，她在访谈中坦言，青年教师具有朝气蓬勃的精神风貌、扎实的专业素养和时代的思维触角，是实现高等教育立德树人根本任务的重要力量。展演活动正好搭建了一个广阔的舞台，让青年教师不断锤炼提升自己的育德意识和育德能力，突破不同学科专业门类局限，以大思政工作格局，打通立德树人"最后一米"。

"隐性"思政教育，全员、全课程、全过程育人

问："上海高校青年教师培养资助计划"课程思政教学案例展演活动以"课程思政"为关键词，"课程思政"与"思政课"有什么不同，具体该怎样理解？

周增为："课程思政"自2014年由上海市教委率先提出并实践，这个概念被教育部认可，正式纳入教育部文件，"课程思政"已经从地方实践探索转化为国家战略部署，辐射全国，成为高校立德树人、铸就教育之魂的重要理念和创

新实践。

"课程思政"与"思政课"不同,它是指全员育人、全课程育人、全过程育人,也就是说所有的学科都有育人功能。它要求各类课程以"立德树人"为价值旨归,通过挖掘、提炼课程内含的家国情怀、社会责任、伦理规范、科学和人文精神等思想政治教育资源,实现知识传授与价值引领的有机统一。

"课程思政"不是简单粗暴地要求教师把专业课、通识课上成思政课,而是要求教师善于发掘课程中本就蕴含的思想政治教育资源,并将它融入课程教学中,以达成善尽育人的责任。"课程思政"要求把思想政治教育之"盐"融入专业教育之"汤",使之发挥"隐性"思想政治教育的作用,并与"显性"的思政课程相得益彰。

学科中的知识性成果聚合着人类的经验,是认知的提升。但事实上,人是有社会属性的,有着自己的责任,每个人对于他所身处的社会、国家、民族都是有不同意义的,每个学科都要对我们的国家负责,都要为我们中国式现代化的事业负责。也就是说,不论是人文科学还是自然科学,不论是经济管理还是其他领域,都蕴含着育人的要素。今天的教师,不管是哪个学科,都不能只是专注讲授学科知识体系,更多的应是通过知识体系的内在结构,与学生未来职业生涯相结合,理清知识与学生人生发展的关系,真正面向未来去培养学生,让学生成才后为国家和民族作出应有的贡献。

激发青年教师成长,让讲台成为立德树人的主战场

问:课程思政教学案例展演活动是基于什么背景来创设的?几年活动下来,取得了怎样的成效?

周增为:"课程思政"的概念提出后,新的理念落地生根发芽,需要一个创新的过程。推进课程思政的过程中存在很多困难,无论高等教育,还是基础教育的老师,课程设计的方式、方法都有所局限。特别是很多青年教师并不理解其中的奥妙,教学过程中也仅单纯地局限于学科本身的知识体系。

2015年9月9日，尊师重教纪念碑修缮揭幕暨新教师宣誓活动隆重举行

　　从2020年开始，上海市教育发展基金会与上海市师资培训中心、上海市学生德育发展中心合作，面向高校青年教师，组织课程思政教学案例展演活动，连续做了三年，几年的展演活动非常精彩，取得了预想不到的效果。展演活动第一年分别设置了四个组，人文组、自然科学组、高职高专组、经管组，第二年增设思政理论课组，将思政课单列。这个增设起到了非常好的效果，一批马克思主义学院的青年教师在这个平台上创设出很多很好的思政课课程。

这三年来，活动参与的人数年年攀高，青年教师从一开始不知道什么是课程思政，到后来逐步积极地参与，逐渐培养了一批高校课程思政的资源和人才。几年来的课程思政展演活动，不仅给青年教师提供了专业精进的机会，更是让青年教师去挖掘自己内在的教学深度、广度，并且促进教师更深入地理解课程育人的内涵，促使教师去思考学科价值和教育价值，通过提炼育人方法，将经验和实践相融合，帮助学生去思考未来的人生和定位。

当今的讲台是立德树人的主战场，展演活动推动青年教师去思考，如何设计自身的教学方式，如何引导学生的学习方式，如何真正地塑造人。

当然，课程思政还要从大中小一体化考虑，课程思政的阵地不仅是在高校，还包括基础教育。如果能够从课程覆盖的全面性层面上来考虑，把大学的课程辐射到中小学教师的培训当中去，将会取得更好的效果。未来，展演活动还将突破创新，将活动平台逐步升级，策划更多有意义的活动。

搭建平台，发现好教师、聚合好资源、形成共同体

问：课程思政教学案例展演活动有着怎样的价值和意义？您认为上海市教育发展基金会在其中起了什么作用？

周增为：课程思政教学案例展演活动的举办实现了三大推动。第一，发现了青年好教师。参加活动的这批青年教师都是很普通的学科青年教师，在全市层面进行教学交流展示的机会并不多。尤其是高校和基础教育不太一样，基础教育经常会有教学的评比、比赛、公开课擂台，但在高校这样的机会并不多见。展演活动为更多青年教师搭建了舞台，让他们得以进步，奖金并不是最重要的，重要的是获奖的过程，而获奖对于他们更多的是一种肯定和激励。

第二，聚合了一批好资源。课程思政教育案例的展示起到了很好的辐射作用，成了教师们学习的资源。很多教师看了别人的课之后会有所启迪，"原来这个就叫课程思政""原来好课是这样子的，那我也可以去做"，关于课程思政的好的经验，就这样逐渐辐射得更广。

2018年9月28日，在上海市教卫工作党委、市教委指导下，由上海市教育发展基金会、上海师范大学和解放日报社共同主办的"第十四届新解放教育讲坛"上，上海"最美教师"典型人物代表与师生、观众们分享了何为师者之"美"

　　第三，形成了研修共同体。通过这个展演平台，把一群人聚合在一起研究教学、课程、学生以及学科之外的社会生活，专家、同行之间相互交流，形成一个研修共同体。这对新时代背景下如何推动教师学习、设计怎样的教师培训、怎样建设师资队伍、如何打造课程体系等问题，都有很多新的启发。

　　在展演活动中，上海市教育发展基金会不仅提供资源，更支持、帮助对教育问题进行深入思考，去解决具体的实践问题，与我们共同去建设、架构教育的新形态。这种合作本身也是一种与传统不同的新的学习样态。在这个过程中，我们能够和上海市教育发展基金会在一起，不断地学习、发展、创新，去尝试没有做过的事，这是对教育事业非常大的贡献。

信仰引领，铸魂育人，
做思政课教师队伍的"孵化器"

对话人物：

李冉　复旦大学马克思主义学院院长、马克思主义研究院院长

李冉

"上海市马克思主义理论学科发展支持计划"建设成效

在上海市教育发展基金会连续6年、累计3000万元的资助下，"上海市马克思主义理论学科发展支持计划"已连续开展两轮，累计评选"终身荣誉奖"10人、"突出贡献奖"9人、"教学名师"66人、中青年拔尖人100人，国情市情调研项目143个，编著作品22本。项目以整体性和实践性为导向，以"出成果、出人才、建团队"为目标，从"老马""名马""青马"三位一体的角度，充分发挥了老中青学者"传帮

2017年，上海市教育发展基金会联合上海市中国特色社会主义理论体系研究中心和上海市学生德育发展中心，启动实施"上海市马克思主义理论学科发展支持计划"（以下简称"计划"）。基金会作为社会力量支持"计划"的实施，这在全国属于首创。

实践证明，基金会的参与加强了经费保障，突出了人才建设，创新了体制机制，在构建合力育人大格局中发挥示范作用，激发了社会各界支持"马学科"建设和思政课建设的积极性，在上海乃至全国树立了协同育人的新标杆。

6年来，在各方努力下，"计划"有序开展，通过评选"教学名师"发挥示范引领作用，不断增强思政课教师的职业认同感、荣誉感、责任感；通过支持"中青年拔尖人才"，不断加强思政课教师后备人才队伍建设，为"马学科"长期发展提供有生力量；通过评选表彰一批多年耕耘在马克思主义理论学科建设和教育教学一线的老教授，激励马克思主义理论学科的中青年学者潜心治学、用心教学；通过资助国情调研项目，不断拓宽思政课教师视野，增强思政课的思想性、理论性和亲和力、针对性；通过资助马克思主义理论研究刊物，推动马克思主义理论的繁荣和发展。

其中，复旦大学马克思主义学院院长、马克思主义研究院院长李冉入选教育部青年"长江学者"和教育部"习近平新时代中国特色社会主义思想概论"教学指导委员会副主任委员，他还是首届教育部大中小学思政课一体化建设指导委员会专家指导组副组长。在他的讲述中，我们能感受到新时代思政课的分量，以及基金会助推思政课程发展的力量。

带"的作用，培养上了一批上海马学科发展的重要后备力量，对上海马克思主义理论学科、马克思主义学院以及"马学科"人才培养等方面起到了重要的推动和促进作用。

在"计划"的牵引下，上海高校马克思主义理论学位点建设取得重大进展。不仅学位点的数量在过去的基础上翻了一番，而且学科质量也有显著提升。在2022年公布的第五轮学科评估中，上海首批5家示范马克思主义学院全部进入A类行列。

新时代背景下，青年人政治信仰构建极其重要

问： 当下，我们为什么如此强调思政课的重要性，重视马克思主义研究和教学工作？

李冉： 思政课是将一代又一代的青年人的政治信仰建构起来，具有极端重要的战略性，事关整个中国教育的课程。思政课实际上是一个系统课程，用以帮助青年学生在求学期间树立政治信仰。因此，思政课可以说是铸魂育人的课程，其中的"魂"对国家、民族和人民而言，就是政治信仰。

2019年3月18日，习近平总书记主持召开学校思想政治理论课教师座谈会并发表重要讲话，这是新时代下的战略部署，是中国共产党历史上的第一次。此次会议将思政课提升到"落实立德树人根本任务的关键课程"的重要地位。

当今，社会主义现代化建设、民族复兴、国家成长、人类命运都到了一个新的阶段，社会主义的命运、国家的命运、民族的命运，都汇聚到这个特殊的时代。站在新时代的十字路口，我们扛起大旗、肩负使命，要让科学社会主义在21世纪的中国焕发出新的蓬勃生机。

所以，在这个特殊的时代，我们的政治信仰必须要非常坚定。在这个关口，党中央总书记把思政课程的建设装在心中，亲自谋划、亲自部署、亲自推动，这是史无前例的，足见其重要性。

心有所信，方能行远。一代人接过接力棒以后，能把党和国家的事业传承发展到什么程度，最终就在于信念、信仰、信心，这是思政课要解决的问题。所以，思政课的重要性要与青年人的政治信仰培育紧密联系起来，与党和国家事业传承和发展联系起来，与坚持走中国特色社会主义道路联系起来。

"三马"支持计划,引领学者服务国家战略需求

问: 上海市教育发展基金会具体如何支持和推动上海马克思主义理论
学科的发展?

李冉: 上海市教育发展基金会用前瞻性的眼光预见到马克思主义理论学科
发展、思政课程建设的重要性,并进行大量支持性工作。我本人作为青年教
师,在自身发展的过程中得到支持和资助,确定了职业道路发展的信心,是上
海市教育发展基金会的受益者。

上海市教育发展基金会给出的支持是系统的,包括马克思主义的理论研
究、马克思主义理论人才队伍培养、思政课教学发展,以及红色文化资源建
设。从横向来看,范围广、维度多;纵向来看,老、中、青人才培训层次丰富。

办好思想政治理论课的关键在教师,要充分发挥教师的积极性、主动
性、创造性。在学校思想政治理论课教师座谈会中,习近平总书记特别强调:
思政课要解决学生理想信念问题。要让有信仰的人讲信仰。对马克思主义的
信仰,对社会主义和共产主义的信念,只有首先在思政课教师心中扎下根,
才能在学生心中开花结果。

一个人的力量是有限的,在上海市教育发展基金会的支持下,现在有了
一批可信、可敬、可靠、乐为、敢为、有为的思政课教师,思政课改革创新的
方向性变得更强了。

问: 您是一位青年学者,在基金会的"三马"支持计划中,青年学者得
到了哪些的扶持?

李冉: 上海市教育发展基金会对于青年教师的扶持是多方面的。在基金会的
支持下,"上海市马克思主义理论学科发展支持计划"得以开展。作为青年学
者,我有幸成为该专项研究计划的带领者,通过组建团队,深度思考和推动
马克思主义理论研究。这项"计划"好似助推器和强心针,坚定了我们的信

心，增强了我们的动力。

近年来，马克思主义理论研究更加注重回应当下现实的问题。马克思主义理论研究包括研究经典思想、经典文本、发展历史等。但是，所有的研究都要服务于当下实际问题的解决。

通过学者的研究，把理论研究和解决中国现实的问题更好地结合，把理论发展和解决学生的理论武装问题更好地结合。同时，也推动青年老师、科研工作者自身更好地成长，更好地把握学问和现实之间的关系。

实际上，这些研究帮助青年老师进一步打开了视野，就像是把书斋的门打开走了出去，在现实当中更好地发现问题、提炼问题，再进一步深入研究。所产生的成果，理论和实践的统一性更强，服务社会和国家战略发展的能力更强，更加能够体现科学研究的价值。

基金会的支持就像一股无形的力量推动着研究者，让每一位研究者在做课题设计和研究规划时，都必须站在国家战略发展需求的角度去谋划，这也是基金会支持的导向。基金会又好似一个"孵化器"，将研究者引导到党和国家所需要的轨道上去，将个人的命运与国家的命运结合起来。

引导性选拔，助力前瞻课题持续探索研究

问： 您也是"曙光学者"，当年您入选"曙光计划"时的研究课题是什么？这个课题现在还在一直持续研究吗？

李冉： 我们这些青年学者都非常看重上海市教育发展基金会设置的选拔以及所颁发的荣誉，这是上海青年学者心中的"第一块招牌"，含金量非常高。这些"计划"的选拔过程严谨、完整，整个选拔的过程也转化成为推动青年学者前行的信心和动力。

当时，我是以"社会主义文化建设"这个课题规划申请"曙光计划"项目的，这个课题具有一定的前瞻性。文化的建设一定要与国家和民族的发展进程相结合，社会主义文化建设怎样才能够更有力量、更能够增强国人的文化自信，怎样才能助推新一轮的文化繁荣发展？这些问题都是我们的研究团队当年重点考量的因素。

文化是一个国家、一个民族的灵魂。中华民族是具有高度文明自觉的民族，中国共产党是具有高度文化自觉的马克思主义政党。百年来，中国共产党取得的重大成就之一就是繁荣发展了社会主义文化、成功探索了中国特色社会主义文化道路。进入新时代，建设社会主义文化强国，成为中国共产党人尤为重要的理论和实践命题。

这个命题之所以变得如此重要，在于文化对新时代新发展的价值与功能。个人自由而全面的发展要取得更为明显的实质性进展，全民道德素质和社会文明程度要达到一个新的高度，中国式现代化要实现精神与物质的均衡发展，实现中华民族的伟大复兴要夯实团结奋斗的共同思想基础，中国特色社会主义伟大事业要实现全面发展、全面进步，人类文明新形态要展现出对人类文明进步和世界历史发展的重大意义。这些无不在证明，我们所处的新时代是一个系统性变革、叠加式质变、整体性形塑的大时代，也无不在证明，文化势必要为这个大时代注入理想信念、标注价值尺度、提供精神动力。

与此同时，这个大时代也是距离中华民族文化复兴最近的一个时代。中国人民的前进动力更加强大、奋斗精神更加昂扬、必胜信念更加坚定，也必将焕发出更为强烈的历史自觉和主动精神。新时代中国共产党人不仅以自信自强的精神状态奋力推进社会主义现代化强国建设，在世界百年未有之大变局中坚定历史自信的底气和勇气，还为徘徊于十字路口的人类文明跃升提供方向性启示和实践典范，以文化的历史性进步推动人类社会的发展和人类文明的升华。

　　当然，这个课题研究仍在继续。当下，我们对文化问题的理解更加透彻，我们不仅要解决民族复兴的文化秩序问题，还要为世界、为人类呈现一种新的文明形态。

　　所以，我对文化的研究是从得到"曙光学者"的资助开始的，是"曙光计划"指引我去关注这个命题，引导我从国家和民族的层面思考问题。同时，在基金会的支持下、在探索研究中，我得以逐步成长起来。直到今天，我们能够在二十大精神的指引之下，去研究文化自信、历史自信，把关于文化的研究和中国式现代化更好地结合起来，向人类文明新形态构建的方向去努力。

静水深流，滋养教育事业向前发展

问：基金会在遴选支持项目和个人时，有着明确的标准。从您的体会看，这种标准是怎样的？

李冉：从我的角度看，不论是支持计划还是人才选拔，上海市教育发展基金会都有两个非常明确的标准：一是导向，必须服务党和国家的战略需求，符合新时代的发展趋势。这条标准犹如指挥棒，指引着教师、学者的发展方向；二是品质，遴选的项目都要求高品质，目的是能够真正把上海市最优秀的那批青年人选拔出来，并形成一种人才成长的长效机制，建立人才梯队，带领更多的团队不断进步。

问：在您看来，上海市教育发展基金会对上海教育的发展，起到了怎样的作用？

李冉：上海是光荣的城市，是人民的城市，是具有红色基因的城市。上海的教育事业也始终以红色为底色。上海市教育发展基金会的各项资助，特别是对马克思主义理论学科、红色文化育人项目的资助，更加鲜明地体现了这一点。

教育从来都不是中立的，教育是国家意志的体现，任何国家、任何时代的教育，都要为国家发展服务。教育要实现人的发展，而人又服务于党和国家事业，所以教育一直都是党之大计、国之大计。上海市教育发展基金会始终着眼于根本，推动着"培养什么人、怎样培养人、为谁培养人"这一建设教育强国的核心课题的发展。

如果说，教育的发展有多个渠道为其输送养料的话，那么，政府的投入是最大的养料源，上海市教育发展基金会则为上海教育的改革和发展起到了拾遗补阙的作用，一直在定向地、持续地供给，形成正向发展的合力。这种滋养，一坚持就是30年，实属不易。

服务国家重大战略需求，

为国育英才，责无旁贷

对话人物：

周彬　华东师范大学第二附属中学校长

刘初喜　华东师范大学第二附属中学
数学特级教师　数学教研组长

关于"强基计划"

为服务国家重大战略需求，加强拔尖创新人才选拔培养，教育部从2020年起，在部分高校开展基础学科招生改革试点（也称"强基计划"），旨在服务国家战略，招收一批有志向、有兴趣、有天赋的青年学生进行专门培养，为国家重大战略领域输送后备人才。"强基计划"主要选拔培养有志于服务国家重大战略需求且综合素质优秀或基础学科拔尖的学生，聚焦高端芯片与软件、智能科技、新材料、先进制造和国家安全等关键领域以及国家人才紧缺的人文社会科学领域。

在保证公平公正的前提下，"强基计划"探索建立多维度考核评价考生的招生模式。高校根据有关拔尖创新人才培养需要，制定"强基计划"的招生和培养方案。符合高校报考条件的考生可在高考前申请参加"强基计划"招生。高校依据考生的高考成绩，按在各省（区、市）"强基计划"招生名额的一定倍数确定参加高校考核的考生名单。考生参加统一高考和高校考核后，高校将考生高考成绩、高校综合考核结果及综合素质评价情况等按比例合成考生综合成绩（其中高考成绩所占比例不得低于85%），根据考生填报志愿，按综合成绩由高到低顺序录取。

世界百年未有之大变局的今天，基础学科拔尖人才培养已经上升到国家战略，上海市教育发展基金会责无旁贷，全力支持为国育英才。基金会实施"强基计划""登高计划"专项支持拔尖创新人才培养，助力培育一批有志于服务国家重大战略需求，且综合素养优秀或基础学科拔尖的学生，打造一支今后能为解决科学技术上"卡脖子"项目而攻关的学科人才梯队。

在深入调研的基础上，基金会在华东师范大学第二附属中学（以下简称华东师大二附中）开展"强基计划"，通过精选项目、精准投入和精细管理，助力上海市更大规模、更大范围开展基础学科拔尖创新人才培养试点，为党和国家培养更多兼具技法和人文底蕴，有责任感和使命感，能够担当民族复兴大任的新时代拔尖人才，并探索构建校内外多元可持续的项目支持机制，服务教育强国建设。

华东师大二附中在拔尖创新人才培养方面的探索始终走在上海乃至全国前列。近30年来，学校在资优生培养和大中学衔接等方面进行了深入的研究和实践，取得了丰富的经验，产生了积极的社会影响。华东师大二附中学生参加国际高中生学科奥赛30年来，为国家夺得了30枚世界金牌，众多金牌选手已经成长为为民族复兴伟业攻坚克难、建功立业的领军人才。近年来，华东师大二附中被北京大学、清华大学"强基计划"录取的人数均位列上海第一，全国前列。

2021年11月，上海市教育发展基金会"华东师大二附中强基计划资助专项"正式启动，共计150万元，用于支持二附中基础学科拔尖创新人才的培养工作，将有限的资金聚焦关键环节，奖励有突出贡献的带教老师，支持学科专业"拔尖人才"培养探索与"全人教育"经验总结。

对于极少数在相关学科领域具有突出才能和表现的考生，有关高校可制定破格入围高校考核的条件和破格录取的办法、标准，并提前向社会公布。考生参加统一高考后，由高校组织相关学科领域专家对考生进行严格考核，达到录取标准的，经高校招生工作领导小组审定，报生源所在地省级高校招生委员会核准后予以破格录取。破格录取考生的高考成绩原则上不得低于各省（区、市）本科一批录取最低控制分数线（合并录取批次省份应单独划定相应分数线）。

坚定信心和决心 为人才培养之路点燃一束光

周彬

国家启动实施"强基计划",华东师范大学第二附属中学校长周彬自觉肩负使命,鼓励优秀学生投身基础研究,成为有志于服务国家重大战略和关键领域的拔尖人才。在周彬看来,上海市教育发展基金会的专项资助,坚定了学校的信心和决心,强有力地推动了二附中拔尖人才培养工作的实施和开展。

问："强基计划"具体指什么？对华东师大二附中而言，指向的是要培养怎样的人才？

周彬：教育部开展的"强基计划"是一项基础学科招生改革试点工作，主要是为了选拔培养有志于服务国家重大战略需求，且综合素质优秀或基础学科拔尖的学生，让这些基础学科的拔尖创新人才成为未来国家的栋梁。

华东师大二附中以理科见长，长期以来在资优生培养方面进行了深入的研究和实践，积累了丰富的经验，产生了广泛的社会影响，为国家和社会输送了一大批德才兼备的优秀人才。在新时代背景下，二附中自觉肩负国家使命，主动服务国家战略，致力于为培养德才兼备的拔尖创新人才奠基。因此，为了让学生在基础学科学习中得到卓越的成长，二附中的教师和学生都投入了大量的时间和精力。

问："强基计划"在华东师大二附中具体是如何实施的？上海市教育发展基金会"华东师大二附中强基计划资助专项"对拔尖人才的培养起了怎样的作用？

周彬：二附中有优秀的学生、优秀的老师，所以也希望得到更多的支持和引领，走在为党育人、为国育才的前沿。上海市教育发展基金会"华东师大二附中强基计划资助专项"的设立，犹如给我们增添了一把火、点燃一束光，为这个有着深远意义的项目给予了最坚实的支持。

我们在二附中的学生当中选拔一部分有能力、有意愿助力国家基础学科发展的孩子，主要集中在数学、物理、化学三大学科，进行重点培养。当然，培养的内容和方向不只是针对基础学科的专业知识，还有他们扎根基础学科科研、为国家基础教育学科发展而投身的意愿。

"强基计划资助专项"增强了二附中的课程能力、拓展了高校资源，也扩大了"强基计划"在学生中的影响力。

具体而言，学校在课程建设中奖励有贡献的教师；在高校资源拓展方面，将复旦大学、上海交通大学、华东师范大学的教授请进学校，为学生创造更多的学习机会；设立学校层面的专项奖励，让每一位学生都能了解"强基计划"，让更多优秀的学生愿意参与"强基计划"。

近年来，二附中学子被清华大学、北京大学"强基计划"录取的人数总量，均位列上海第一，可以说在基础学科拔尖人才培养方面取得了非常卓越的成果。

作为二附中的校长，关于基金会对学校"强基计划"项目的投入，我最切身的体会有三个方面：一是在项目推进的意义上给予了高度的认可和肯定。基金会对二附中"强基"项目的支持不仅是资金层面的，更是对"强基"项目意义的肯定，增强了我们的信心和力量；二是在项目实施中给予切实的资助和支持，实实在在的资金支持增强了项目具体实施的动力，也大大拓展了可以调动的社会资源；三是在人才培育的方向上给予了引导和激励，正向的引导推动学校持续前行、不断进取，不断取得更大的成果。

问：从您的角度来看，上海市教育发展基金会对上海教育发展的贡献是怎样的？

周彬：从我个人的感受看，上海市教育发展基金会在选择支持项目时，有三个标准：推动最有意义的事、促成最有希望的事、成就最有需要的事。资金和资源总是有限的，一定是瞄准了最有价值、最有希望、最有需要的事去做。

以二附中的"强基计划"为例，在得到基金会的关注后，我们更加深刻地认识到这是对国家战略极其重要的一件事，基金会的支持让我们的老师和学生聚合起来，一起扎实地开展工作，大大提高了"强基计划"意义的能见度。

在希望上海市教育发展基金会给教育事业更多支持的同时，也希望社会力量能够给基金会更大的支持。

激励学子投身基础科学，培育德才拔尖人才

刘初喜

华东师大二附中与上海市教育发展基金会的结缘，从一封信开始。2021年，华东师大二附中数学教研组组长、特级教师刘初喜以数学人才培养为名，写了一封信给基金会，讲述了二附中数学拔尖人才培养的实践和体会以及存在的问题和困难。这封来信引起了基金会的关注。

作为一名一线教师，刘初喜深感肩上责任的重大。他在讲述中表示，在基金会的支持和鼓励下，二附中教师将更加努力地完善拔尖人才培养模式，帮助学生打牢基础学科理论根基，培养更多德才兼备的优秀人才。

问： 针对"强基计划"人才的培养与日常的普通教学，有什么不一样？

刘初喜： "强基计划"是国家的战略，也是上海名校学子——华东师大二附中、上海中学、复旦附中、交大附中学生所应承担的国家责任和任务。"强基计划"面向的是在数学、物理、化学等基础学科具有特长，并且综合素质优秀，德智体美劳全面发展的学生，经过选拔和培养以后，能够成为解决国家"卡脖子"技术问题的人才储备。

"强基计划"是2020年开始的，但二附中着眼拔尖人才培养已经30年了。二附中集中了非常多优秀的学生，学生们的学业特长和个性特点都较为多元。有很多优秀学子学有余力，学习知识的速度非常快，如果仅限于用高中的知识和方法去教授，就会造成"吃不饱"的现象。这就要求学校不断拓展知识的广度、深度，借助更多资源，扶持优秀人才的发展。在基金会"华东师大二附中强基计划资助专项"的支持下，我们将大学教授请进校园对学生们进行系统指导，满足这些优秀学子的需求。

当然，最大的问题是怎么吸引学生去参加国家的"强基计划"，而不是去选择那些热门专业。这个引导至关重要，仅仅做思想工作远远不够。为此，我们把顶级科学家请进校园做科学报告，同时，我们也让学生走出校园，去国家顶尖实验室参观学习，了解最前沿的科学知识，激发学生的科学热情，种下理想的种子。

问： 是什么促使您给上海市教育发展基金会写了那封信？您希望达到的目标是怎样的？

刘初喜： 能推动这件有意义的事情，可以说是一种缘分。之前，我并不了解上海市教育发展基金会。2020年8月，二附中举行的一次活动邀请了很多校友参加，大家多年未见感情却依然深厚，聊起学校现在的发展时我介绍了拔尖创新人才培养以及正值第一年启动的"强基计划"。参加这次活动的一位校友，也是我的学生，认为"强基计划"的意义十分重大，想帮助母校推动项目的具体实施。这位校友名叫刘一峰，现任浙江大学教授，他曾获全国高中数学联赛一等奖，还曾在2018年获得"SASTRA拉马努金奖"。刘一峰和另一位校友建议我写一份报告，由他们来转交给上海市教育发展基金会。

于是，我以数学老师的身份，以数学人才培养的名义，写了这样一份报告。一方面，我详细介绍了"强基计划"，另一方面，我汇报了华东师大二附中培养拔尖创新人才的经验和做法，包括如何培养学生、组织教师队伍、编制课程，并从思想上引导学生要立志于基础学科等。在报告的最后，我写了一句话：如果基金会能够帮助我们，将更有利于二附中"强基计划"的推进。这份报告于2021年由校友转交给了基金会。

问：事情后来的发展，是否出乎您的意料？"华东师大二附中强基计划资助专项"设立的过程是怎样的？

刘初喜：报告转交给基金会两个月后，2021年9月，上海市教育发展基金会理事长王荣华率基金会领导一行前来二附中专题调研高中阶段拔尖人才培养工作。王荣华理事长等基金会领导和我校数学组教师代表以及学校领导进行了座谈。在座谈中，我作了题为"'强基计划'下高中阶段数学拔尖人才培养"的专题发言，汇报了二附中数学组的成长与发展、数学拔尖人才培养的实践和体会以及存在的问题和困难。基金会领导一行了解了二附中"强基计划"参与学生的情况，以及二附中关于"强基计划"制定的详细方案。王荣华理事长当场表示，基金会将全力支持二附中为国育英才。

2021年11月，上海市教育发展基金会"华东师大二附中强基计划资助专项"正式启动。上海市教育发展基金会理事长王荣华，华东师范大学校长、中国工程院院士钱旭红等出席了项目启动仪式，足见各方对项目的重视。在启动仪式上，我再次进行了发言，作为一名一线教师，我深感肩上责任的重大。在基金会的支持和鼓励下，二附中教师将更加努力地完善拔尖人才培养模式，帮助学生打牢基础学科理论根基，培养更多德才兼备的优秀人才。

2021年9月15日，上海市第十届政协副主席、上海市教育发展基金会理事长王荣华率基金会全体干部赴华东师范大学第二附属中学进行实地调研，就基金会开展"强基计划"与华东师范大学第二附属中学进行专题座谈。华东师范大学第二附属中学校领导与教师代表热情接待了基金会一行

2021年9月15日，基金会一行和华东师范大学第二附属中学数学组教师代表以及学校领导进行了座谈交流。数学教研组组长刘初喜老师作了题为"强基计划下高中阶段数学拔尖人才培养"的专题发言，汇报了二附中数学组的成长与发展、数学拔尖人才培养的实践和体会以及存在的问题和困难

问: 基金会对"强基计划"具体起了怎样的推动作用?

刘初喜: 第一,在基金会的支持下,学校组建了完整的教师队伍,从北京大学、清华大学邀请到十多名老师加入了"强基计划"团队,大大增强了培养学生的力量。同时,聘请了专家指导团队,完善了培养体系。

第二,随着"强基计划"影响的扩大,报考"强基"项目的学生越来越多,学生学习知识的渴求得到满足。

第三,学校的育人活动和资源更加丰富,比如在基金会的支持下,二附中承办了全国计算机奥林匹克竞赛,并组织各项拓展活动,让学生可以接触到更多的前沿科学。

问: 作为一名一线教师,培养了那么多拔尖人才,您有什么特别的感受?

刘初喜: 二附中是基础学科拔尖人才培养的国家队,鼓励优秀学生投身基础科学研究,培养他们成为有志于服务国家重大战略和关键领域的拔尖人才,是二附中人义不容辞的使命。

30年来,二附中在实施国家计划、培养拔尖创新人才方面付出了艰辛努力,也取得了突出的成绩,我为自己能在这样一个学校工作而感到自豪。作为老师来说,学生的成就是我最大的成就,而我们培养的人才能为国家作出贡献,更是我最大的幸福。

2021年11月19日，上海市教育发展基金会"华东师大二附中强基计划资助专项"启动仪式在华师大二附中报告厅举行。第十届上海市政协副主席、国家教材委员会专家委员、上海市教育发展基金会理事长王荣华，华东师范大学校长、中国工程院院士、首届"曙光学者"钱旭红出席并讲话

强化人才之基，

构筑基础学科拔尖人才培养体系

对话人物：

吴坚　复旦大学附属中学校长　　　　黄瀚卿　复旦大学附属中学高一学生

　　教育要肩负起为党育人、为国育才的重大历史使命，把培养德才兼备、全面发展、堪当大任的优秀社会主义建设者和接班人作为根本任务。当下，面对国家战略发展需求，"如何培养拔尖创新人才"成为教育的焦点问题。

　　上海市教育发展基金会在以华东师范大学第二附属中学为试点设立"强基计划"项目的基础上，在复旦大学附属中学、上海交通大学附属中学进行调研，开启更多试点，进行更大范围的资助，助力上海更大规模、更大范围开展拔尖创新人才培养试点。

　　一直以来，复旦大学附属中学积极建构多层次、多样化课程，以特色特长推进拔尖人才综合素质提高，在构筑高中—大学贯通课程体系，系统培养高水平基础学科人才等方面取得了丰硕的成果。近年来，复旦附中积极开设"大学微课"，实施"学院制"，推行"导师制"，开展"菁英计划"，夯实培养基础，促进学生全面发展，成了"最像大学的中学"。

　　未来，复旦附中将在上海市教育发展基金会的支持下，培养更多优秀人才。强化人才之基，基金会也正在构筑基础学科拔尖人才"梯队网络"的道路上前行着。

探寻人才培养规律 推进高中育人方式变革

吴坚

作为大学的附中，追求卓越、追求一流、强调学科引领是复旦附中的基本定位。据复旦附中校长吴坚介绍，在上海市教育发展基金会的支持下，通过对接国家"强基计划"，附中在探索拔尖创新人才的成长规律和培养模式的过程中，推进了新时代高中育人方式改革。

"强基计划"的实践

"强基计划"拔尖创新人才培养是国家战略。进入新时代，基金会牢牢把握时代发展脉搏，在深入调研的基础上，先后在华师大二附中、交大附中、复旦附中等学校设立实施"强基计划"，助力上海市以更大规模、更大范围开展基础学科拔尖创新人才培养试点，为党和国家培养更多兼具技法和人文底蕴、有责任感和使命感、能够担当民族复兴大任的新时代拔尖人才，并探索构建校内外多元可持续的项目支持机制，以更大作为服务教育强国建设。

在基金会支持下，受资助学校夯实"强基"教师队伍，加大优秀学生资助力度，借力高校优质教育资源、搭建科研见习通道，探索拔尖人才个性化培养的创新模式，引导和鼓励学生在基础学科领域中不断学习和深造，埋下一颗颗学科兴趣与服务国家发展战略的种子。

早期发现拔尖人才 抓住成长黄金期

问：在一些"高精专"技术上，我国也还面临"卡脖子"的被动局面。回应和破解这一时代之问，必须创新招生录取方式和人才培养模式，加强基础学科人才的培养。在您看来，教育部实施"强基计划"，对于高中阶段的教育有何指导意义？

吴坚：我们在培养人才的过程中，注重学生的学业成长，关注学习成绩、水平和能力，但我们更应该明确育人目标，真正站在国家战略发展的高度去考虑教育问题。

尤其在当下，在市场经济的刺激下，很多学生选择职业方向时，会更多地倾向于从经济效益着眼，这就导致所谓"赚钱多"的金融经济类专业大热，而常需要坐"冷板凳"的基础学科专业则变得冷门。但从国家和民族的发展上来看，我们更需要培养具有原创能力的基础学科专业人才。国家建设所需要的高端人才，不仅仅应在经济领域发挥作用，更应为科技文化发展奠定坚实的基础。

"强基计划"就是应势而生的国家长远战略，指向基础学科，改革重点在于数学、物理、化学、信息学、生物学及历史、哲学、古文字学等相关专业的高校招生。

高校根据国家需求改变招生和培养模式，这也就对基础教育提出了新的要求。基础教育在拔尖创新人才的早期发现和培养方面也开始了创新探索，制定个性化的特殊培养方案，给予有天赋、能力、志向的资优生更多扶持，树立理想信念，明确个人人生的追求目标和国家需要之间的必然联系，造就一批敢于担当、也有能力胜任历史使命的优秀人才。

问：高中阶段，在拔尖创新人才早期发现和培养方面，有什么困难和阻碍？

吴坚："强基计划"的实施需要基础教育和高等教育的贯通培养，目前的教育方式有明确的学段划分，有较为严格的标准化模式，这就造成了一定的局限性，特别是对拔尖人才的早期培养和发现造成了一定阻碍。作为教育者，尤其是作为顶尖高中的教师，我们觉得这是一个必须要突破的瓶颈，特别是对于那些学有余力的学生的培养，如果错过最佳成长的黄金期，会影响他们未来发展的目标和追求。

因此，我们高中阶段开始着力探索"强基计划"人才培养，对于有天赋、有志趣的学生，打破学段教育的单一模式，舍弃重复学习、反复训练的过程，不局限于基础学科的一般知识掌握和一般能力具备，而是鼓励他们超常发展，给予更大的支持和帮助。一方面，在课程设置上，进行个性化设计，拓展内容、优化学程，并注重在学习的过程中激发创造力；另一方面，调动所有有专长、有特长的优秀老师，并借助大学的力量，组建导师指导团，为优秀学生的成长保驾护航。

贯彻全人培养理念 动态调整培养方案

问：复旦附中寻求上海市教育发展基金会参与和支持的过程是怎样的？

吴坚：这样一个特殊的培养模式，需要有更多的资源综合投入，设计和完善培养机制。复旦附中主动向上海市教育发展基金会提出了申请，希望基金会给予帮助。

2022年1月，上海市教育发展基金会理事长王荣华一行来复旦附中调研拔尖人才培养项目，对于学校人才培养工作给予充分肯定。调研会上，王荣华理事长认真听取了复旦附中"强基计划"拔尖人才培养方案及成果汇报，与老师们进行了深入的交流。他肯定了复旦附中是一所文理并重、有特色、有成就、有热情的一流高中。他特别指出，教育是国之大计、党之大计，做好教育是最大的民生工程，他希望附中能继续坚持"心有所信，方能行远"的信仰力量，基金会将积极支持附中发展，助力培养拔尖创新人才，为国家建设作出更大贡献。

2022年1月20日，上海市教育发展基金会理事长王荣华率队赴复旦附中进行实地调研，就开展"强基计划"与学校领导进行专题座谈。复旦大学常务副校长许征、副校长汪源源陪同王荣华理事长参观教学场所，复旦附中校长吴坚、党委书记郭娟、常务副校长王铁桦等校领导陪同基金会一行参观了校园

调研后，学校进一步优化了培养方案，基金会对此进行了评估和认可，正式启动了针对学校"强基计划"的扶持项目。基金会的支持非常有力地推动了复旦附中在人才培养方面的有益尝试和探索，产生了巨大的价值。

问：基金会的支持给学校拔尖创新人才的培养，带来了哪些变化？

吴坚：上海市教育发展基金会的支持代表着一种肯定和鼓励，使得我们的培养工作有了助力，推动学校培养计划更好地落实，但更为重要的是，基金会给了我们信心，让我们更有底气地去迎接计划实施中所面临的诸多挑战。

尤其是在学生面对未来专业的选择时，上海市教育发展基金会的支持给予了极大的精神鼓励，让学生的选择更加坚定。在高中阶段，学生的选择和判断受家长的影响很大。而家长毫无疑问地会更加综合全面地讨论孩子未来的发展，考量孩子将来会成为怎样的专才，同时也期待着孩子在未来的家庭和社会中获得成就、创造价值。有了基金会的参与，家长、老师和学生的认识都得到了很好的提升，在共同的关心和帮助下，培养计划更加贴近孩子的发展需求，符合个性特点。

在"强基计划"实施的具体过程中，基金会从整体着眼，严谨而认真地考量项目支持所达到的目标，学校则在目标明确的前提下，不断细化完善具体实施方案，我们也紧密地和基金会沟通交流，达成共识，提升效果。

在基金会的关注下，复旦附中在拔尖创新人才培养方面，发生了多个改变：

一是根据学校办学特色完善学科设置规划。基金会希望学校能够结合办学特色和学生整体发展情况，设定相应的学科，有目标地推动各学科的专才培养，要做到聚焦重点，而非处处开花。在基金会的具体指导下，学校完善了培养规划，其中特别注重学生的个性化发展，关注特殊对象和特殊要求。

二是根据阶段性成果动态调整培养方案。基金会关注项目实施的整个过程，需要学校进行过程性的总结和回顾。我们在汇报反馈的过程中，不断总结经验，根据实际情况，动态调整培养方案，弥补不足。在我们的培养方案设计中，逐步注重开阔学生的视野，借助于高校教育的理念和方法，提升学生的专业素养、学术能力，使得我们的培养更贴近于未来发展目标。

三是根据学生成长特点贯彻全人培养理念。教育的本质在于育人，基金会在"强基计划"实施的核心价值上给予了学校很大的指导和影响，引导学校关注到学生本身，培养学生的人格、品质、思想、情怀，贯彻全人培养理念。在高中阶段，早期发现、培养的这些拔尖人才具有特殊性，在他们的成长过程中需要特殊的帮助和包容，但也需要健全的人格作为未来发展的基石和保障。这就要求我们针对学生的个体差异，设计个性化、最适切的培养方案。

2022年1月20日，上海市教育发展基金会理事长王荣华率队调研交大附中，就开展"强基计划"与学校领导进行专题座谈。书记、校长徐向东重点介绍了"强基计划"拔尖人才培养方案和实施成果

设计人才成长路径　提供脱颖而出机会

问: 复旦附中在人才培养的过程中，挖掘出很多有潜力、有能力的优秀学子，引导他们走进了梦想中的大学殿堂，是否可以分享一个典型的案例故事?

吴坚：在上海市教育发展基金会的支持下，越来越多附中学子，找到自己的兴趣方向，并脱颖而出，在成为未来的"科学之星"的道路上前行。

2022年11月，复旦附中的宣静筱同学在"第二届丘成桐女子中学生数学竞赛"中获得铜奖，并入围清华大学"丘成桐数学科学领军人才培养计划"，该计划每年面向全球选拔不超过100名中学阶段综合素质优秀且具有突出数学潜质及特长的学生，从本科连续培养至博士研究生阶段。正是上海市教育发展基金会的项目，给了她一个展现自我的机会，也成了她自我成长的契机。

宣静筱同学的成长历程非常典型，是一个以兴趣为导向的自然成长的过程。在参加丘成桐女子中学生数学竞赛的准备阶段，拓展性的数学学习进一步激发了她对数学的浓厚兴趣，引发她对数学学科的深度探索。历时半年多的竞赛过程，成为她数学学习的飞跃期，越投入研究，越充满动力，在挑战中不断提升能力。她进行大量的自主学习，通过各类渠道查阅资料，获得的信息远远超过高中阶段所要求的学习素材和内容。遇到解决不了的问题，她求助于老师，在学校的帮助下，她得到了大学教授的指导和帮助。竞赛中，她的数学思维和能力得以充分展现，被清华大学直接录取，进入"丘成桐少年班"，深入数学专业领域进行自我发展。

如果没有在基金会的支持下参与丘成桐女子中学生数学竞赛，没有经过这个过程性体验，宣静筱同学的数学兴趣和思维品质不会突出显现出来，也不会被清华大学挖掘。她很可能会将时间、精力投入其他学科的学习，参加以总分评价标准为导向的高考。

在复旦附中，与宣静筱同学情况相似的孩子还有很多，他们普遍学业优秀，在学科方面也具有一定特长，需要很好的培养、引导，以及激发、锻炼的契机。虽然宣静筱同学将来未必成为数学家，但她一定可以成为学习数学的优秀典范生。

问: 宣静筱的迅速成长是由一次竞赛激发的,这给我们助推拔尖人才
　　成长,带来了怎样的启示?

吴坚: 教育本身是一种激发。孩子们不一定能够明晰自己的天赋和擅长,孩子
们未来的发展方向也绝不是一目了然的。这就需要教育者创造条件,去激发
孩子的自我认知,去特别设计成长路径。

　　一个孩子的脱颖而出需要机会,每个人的成长和成功都需要机会,这个
机会并非偶然,需要主动去设计、规划,以及创设有益的条件和环境。我们的
教育,就需要在机会的创设上,给予学生更多发展的可能性,给予学生成长
展现的平台,因材施教,个性化助推成长。

问: 在您看来,上海市教育发展基金会在上海教育事业发展方面,起
　　到了怎样的作用?

吴坚: 教育实际上是一个系统工程,它是一个影响力覆盖全社会、关注度极
高的事业。因此,在我看来,教育不能仅有单一的支撑、保障,教育需要更广
泛的、全社会的投入和关注,依托不同维度的支持,才能共同构建出承托国
家发展、民族希望的宏伟事业。

　　这个过程当中,我认为上海市教育发展基金会的角色是不可或缺的,就
其本身的功能和价值而言,它是教育事业发展中的必备要素。党和政府的主
导性,是教育不可动摇的根本,从教育的投入而言,在基础保障方面,政府勇
于承担,且不会缺失。但在一些特色发展以及特定培养项目上,必然会出现
不同领域、层次的需求,基金会作为教育类公益组织,恰好拾遗补阙,做好
支撑。

　　以基金会支持的复旦附中"强基计划"专项为例,对于国家而言,是具
有深远意义的人才储备战略;对于学校而言,是对于拔尖创新人才早期培养
的有益探索;对于学生个体而言,是自我兴趣发展的强力推动,是自我价值实
现的正向引导,是改变成长路径的核心动力。

挖掘学科兴趣特长 立志奉献青春年华

黄瀚卿

2023年1月，中国数学会公布了2022年全国中学生数学奥林匹克竞赛（决赛）获奖名单，其中，来自复旦附中的林瀚熙、林嘉泽、黄瀚卿等三位同学喜获金牌。访谈中，在复旦附中高一就读的黄瀚卿同学，以自己的切身体会，讲述了在复旦附中的学习经历，以及所感受到的特别扶持。

问：复旦附中为像你一样对数学感兴趣的学生，提供了怎样的学习支持、资源和环境，使得你们快速成长？

黄瀚卿：复旦附中根据每位同学所擅长的学科划分为四个学院。比如说我所在的步青学院，主要面向数理化等学科有特长的同学，而望道学院面向的是语文、哲学等学科有特长的学生。学校的最终目标是使同学们发掘自身的兴趣和特长，在不同的基础学科得到更好的发展。

我对基础学科尤其是数学非常感兴趣，从初中开始，我就特别热爱数学。我想，如果未来想要从事这方面的研究工作，需要提前完成中学阶段的学业，比较早地接触大学的相关课程，为自己未来的专业发展打下基础。

复旦附中非常支持我以及其他有志于数学研究的同学，鼓励我们去进行拓展性学习和深度探索。学校为参加数学竞赛的同学设立了一间专用教室，大家可以在一个共同的环境中专心致志地学习，还可以相互交流、陪伴、扶持，取得更大的进步。

在上海市教育发展基金会的支持下，学校投入了非常多的师资资源，满足我们的学习需求。比如在竞赛准备期间，学校聘请多位教师为我们进行长时间的专项培训，这种训练让我们受益匪浅。学校每周还会开设学院专项课，为我们拓展基础学科的相关知识。同时，还开设了选修课与大学微课，让我们进一步了解大学本科阶段的基础学科知识，从而更好地完成自己的升学规划。

问：个人的命运与国家的命运紧紧相连。将来您愿意奉献人生最好的一段年华，以解决国家"卡脖子"技术难题为目标，投入数学专业领域去做研究吗？

黄瀚卿：我的答案是愿意。

据我了解，数学学科其实是一门应用前景十分广泛的学科。数学的知识不仅在数学研究领域有用，在计算机科学、金融、工程，乃至人工智能领域，都有着极其重要的应用价值。所以学习数学，乃至学习其他基础学科，其目的不仅局限于从事这方面的研究，更为重要的是将自己培养成适配国家重点发展领域的人才，为国家作出更大的贡献。

我想我的未来可能会深入某个数学专业领域，或是金融数学、应用数学，也可能是数学研究本身，这要取决于我未来的学习情况。但无论未来选择在哪一个领域进行深入研究，我都会愿意把我人生中最为美好的一段时光奉献给国家，去助力国家的基础学科发展，为数学学科发展尽一份我的绵薄之力。

我相信，总有一天我可以真正领略到数学的美，可以为数学的美作出自己的贡献，也可以将数学的美传播给更多的人。

"星光计划"
助推上海职业教育改革与发展

对话人物：

马建超　上海市教委职教处处长

马建超

关于"星光计划"

星光点亮人生，技能成就未来。"星光计划"是上海市教育发展基金会于2004年倡议并与市教委、市人社局共同出资，面向职业教育群体的资助项目，通过设立奖学金、开展职业院校技能大赛，支持职业教育发展，为技能型人才的培养和成长创造良好社会氛围。

上海市"星光计划"由两部分组成。一部分为设立上海市中等职业学校优秀学生奖学金，每年评选、奖励一次；另一部分为举办上海市职业院校技能比赛，每两

2004年，为贯彻全国职业教育工作会议和上海市教育工作会议精神，深入推进本市中等职业教育（以下简称中职）的改革与发展，大力培养知识型技能人才，满足本市经济与社会发展的需要，由上海市教育发展基金会倡议并出资，经上海市教育委员会和上海市劳动和社会保障局研究决定，在本市实施上海市"星光计划"职业院校技能大赛，每两年举办一届，至今已举办了十届。上海市教委职教处处长马建超认为，"星光计划"已经成为上海职业教育改革与发展的"助推器"。

2005年4月24日，上海市"星光计划"第一届中等职业学校学生技能比赛闭幕式举行

年一次。首届上海市"星光计划"中等职业学校技能大赛自2005年开始举办，自第二届起增设教师组比赛项目，师生同台竞技。自第六届起，上海高职院校也加入"星光计划"大赛的行列。"星光计划"赛项从首届的11个专业大类、33个比赛项目增加到第十届的24个专业大类、110个比赛项目，参赛学校覆盖本市所有职业院校。科学的赛制设置让"星光计划"成为全国覆盖面最广的技能类比赛，也让以赛促教真真正正落实在上海职业院校的课堂里、实训中。可以说，"星光计划"点亮了或正在点亮着无数上海职业院校师生的成长、成才梦想。

十届"星光计划"磨一剑

问: 上海市教育发展基金会对"星光计划"给予了怎样的支持?

马建超: 上海市教育发展基金会每届资助经费180万元左右(第十届的资助金额增至230万元),主要用于上海市"星光计划"职业院校技能大赛中职组赛项获奖师生的奖励。"星光计划"技能大赛举办近20年以来,基金会的支持对于激励师生磨炼技能、踊跃参赛、奋勇拼搏、争创佳绩,发挥了重要的作用。

至2023年底,超过49.2万名的中职学生参加了"星光计划",1.4万余名中职学生获得了学生组的奖项和奖励,近550名中职校教师获得了教师组的奖项和奖励。以第九届"星光计划"为例。中职组赛项奖励标准为全能特等奖1600元、一等奖1600元、二等奖1200元、三等奖800元,单项一等奖800元、二等奖600元、三等奖400元,赛项奖励金额共计184.1万元。

问: "星光计划"职业技能大赛自举办以来,经历了怎样的发展过程?在内容策划和设计上有何变化?

马建超: "星光计划"自第二届起增设了教师组比赛项目,师生同台竞技。赛项从首届的11个专业大类、33个比赛项目增加到第九届的22个专业大类、100个比赛项目。

自第六届"星光计划"大赛起,上海高职院校师生也加入了"星光计划"大赛的行列。参照中职参赛学生的获奖规则,第六届至第九届"星光计划"大赛高职院校获奖师生全部由上海民办教育基金会资助奖励经费,金额约80万元左右。但从第十届开始,上海市民办教育基金会因政策原因不再对参加"星光计划"大赛中涉及的公办高职获奖师生进行奖励。市教委分管领导拜访王荣华理事长,请求在原有支持基础上再增加50万元的资金支持。虽然基金会自身也面临资金压力,但为了确保"星光计划"大赛顺利举行,王理事长表示基金会将对第十届大赛增加支持50万元。

让职业教育的星光照耀学生成才路

问：基金会的支持对"星光计划"技能大赛参赛学生带来怎样的激励？职业院校学生们的参赛热情如何？有何收获？

马建超：自首届"星光计划"大赛至今，本市职业院校所有参赛获奖师生，均在获得精神奖励的同时，还能收到来自基金会的这份物质鼓励。这对于不断扩大"星光计划"品牌影响力，推进大赛对职业院校的教学改革以及对全社会重视职教、崇尚技能风尚的形成起到了很好的引领作用，对于学生乐善育人方面也发挥着潜移默化的作用。

问："星光计划"职业技能大赛有何特色和亮点？对促进上海职业教育的改革和发展发挥了什么作用？

马建超："星光计划"大赛在主办单位、承办单位及各职业院校的共同努力下，根据国家和本市对职业技能人才培养的需求，经历了不断探索和发展的历程，并具有显著的特色，呈现了不少亮点：

一、扩大参赛规模，随机抽取选手，让"星光"照亮每一个职教学生的成才之路。比赛项目从首届的11个专业大类、33个比赛项目增加到第十届的24个专业大类、110个比赛项目，参赛学校覆盖本市所有职业院校。大赛坚持面向全体，随机抽取决赛选手，让每一个学生都有机会参赛，在参赛过程中获得自信。

二、对标世赛国赛，让"星光"更具国际水准。大赛注重顶层设计，坚持大赛与教育培养目标、专业教学标准、国家职业标准、全国技能大赛和世界技能大赛相结合，借鉴世界技能大赛的办赛理念、与世赛国赛接轨，从竞赛内容到评价方式，更具先进性、国际化。

2023年5月13日，2023年上海职业教育活动周启动仪式暨上海市"星光计划"第十届职业院校技能大赛开赛式在上海南湖职业技术学院举行。上海市副市长解冬（左三）、上海市教育发展基金会理事长王荣华（右一）出席仪式并参与观摩和体验

三、辐射引领，让"星光"更具社会影响力。大赛旨在提高与发展上海本地中高职学生职业技能、服务上海经济社会发展的同时，其成效正逐渐辐射至周边乃至国际院校的中高职学生。九届大赛曾邀请德国、中国台湾地区，以及长三角地区职业院校的学生与我们同台竞技、切磋技艺。沪喀等四大职业教育联盟邀请对口支援地区职业院校师生来沪观摩，共同提高专业建设水平。

四、深化跨界合作，让技能人才培养成为全社会有识之士的共同职责。"星光"大赛跨部门、跨领域、跨界合作的运作模式日趋成熟。大赛继续得到市人力资源和社会保障局、上海市教育发展基金会、上海市民办教育发展基金会等单位通力合作和大力支持；行业、企业、社会机构和学校之间，多方力量共同参与其中，为项目持续推进和深化提供了专业、资源和经费的支持与保障。

在上海教育发展基金会的大力支持下，经过十几年的打造，上海市"星光计划"职业院校技能大赛逐步走向成熟，已成为职教学生展示专业技能、实现人生价值的重要舞台，同时也成为提升上海职业教育社会影响力的响亮品牌，实现了宣传、扶植职业教育，为技术技能型人才培养和成长创造一个良好社会氛围的初衷。

期待基金会在支持职业教育上有新作为

问：请谈谈在当今职业教育发展面临的形势和任务面前，如何更好地发挥"星光计划"的作用。作为教育主管部门，市教委和职教处对基金会作为社会力量支持职业教育发展有怎样的期望？

马建超：职业教育是国民教育体系和人力资源开发的重要组成部分，是培养高素质技术技能人才、能工巧匠和大国工匠的基础性工程。习近平总书记和党中央高度重视职业教育工作。近年来，国家层面相继出台《国家产教融合建设试点实施方案》《关于推动现代职业教育高质量发展的意见》《关于深化现代职业教育体系建设改革的意见》等文件，上海全面贯彻国家关于职业教育改革发展的部署，重点围绕院校设置与专业布局更加契合产业发展需求、职业教育人才贯通培养模式更加立体多样、教育教学模式更加注重产教协同育人、"双师型"教师队伍建设制度机制更加完善、职业教育评价改革校企协同协作更加紧密五个方面工作，全面提升人才培养质量，着力培养高素质技术技能人才。

在上海教育发展基金会的大力支持下，"星光计划"技能大赛经过近20年的发展，已经成为职教学生展示专业技能的大舞台、职业院校检验"三教改革"成效的试验场、上海职业教育提高社会影响力的助推器，可以说是多方力量通力合作、共同支持职业教育发展的实践典范。对于更好地发挥"星光计划"的作用，我主要有以下三点思考：

一是发挥大赛的教育价值，推动质量提高。比如，在项目的设置上，紧密对接产业发展要求，突出技术技能含量的高与新；在标准的制订上，体现科学适用、手脑并举、基础与创新兼顾等原则。充分通过"星光计划"大赛这个载体，形成质量品牌效应和质量推动效应，推动大赛成果向外衍生，形成扩散效应，促进学校内涵建设、专业打造、师资提升和人才培养。

二是探索大赛的制度突破，突出创新价值。"星光计划"大赛是上海职业教育在人才评价机制上的有益尝试。后续我们将探索把大赛检验技能教学的评价机制与企业选人用人机制联系起来，把职业院校培养过程的育人机制与行业企业的用工机制联系起来，把多方合作、共同参与的大赛沟通机制与推进多元办学、支持社会力量广泛参与职业教育联系起来。通过大赛制度探索突破，不断推进产教融合、校企合作，为中国特色职业教育注入新内涵。

三是助推职业教育发展，发挥社会价值。"星光计划"大赛意义重大而深远，在接下来的工作中，我们将通过各种媒体和平台，加大对"星光计划"的宣传力度，发挥大赛的宣传力、号召力、激发力、推动力，宣传尊重劳动、尊重技能、重视职业教育的人才观和教育观，号召全社会支持和参与职业教育，激发全社会追技能人才之"星"，推动职业教育更好地服务于经济社会发展、服务于上海的产业结构调整和产业发展。

　　上海市教育发展基金会作为支持上海职业教育发展的重要力量,已经携手上海职业教育近20年。作为教育主管部门,我们对上海市教育发展基金会支持职业教育发展的期望主要有两方面。一方面,我们期望基金会能够进一步紧跟国家关于职业教育改革发展的部署,持续深耕上海职业教育领域,为职业教育提供资金支持。这包括资助优秀教师和学生,鼓励他们参与各类技能大赛,以及奖励在职业教育领域作出突出贡献的个人和团队。另一方面,我们期待基金会能够发挥社会影响力,加大对职业教育的宣传推广力度。通过各种媒体和平台,提高社会对职业教育的认知度和接受度,改变社会对职业教育的传统观念,不断提升职业教育的地位和影响力。

以美育人，
做少儿艺术教育发展的领军者

对话人物：

胡木清　上海艺术品博物馆理事长

胡木清

关于"国际少儿创新艺术邀请展"

少儿是未来的希望，少年儿童的艺术表达展现出其对于世界的理解。自2016年以来，上海艺术品博物馆已成功举办八届"国际少儿创新艺术邀请展"，历届展览主题涉及"牵手世界""共同的星空""探秘五彩'一带一路'""友谊交响乐""童心携手·以艺抗疫""祈愿美好""童心绘童话""联结世界，以爱为媒"。在历年展览的基础上，自2022年起，博物馆在展览同期举办美育研讨会，邀请海内

2016年，上海市教育发展基金会联合上海市儿童基金会，与上海艺术品博物馆共同开始举办"国际少儿创新艺术邀请展"。经过八年耕耘，"国际少儿创新艺术邀请展"已成为上海市具有国际影响力的少儿展览品牌，吸引了众多国家的青少年作品参展，为广大少年儿童艺术爱好者提供了一个高品质的交流平台。展览通过展示少年儿童优秀艺术创作作品，发掘和培养了广大少年儿童潜在的艺术才华。

少年儿童是世界的未来、人类的希望。"国际少儿创新艺术邀请展"是为丰富广大少年儿童的暑期生活、加强国际少儿友好互动而举办的大型公益性文化交流活动。展览项目的成功举办，为国际少儿艺术文化交流奠定了基础，并积累了相关经验；该展览不仅有利于世界各国少年儿童通过艺术进行交流，还有利于他们从小培养友谊，是一件功在当下、利在长远的有益之举。

上海艺术品博物馆已连续八年成功举办"国际少儿创新艺术邀请展"，在与上海艺术品博物馆理事长胡木清的对话中，我们深刻地感受到他对于少儿艺术教育的重视和他作为博物馆人所拥有的一颗拳拳的公益之心。"这一切都离不开上海市教育发展基金会坚定而有力的支持。"胡木清动情地说。

外专家、一线教育工作者、总领馆代表等从各自角度出发，围绕美育展开讨论。此外，国际少儿创新艺术邀请展还积极走出国门，在海外进行巡展。2019年国际少儿创新艺术邀请展在伊朗伊斯法罕现代艺术博物馆进行巡展，取得了积极反响，

2023年国际少儿创新艺术邀请展再一次走出国门，在巴厘岛太平洋博物馆进行巡展。

在全新时代，推动儿童美育发展

问：我们为什么如此强调儿童艺术教育的重要性，并重视儿童美育事业发展？

胡木清：习近平总书记指出："做好美育工作，要坚持立德树人，扎根时代生活，遵循美育特点，弘扬中华美育精神，让祖国青年一代身心都健康成长。"在当下的信息时代，生活节奏比从前快了很多，家长们的工作压力较大，难免疏于对于少年儿童教导，而广大少年儿童因为学习任务重，往往感到压力大，这些因素都不利于儿童的健康发展。举办具有创造性和趣味性的儿童艺术活动，让孩子们身心愉悦、情绪健康，有助于少年儿童的全方位成长。绘画、摄影、书法、手工等艺术形式有助于孩子们培养欣赏美、发现美、创造美的能力，从而可以促进其身心健康发展。儿童美育更是终身美育、全民美育的重要起点。

马克思说过："社会的进步，是人类对美的追求的结晶。"因此，艺术教育在儿童教育中占有不可或缺的地位，也是促进儿童全面发展的重要途径。当下，艺术教育的根本意义在于对人的素养的培养。艺术教育是一种提高个人修养的新兴教育，符合当下教育改革的方向。

美育的核心在于弘扬真善美、塑造美好心灵，其突出特点是审美力与创造力教育，也是培养社会主义建设者和接班人、陶冶君子之风的全面教育。学会欣赏美好事物帮助孩子们提升信心，培养良好的心态，不会因为失败和挫折产生嫉妒等负面情绪，有利于培养出新型教育体制下所需要的全面人才。

通过举办展览,提高少年儿童艺术素养

问:历经八年磨炼,"国际少儿创新艺术邀请展"每年都有进步和提升,请您介绍一下"国际少儿创新艺术邀请展"的特色。

胡木清:"国际少儿创新艺术邀请展"每年举办一次,已成为全世界各国少年儿童期待的属于自己的艺术盛典。展览能够成功举办,首先应该感谢上海市教育发展基金会为该项目提供的指导和帮助,上海市教育发展基金会不仅大力支持了历届"国际少儿创新艺术邀请展",同时也对展览的海外巡展及"国际(上海)青少儿美育研讨会"的开展提供了有力的支持。可以说,上海市教育发展基金会的支持,是我们成功举办展览的坚强后盾。

总体来说,我认为"国际少儿创新艺术邀请展"在展览规格及展品遴选上,具有严标准、高质量的特点;同时展览通过开展美育研讨会、与国际学术资源对接等形式,更深层次地探索美育教育的方法和经验。

对参赛作品,我们坚持严标准、高质量。"国际少儿创新艺术邀请展"坚持严格的展品遴选标准,所选作品种类丰富多样,包括绘画、摄影、陶艺、雕塑等。随着项目规模的逐年扩大,层次逐步提高,为推动少年儿童艺术教育向更高层次发展,作为承办方的上海艺术品博物馆特别组织设立了专家评审和线上评审双重评审机制:在线下评审会中,邀请教育专家、专业机构代表、艺术家、各国驻沪总领事馆机构代表等参与评奖;在线上,通过多个人气网站的在线投票吸引大量社会力量参与,评选出最佳人气奖;整个过程努力做到专业、公开、公正,以充分鼓励有艺术特长和艺术爱好的青少年儿童积极参与活动。为了更广泛地征集展品,我们上海艺术品博物馆数次赴世界各国进行招展工作,与专业艺术机构和当地政府面对面交流,从而确保了参展作品的高艺术水准以及代表性。展览从图册制作、展品布展均坚持精益求精,努力成为行业领域学习的标杆。

与此同时,我们配套美育研讨会,以构筑美育事业发展新平台。随着文化强国战略和美丽中国战略的实施,美育教育的重要历史机遇已然到来,美育教育成为确立文化自信、建设文化强国的重要手段。展览的配套活动"国际（上海）青少儿美育研讨会"，为各国艺术研究者及教育工作者们搭建了国际性的沟通桥梁。目前，该研讨会已成为各国共同推动美育事业发展，交流、分享、借鉴美育经验与做法的新平台。我们期望通过与各国的文化交流活动，特别是青少儿美育的经验交流，能对当代的美育教育蓝图进行更为具象的定位，共同推进美育事业的发展，从而提升青少年的审美能力和人文素养，培养其认知美、感悟美、欣赏美与创造美的能力。

我们还重视加强国际合作，努力探索艺术文化交流新形式。为了向世界展示中国青少年的创造力，让更多优秀的中国青少年与国际接轨，拓展全球化视野，"国际少儿创新艺术邀请展"两度走出国门，分别于2019年在伊朗伊斯法罕和2023年在印度尼西亚巴厘岛举办巡展，探索少儿艺术文化交流合作的新形式、新格局。

多方凝聚，协作共赢

问："国际少儿创新艺术邀请展"得到了各界的大力支持，您能详细介绍一下吗？

胡木清："国际少儿创新艺术邀请展"得到了大家的肯定与帮助。上海市教育发展基金会、上海市儿童基金会作为主办单位，为展览进行了方向指导并提供了资金保障；承办单位上海艺术品博物馆所在的长宁区各相关政府机构也为展览提供了各方面的支持和帮助。该项目还争取了包括伊朗、丹麦、斯洛伐克、芬兰、韩国、土耳其、奥地利、印度尼西亚等十余个国家驻沪总领事馆在内的诸多政府机构、专业组织和艺术家的大力支持，受到了众多参与方的充分肯定。

其中，上海市教育发展基金会在王荣华理事长的领导下，从长远战略角度出发，指导和鼓励我们不断升级和扩展活动的规格，为"国际（上海）青少儿美育研讨会"和展览的国际巡展提供了宝贵的指导意见和活动资金，扩大

2017年9月17日，第二届国际少儿创新艺术邀请展颁奖典礼暨2017科普日启动仪式在上海长宁实验小学举行，王荣华理事长为"最佳人气奖"获得者颁奖

2016年8月16日上午,"2016国际少儿创新艺术邀请展"在上海艺术礼品博物馆开幕

了"国际少儿创新艺术邀请展"的国际影响力,推动青少儿美育事业的发展,为各国之间艺术文化教育领域的沟通搭建桥梁。

立足当下,展望未来

问:"国际少儿创新艺术邀请展"已连续举办八届,请问您对展览的未来有怎样的期待?

胡木清:往届展览得到了各国政府、行业组织、艺术家和社会各界的广泛支持,深受儿童喜爱,累计参展的各国少年儿童逾2000位。而同期举办的两届"国际(上海)青少儿美育研讨会"也以其高规格、高质量受到了业界的广泛好评。人民网、新华网、《环球时报》等国内外主流媒体及多国驻沪总领事馆等数十家媒体曾对前几届活动予以广泛报道。

在未来,我们会继续脚踏实地、砥砺前行。除了继续举办"国际少儿创新艺术邀请展"这一品牌展览,还想通过多方合作,让国际少儿展走出国门,到更多的国家去巡展,不断扩大展览的国际影响力。少年儿童代表着未来的希望,提高广大少年儿童的获得感、幸福感、安全感,努力让每个孩子都拥有天真的童心、烂漫的童趣、快乐的童年,是每个人应尽的责任,我们将为此不懈努力。

构建"上海六千年大思政教育"新模式

对话人物：

叶良骏　上海市教育发展基金会理事

叶良骏

关于"上海地方志普及读本系列工程"

在许多人的印象中，地方志往往是大部头、小众化的。如何将地方志文献转化为丰富的地情知识，以通俗化方式向大众普及上海发展历史和优秀文化，让地方志更接"地气"？近年来，在上海市教育发展基金会的大力支持下，上海市地方志办公室及下属上海通志馆致力于上海地方志史的撰写和上海城市历史的普及，从2017年起启动了"上海六千年"系列项目，讲述上海6000年的人类生活史、1000年的上海城市史和70年的新上海建设史。从2019年起，又陆续推出"上海地

上海是改革开放的排头兵、创新发展的先行者，也是科技创新的策源地、教育综合改革的试验区。近年来，在上海市教育发展基金会的支持下，英盛基金发挥联系广泛、贴近基层的优势，在不断开展教育公益事业基础上，推出了具有较大社会影响的"上海六千年"艺术人文实践展示活动。以"《上海六千年》艺术人文实践展示活动"为抓手，英盛基金将历史长河中的"上海故事"艺术化、课程化、立体化，构建"上海六千年大思政教育"新模式，积极探索培养知行合一、博学笃志、真诚睿智、视野宽广的新时代青年学子的可复制、可推广、可宣传的经验和做法。

上海市教育发展基金会理事、英盛基金管委会主任叶良骏讲述了"上海六千年"艺术人文实践展示活动诞生的历程。

问：英盛基金为什么会开展"上海六千年"艺术人文实践展示活动，主要亮点是什么？

叶良骏：作为上海市教育发展基金会的专项基金，英盛基金始终坚持全面落实基金会各项工作要求，严格"对标对表"。另一方面，英盛基金长期积极参与基金会组织的相关活动，并组织学习基金会编写的著作、读本。在这一过程中，大家深刻认识到王荣华理事长和基金会以炙热的赤子情怀，怀着高度的使命感和责任感，以巨大的勇气和魄力，关注、引领、解决教育领域存在的热点难点问题，给专项基金指明了前进的方向。

情普及系列丛书"1—4辑作为该系列的延伸。

上海通志馆立足"新时代，新上海"，秉持"传承上海历史，讲好上海发展，传播上海精彩"的宗旨，以"大家写给大家"的方式，主编"上海地情普及系列丛书"。每年选取一个主题，以点带面、以史带论，兼顾权威性与可读性，图文并茂地讲述上海历史的故事，反映上海改革开放以来所取得的成就，展示上海"海纳百川、追求卓越、开明睿智、大气谦和"的城市面貌，为读者特别是为青少年学习党的百年奋斗重大成就和历史经验带来多种视角，提供兼具信史、美文、正能量的好读本。

王荣华理事长与上海市教育发展基金会开创性地于2018年起策划推出了《上海六千年》、《上海城市品格读本》"上海地情普及系列丛书"等一系列上海地情普及读本丛书（以下简称丛书）。这些书籍以地方志为基础，以历史事实为支撑，以青少年为主要阅读对象，邀请著名学者撰写，以大家写小书、大学者写大众通俗读物的形式，生动讲述历史长河里的"上海故事"，向青年学子普及上海的地情知识，了解上海，了解中国，了解世界，突出体现了红色文化、海派文化、江南文化，让爱祖国、爱上海、爱家乡的情感根植于年轻一代的心田。

英盛基金组成人员在丛书出版后即研读书籍，学习领会王荣华理事长在"丛书首发"等活动上的讲话精神。大家认为，"丛书深入浅出地阐述了上海文明的起源和上海城市的形成过程，并把上海社会主义建设和改革开放史全景式地展现在读者面前"。经过深入调研，英盛基金于2020年12月设计并启动了"上海六千年"艺术人文实践展示活动的筹备工作。教育最根本的任务是立德树人，"上海六千年"艺术人文实践展示活动是一种思政课的崭新形式，目标是推动丛书从图书馆走进学校的课堂和社团，并与基层学校的学科建设相结合，将丛书中的6000年历史长河、6000平方公里地域的"上海故事"艺术化、课程化、立体化，以"体验性、共享性、探究性"的方式，深入探寻六千年上海的文明进程，了解先辈果敢、勤奋、坚忍不拔的风骨，领略前贤开明睿智、大气谦和的情怀，感受今人锐意创新、追求卓越的气魄，鼓励学子从书本走进现实，从理论走向实践，从课堂走向社会。

问：基金会对"上海六千年"艺术人文实践展示活动的扶持体现在哪些方面？

叶良骏：上海市教育发展基金会"上海六千年"艺术人文实践展示活动资助专项于2021年5月启动，截至目前，基金会与专项基金累计组合资助金额24万余元。基金会领导对"上海六千年"艺术人文实践活动高度重视，大力扶持。王荣华理事长于2021年5月13日和2022年7月20日两次对"上海六千年"艺

术人文实践展示活动的项目报告进行批示,其中2021年5月13日的批示指出:
"此项活动很有意义,盼与'建党百年'结合进行,注意总结思政课不但在课
堂,而且在社会实践中取得实效的经验,探索时代特征、上海特点的有效路
径。"

　　基金会领导在"上海六千年"艺术人文实践展示活动设计阶段,多次牵
头召开由秘书长和多位副秘书长参加的项目论证会、项目协调会,筹措资金,
进行项目顶层设计,协调落实物资保障,剖析解决难点问题。王荣华理事长
为"上海六千年"艺术人文实践展示活动创排的多部戏剧作品题写剧名,并
多次出席首演活动,基金会领导出席了历年来举行的全部"上海六千年"艺
术人文实践展示活动各类展示活动。

问:"上海六千年"艺术人文实践展示活动的具体内容和做法有哪
　　些?

叶良骏:"上海六千年"艺术人文实践展示活动在上海静安、普陀、徐汇、宝山
等区分别设立项目学校,开展了以下几个方面的活动:

　　第一,成立《上海六千年》读书会("上海六千年社团")。王荣华主席指
出:"也许我们无法改变人生的起点,但是可以通过读书改变人生。思想有多
远,视野有多广,就能行多远,飞多高。青少年在选择道路的时候,读书的影
响是巨大的。"读书活动是"上海六千年"艺术人文实践展示活动的主要工作
抓手,"上海六千年"艺术人文实践展示活动在项目学校分别成立了"《上海
六千年》读书会"或者"上海六千年社团"。在"进课程"的"上海6000年"
项目学校,每周由学校安排专门课时,组织师生先后精读《上海六千年》以
及"上海地情普及系列丛书"中的《上海零点人民广场》《人杰地灵新天地》
《中西邂逅徐家汇》《古韵新声静安寺》等书籍。由英盛基金专家和学校相
关学科教师精讲"丛书"系列知识点为主,将有关上海六千年的知识与历史、
语文等课程相结合,把历史转化为课程,把史料转化为教材。在"进社团"的
"上海6000年"项目学校,"读书会"活动则由同学自行主持为主,教师指导

"小陶子"们深情演绎陶行知为国为民为教育,"捧着一颗心来,不带半根草去"的崇高精神和爱满天下的炽热情怀

英语舞台剧《东方之舟》首演暨"《东方之舟》起航"文化交流活动于2023年6月28日在石泉社区文化活动中心举行

为辅,同学们分别汇总老师讲授的知识点,开展读书活动。《新民晚报》曾刊发项目学校师生的"上海6000年"读书活动作品。

第二,设计开发"上海六千年时光邮筒"特色系列文创产品。英盛基金在各个项目学校指导师生设计开发了以"寻上海文化之根"为主题的"上海6000年"特色系列文创产品,包括"《上海申报》创刊号""上海六千年明信片""上海六千年时光邮筒""上海六千年"艺术人文行走地图(中英双语),并邀请邮政、媒体的从业人员参与设计和指导,其中"上海六千年时光邮筒"由王荣华理事长题词并揭幕,在各区的实验学校内分别矗立,既成了校园内的景点,还具备一定的实用功能,"《上海申报》创刊号"及"上海六千年明信片"是"上海六千年时光邮筒"发行的第一款"6000年邮品"。"上海六千年"艺术人文行走地图(中英双语)由项目学校各学科教师制作,是同学们在行走中丈量上海、感知上海的宝贵成果,也是大家在读好课堂教科书之外,更读好社会实践这本书的生动体现,被应用于由项目学校师生和"爱满天下快乐成才戏剧夏令营"组织的"上海六千年"之旅实践活动中。

第三,创排上海6000年著名历史人物"大先生"系列戏剧。通过结合项目学校的特色及所在区域的人文历史特点,上海六千年著名历史人物"大先生"系列戏剧已先后创排《叶澄衷》《爱满天下之路》《徐光启》《理想之光》和《东方之舟》(英语版)五部戏剧作品并成功公演,将黄道婆、徐光启、叶澄衷、陶行知等上海六千年历史上的著名人物搬上舞台,还将顾正红、穆汉祥、肖万才、曹顺标等烈士的革命故事一并在剧中予以展现。剧中演员则全部由项目学校的学生担任。以戏剧作品将这些上海六千年历史上的"大先生"们为明天、为希望、为民族、为圆梦、为光辉、为永恒的崇高品格艺术地再现,是一件很有意义的事情。爱国主义教育就是要加强理想信念教育,我们发挥戏剧特有的育人功能,学生在排演上海六千年著名历史人物"大先生"系列戏剧时,"爱国"这一重要的核心价值观贯穿于整个排演项目的推进过程。英盛基金立足"上海六千年"资源,同时积极开展课程思政,邀请项目学校语文、英语、历史、艺术、体育等多学科教师协同,将剧中的戏剧元素与学科建设相结合进行跨学科教学,将美育融入课堂,扎实开展学校"大思政"教育,开展多角度、全过程的育人,参与项目的同学们普遍变得更生动、活泼,感受美、欣赏美、表现美和创造美的能力也得到了加强，成效十分显著。

问："上海六千年"艺术人文实践展示活动的影响力和社会反响怎样？

叶良骏："上海六千年"艺术人文实践展示活动实施两年半来，累计参与实验师生7000余人次，涵盖小学二年级到高三的普通教育各学段，还有9所高校的青年学生参加，英盛基金在上海各区分别组织大型展示活动5场，教育部，市教委，基金会，上海报业集团，民盟市委，静安、普陀、徐汇、宝山区教育局领导以及社会各界人士数千人观摩了展示活动，媒体进行了采访报道。"上海六千年"艺术人文实践展示活动实际上成为项目学校的一场场"主场外交活动"，对内提升增强凝聚力，稳步提升办学质量，对外扩大学校的影响，受到了广泛的欢迎，产生了巨大的社会反响。

英盛基金还先后向江西遂川县和宁波镇海区的基层学校上门赠送了《上海六千年》、"上海地情普及系列丛书"，尝试将"上海6000年"品牌推广到上海以外的更广阔的地区。

问：请简单介绍一下"上海6000年"（2023至2025三年行动计划）。

叶良骏：我们拟在"双减"政策背景下，在总结前期成功经验的基础上，在上海市教育发展基金会的支持下，继续推动"上海6000年"（2023至2025三年行动计划），成立"上海6000年"联盟，以点带面，让更多的师生有机会参与"上海6000年"活动，同时聚集一支有理想、有信念、有追求、有担当的雄壮的推广队伍，把"上海6000年"打造成为影响广泛、参与人数众多的大思政德育品牌。

扶贫、"扶智",又"扶志",
激励贫困学生自尊、自信、自强

对话人物:

苏晓云　上海市久隆模范中学校长　　　　许萍萍　上海市久隆模范中学教师

关于"上海市久隆模范中学"

上海市久隆模范中学成立于2001年9月,是由第十届全国政协副主席、时任上海市市长徐匡迪倡议,上海市教委和原闸北区人民政府共同投资兴建的公办区属重点完全中学。徐匡迪市长为学校题写校名并题词"让每个学生都成为模范公民"。学校是上海市唯一一所免费学校,招收具有本市常住户口且品学兼优的家庭经济困难(由相关部门出具证明)的应届小学毕业生、初中毕业生(全部为走读生)。在校学生除享受市教委规定的待遇外,还享受免除学杂费、书报费、校服费、午餐费、活动费、交通补贴费(针对外区路远学生),优秀学生享受奖学金。

学校的办学理念是让久隆成为培养"模范公民"的摇篮。学校坚守用"模范教师"培养"模范学生"的管理理念;倡导"以情优教,团结协作"的组室文化,引导教师用爱心温暖学生,用情感熏陶学生,用团队凝聚智慧;积极构建校本课程

魏琪　上海市久隆模范中学学生（高二）　　　谢娇杨　上海市久隆模范中学学生（高一）

"理想模型"，用优质的课程、教育的艺术培养、发展学生。

2018年12月，上海市教育发展基金会向上海市久隆模范中学捐赠千套《上海六千年》图书，在久隆师生之间拉开了"阅读上海历史，打造书香久隆"等系列读书活动。上海市久隆模范中学以上海地方志普及读本系列《上海六千年》为导览，围绕"寻上海文化之根、育爱国主义之情、问模范公民之道、铸理想信念之魂"的主题，精心策划了十站"上海六千年"之旅实践活动。久隆全校师生从"上海之根"出发，循着《上海六千年》书中提及的"江南文化""海派文化""红色文化"三条路线开展实践之旅，重点探访了广富林文化遗址、陈望道故居、上海天文台及犹太难民纪念馆等10座场馆。采取课程化研学的形式，遵循"体验性、共享性、探究性"的原则，久隆师生在共同阅读中了解上海、在一起行走中热爱上海。

上海市久隆模范中学是一所因为爱而建立起来的学校，是一所向经济困难家庭学生提供优质免费教育的完全中学。每一个久隆学子都记得校园里刻有"滴水之恩，涌泉相报"字样的石碑。

教育是阻断贫困代际传递的治本之策。而公益慈善组织更是第三次分配的主要力量，是实现共同富裕的重要一环。上海市教育发展基金会作为教育类5A级慈善组织，一贯重视教育扶贫工作，在资助工作中始终秉持"扶贫必先扶智"的理念，资助项目持续向山区老区倾斜、向对口支援倾斜、向特殊群体倾斜、向贫困子弟倾斜。

上海市教育发展基金会是久隆模范中学办学以来资助时间最长的社会公益机构。2002年，久隆模范中学创办伊始，上海市教育发展基金会在徐匡迪、许珞萍伉俪的倡议下，于久隆模范中学设立了"自强奖励基金"，用于奖励久隆模范中学的优秀学生和优秀教师；从2007年起，又增设"红色之旅"专项基金，让久隆的学生赴红色革命圣地参观考察，接受革命传统教育；2019年，基金会又发起、资助并主办了"上海六千年"之旅实践活动，以久隆模范中学为首批试点校，开展寻根之旅，旨在通过"知行合一"的育人模式，培育青少年对党、国家和家乡的深厚感情及使命担当，引导学生从书本走进现实，读好理论和实践"两本书"。

"扶贫"要"扶智"，还要"扶志"。基金会从不轻易缺席每一次奖学金、助学金颁发仪式。每一次颁证仪式，都是一次感恩教育、励志教育和爱国主义教育。有受助学生表示，要保持艰苦奋斗的作风，坚持高尚的精神追求，培养良好的道德情操，将爱国之志化为报国之行。更有许多受助学生在繁重的学习生活之余，身体力行"得诸社会、还诸社会"的理念和精神，以小志愿者的身份传递爱心、贡献力量、回报社会。

传承爱的教育 弘扬自强精神

苏晓云

"我们的孩子会因为国家强大而自信，也会因为家庭的陪伴而勇敢。所以我们要把学校做强，成为那股支持他们的力量。"这是上海市久隆模范中学校长苏晓云一直以来传承的办学信念，因为久隆代表的，是用知识摆脱困境的奋飞不辍，是"半丝半缕，恒念物力维艰"的严于律己，是相互关爱、彼此倚靠的同窗情、师生爱，是经年累月的反哺奉献。在全社会的关爱下，久隆学子乘风破浪，健康成长，在奋斗中创造精彩人生。

在关爱中，培育感恩之心

问： 上海市久隆模范中学的建立和发展历程比较特殊，具体是在什么样的背景下建校的？

苏晓云： 上海市久隆模范中学是一所很特别的学校，是上海唯一一所招收家庭困难、品学兼优学生的完全中学，是区实验性示范性学校，是一所公益性质的学校。

20世纪90年代，上海进入体制改革和产业结构调整期，出现了大批人员下岗的情况。他们中有纺织业工人，也有主动响应号召的制造业车间主任。下岗潮与因病致贫、单亲离异家庭变故和高中教育的非义务性，给当时经济困难的学生带来了很大的就学压力。2001年2月，上海市第十一届人民代表大会第四次会议召开，时任上海市市长徐匡迪指出："我们不能再使这些家庭为子女教育而负债，要让清贫家庭的子女同样有受教育的机会。"徐匡迪的倡议得到了原闸北区代表团所有代表的支持，市教委和原闸北区人民政府决定出资1200万元，创建专门为贫困家庭青少年就读的完全中学。学校招收本市家庭困难、品学兼优的学生，免除学杂费、书本费、校服费、午餐费和活动费，并为通勤距离远的学生提供交通补助。

问： 在久隆模范中学建校和发展的过程中，上海市教育发展基金会给予了怎样的支持？

苏晓云： 从学校建校开始，上海市教育发展基金会就始终陪伴着久隆一起成长，对学校给予关心和帮助。上海市教育发展基金会是学校办学以来资助时间最长的社会公益机构。2002年，在徐匡迪、许珞萍伉俪的倡议和感召下，基金会出资1000万元，在久隆模范中学设立了"自强奖励基金"，用于鼓励广大教师为培养社会主义事业合格的接班人多作贡献；激励贫困家庭的学生自尊、自信、自强，努力学习，做模范公民。基金会每年拨付25万余元奖金，学校设置各类奖项，肯定那些品学兼优、自强不息的学生，也鼓励那些辛苦付出、无私奉献的教师。

自强奖学金、奖教金对学校学生和教师的支持和鼓励已经坚持了20余年，对学校的发展起到重要的作用。当然，学校也通过评价设计，把这些奖金用好，通过一种良性的激励机制，引导学生积极向上、大胆创新，为他们未来的发展之路奠定基础。

现在绝大部分的家庭都全力支持孩子求学。现在的我们很难想象，在我们建校初期，很多家庭并不把继续深造作为孩子成长之路的第一选项，高中毕业后，父母会考虑让孩子直接走上社会，而不是继续求学。当时的自强奖学金一等奖有1000元，当孩子们把通过勤奋学习得来的奖学金带回到家庭时，家长们非常感动，这1000元不仅是一种支持和鼓励，更是这个孩子继续求学的信心和动力，给他们的成长提供了另一种可能性。一个学生的学业优秀，考进了一所好大学，选择了一个好专业，他改变的不仅是自己的命运，家庭的命运也随之得到改变。

自强奖教金也是我们学校的一大特色，因为学校的生源相对比较特殊，困难家庭较多，所以我们的老师也比一般学校的老师付出更多，老师们会尽己所能督促孩子们在学业上取得更大的进步，但同时也要考量学生的心理承受能力，以及亲子关系。我们每一位老师不仅要成为传道授业解惑的良师，更要成为一个益友，成为学生生活上的督导员、心理上的咨询员、家庭的调节员。正因如此，学校的老师需要更多的肯定，久隆特有的奖教金就是对老师的肯定。奖教金金额虽然不多，但充满温暖的意义，让老师们的努力付出被看见，让老师们的价值被认可，让老师们的心灵得到抚慰。

问：久隆学子得到奖学金后，一般会用来做什么？会给他们的学习和生活带去怎样的改变？

苏晓云：久隆学子得到助学金奖励后，用途有多个方面，有的同学用于购买教辅材料、其他书籍；有的成为他们读大学的交通费和学费，支持他们走到人生的下一站；有的同学则交给了父母，补贴家庭生活。

获得自强奖学金的学生感受到了社会的温暖，也发生了正向的改变。2007年获得自强奖学金的张谨豪从久隆毕业以后，进入上海师范大学建工学院，经常为民工子女开设免费课外辅导，并作为首任校长一手创建了"师大建工淞南阳光之家爱心学校"。大学毕业后，张谨豪将自己进入中建集团后的第一个月工资捐给久隆，又牵头成立了一个社会组织，专门给新华医院肿瘤科患儿讲故事，还创建了一个名为"绘本云陪伴"的网络平台，通过给患儿读绘本，在云端支持和鼓励这些患病的孩子。

这种例子在久隆还有很多，有的获得自强奖学金的学生会把自己工作获得的第一份报酬捐献给学校，有的甚至把结婚的礼金捐献给学校，用于帮助学弟学妹的成长。基金会设置的一个小小奖项，潜移默化地在学生心底深植了一种理念——"得诸社会，还诸社会"。

在行走中，种下奋斗的种子

问：除自强奖学金、奖教金外，基金会还给予了久隆模范学校哪些支持和帮助？

苏晓云：20多年来，基金会对学校的帮助分为三个阶段：

第一个阶段是2002年设立的久隆自强奖学金、奖教金，在物质上给予了学校发展极大的支持；

第二个阶段是从2007年起，增设了"红色之旅"专项基金，让久隆学生赴红色革命圣地参观考察，接受革命传统教育。如果说自强奖是物质上的后盾，那么"红色之旅"就是精神上的支撑，让孩子们能够开阔视野、打开格局，坚定理想信念。这个研学活动至今已经持续16年，累计有400余名久隆学子先后参加该活动，他们的足迹踏遍北京、延安、西柏坡、井冈山、遵义和大别山等红色革命圣地，开展丰富多样的课题研究，写下数百篇考察报告。"红色之旅"现已成为久隆校本课程的重要组成部分和德育品牌项目；

2023年7月1日—7月5日，在上海市教育发展基金会资助下，上海市久隆模范中学师生前往贵州省开展为期5天的"讲好中国故事"——"红色之旅"主题研学活动

　　第三阶段是基金会于2019年发起、资助并主办的"上海六千年"之旅实践活动。该活动以上海地方志普及读本系列《上海六千年》为导览，以久隆模范中学为首批试点校，开展寻根之旅。在基金会的倡议和资助下，在上海市教育委员会、上海市地方志办公室、上海市通志馆、复旦大学、上海天文台、上海犹太难民纪念馆、松江区方志办等各方的指导和支持下，久隆模范中学以"寻上海文化之根、育爱国主义之情、问模范公民之道、铸理想信念之魂"为主题，策划了十站"上海六千年"之旅实践活动。全校师生重点探访了广富林文化遗址、《共产党宣言》展示馆、中共一大会址、上海天文台、犹太难民纪念馆等13座场馆。使广大学子在阅读中了解上海、在行走中热爱上海，在直面真实历史的实践活动中种下了勇担复兴大任、争做时代新人的奋斗种子。

2023年4月7日，在上海市教育发展基金会资助下，上海市久隆模范中学组织全体师生集体观摩优秀红色主旋律电影《望道》，通过观影感悟觉醒年代青年的热爱与信仰，学习陈望道先生为国家民族寻道、望道、践道的伟大精神

问：育人既在课堂上，也在社会中；既在书本上，也在实践中。从书本走进现实，"上海六千年"寻根之旅活动在久隆模范中学育人路径的探索上，起到了怎样的作用？

苏晓云："上海六千年"寻根之旅活动可以说是一种创新的文化思政课程，让学生亲自去体验和实践。基金会在这项活动中不仅提供了资金支持，更整合了社会资源，并为学校提供了一个具有前瞻性、综合性的课程理念。师生探访的场馆涉及历史、文化、科技等多个方面，都是难能可贵的教育资源，基金会还聘请了多位专家、大咖，为久隆学子上专题课。

在广富林文化遗址，华东师范大学社会发展学院教授、上海市民俗文化

上海市民俗文化学会会长、《上海六千年》作者仲富兰教授与久隆模范中学学子亲切交流

学会会长仲富兰给学生们讲课；在复旦大学陈望道旧居，基金会理事长王荣华给孩子们当起讲解"志愿者"；在中科院上海天文台，国际著名天文学家、中国科学院院士、战略科学家、天文地球动力学的奠基人之一叶叔华院士全程跟学生互动。

对学生们来说，真的是很难得的一种经历和体验。这也让我体会到，授人以鱼不如授人以渔，这些活动为我们的课程设计提供了新的思路，我们学习到了以前不敢想的、跨学科的、深度学习的，把实践和研究结合的课程设计理念。

激发爱国情怀 引领模范成长

许萍萍

作为上海市久隆模范中学的一名教师,许萍萍对于自强奖教金有着自己的理解和体会,她也亲身参与了"上海六千年"寻根之旅活动,收获了很多感动。

问：上海市教育发展基金会对于久隆模范中学的老师给予了哪些帮助？

许萍萍：上海市教育发展基金会一直关爱久隆模范中学教师的成长，希望用模范教师的成长来引领模范学生的成长。

一方面，自强奖教金的设立对于老师是非常有益的激励。评选的标准和过程是一种正向引导，获奖的教师，会进行事迹交流，对其他教师也是一种带动，以榜样为引领，促进教师队伍的整体发展；另一方面，每次自强奖的颁奖仪式本身就是一次很好的教育活动，基金会王荣华理事长以及其他相关领导会在仪式上与教师进行分享交流，鼓励大家多方面成长，成为多才的教师。

除此之外，基金会还会搭建平台，举办众多推动教育发展的活动，引导教师开阔视野。我印象比较深的是中国和伊朗民间艺术交流活动，我作为一名年轻教师，感受到基金会的老师在陪伴的过程中，用自己的经验和经历，在细节上指导、鼓励我，并帮助我成长。

问：您也参加了"上海六千年"寻根之旅活动，有哪些感受和体会？

许萍萍："上海六千年"的实践活动是用人与人面对面的交流，用生命直接来影响生命的过程，在学生心中深植了家国情怀，也开拓了国际视野。除了观察和体悟到的学习内容外，还有很多细节让人动容。

活动常常选在暑期开展，会遭遇酷暑高温，但每一次活动，王荣华理事长都不曾缺席。他虽年事已高，但仍坚持和学生们在一起，活动中他神采奕奕，还亲自与同学们互动交流，用他渊博的知识，帮助学生们增长见识。这些细节，我们每一位老师、学生都看在眼里，收获的不仅是感动，更是他身上的这种品质，并将其变为自身成长的动力。

在中国科学院上海天文台的活动中，当我们得知90多岁高龄的叶叔华院士依然在坚持上班，并将所有时间投入科研探究时，我们无不惊叹。叶奶奶跟学生老师们在一起交流，她不仅传授知识给大家，更是用榜样的力量激励大家前行。她说，我们中国是一个大国，但是如何能成为强国，如何能建设成为好国，是年轻人要去思考的问题和承担的责任。在这样的近距离接触中，引领学生们去深度探寻自我的价值和生命的意义，这也就是社会实践活动的意义所在。

问: 走出校园的社会实践活动给老师和孩子们带来了哪些改变?

许萍萍: 社会实践不仅是知识的培养，更是一种思想、情感、态度、价值观的培育。同时，通过孩子们亲身的实践和体验，促进认知的发展。校外课堂是校内课堂的有益补充，是有着更深层次意义的教育平台。

特别是对于我们这所特殊的学校而言，学生的家庭条件并没有那么优越，能获取的教育资源非常有限。在基金会的帮助下，学校得以集合优质资源去助推学生的成长，是非常有引领意义的举措，这些活动使得学生受益颇深。

对于我们教师而言，社会实践活动也促使我们能有更高的眼界、更开阔的思维，更好地去引领每一个孩子的成长。对于学校而言，我们也逐步将课程体系从广度和深度两方面延伸和拓展，注重对学生综合能力的培养，提升学校的教育教学水平。

离开学校的教育环境，走进社会大课堂之后，我们能看到孩子的一些变化，比如人际交往能力、团结互助友爱的精神。在外用餐的过程中，孩子们也主动恪守久隆勤俭勤劳的校训，自我督促不留任何剩菜、剩饭。回到学校后，参加过活动的同学会主动与其他同学交流体会和感想，并在日常的学习和生活中严格要求自己，起到引领示范的作用。

活动内容本身更是引发了孩子们的深度思考，激发了孩子们的爱国意识。例如，在犹太难民纪念馆的参观中，孩子们通过探究，了解到人类命运共同体的历史内涵，对世界的认知更加深入。此前孩子们对相关问题的理解还较为抽象，在实践活动之后，他们在讨论时政问题时，开始展现自己独特的思考和见解。

得诸社会，还诸社会 "勤俭勤劳"镌刻在心

魏琪

谢娇杨

　　"我们的学校是一个被爱笼罩的学校，我们为自己的学校而感到自豪。"上海市久隆模范中学高二学生魏琪和高一谢娇杨多次获得各种奖励，也参加了很多社会实践活动，还经常参与志愿服务工作。他们始终铭记着"勤俭勤劳"的校训，用自己的实际努力回馈社会。

问: 你们在学校获过什么奖励,有哪些感到特别自豪的事?

魏琪: 我获得了叔蘋奖学金和叶克平自强奖学金。去年,我在学校团委学生会联合会组织部担任副部长,今年在团委担任副书记,我会带领大家举办各种各样的学生活动,定期给大家举办团课学习。去年我参加了一个微团课的比赛,获得了上海市二等奖。疫情期间,我还参加了心理脱口秀比赛,获得了上海市二等奖。暑假里,我还参加了很多夏令营,与校外的同龄人相互交流学习,共同完成课题实践。这些奖学金和奖项的获得都让我感到骄傲和自豪。

谢娇杨: 在科创方面,我独立设计完成了一个小发明,是一种打破了传统两只脚木质圆规构造的新型圆规,更加有利于老师在课堂上进行教学演示。我的这个小发明还参加了比赛,在专家的指导和建议下得到了进一步完善。我获得过"明日科技之星""赛复创智杯"等奖项,被评为"上海市青少年科学研究院优秀小研究员"。除此之外,我还擅长运动,在静安区运动会上获得过女子800米二等奖。我为自己的学校而感到自豪,我们的学校是一个被爱笼罩的学校。在这里我遇到了许许多多认真负责、温暖善良的老师,老师们会牺牲休息时间,指导我的科创作品,在这里我们受到包括上海市教育发展基金会在内的很多社会组织给予的关心和帮助。

问: 你们在"上海六千年"寻根之旅活动中,寻访了哪里,体会和感悟到了什么?

魏琪: 我是2019年参加的"上海六千年"寻根之旅活动。我去到的是上海天文台和犹太难民纪念馆。犹太难民纪念馆的体验让我感触比较深,之前一直听说上海的城市精神是海纳百川、大气谦和,通过这次参观,这种城市形象真正在我头脑中具象化了。我记得当时在休息大厅里,王荣华理事长为我们讲解了人类命运共同体的概念,我们要打破国家和民族的隔阂,真诚地去接纳,在困难时施以援手,一起度过艰难困苦的岁月。那些动人的故事让我对海纳百川的内涵有了新的了解和认识。

2019年8月15日，久隆师生来到位于佘山科技园的中国科学院上海天文台，与国际著名天文学家、中国科学院院士、战略科学家、天文地球动力学的奠基人之一叶叔华院士，上海市教育发展基金会理事长王荣华和上海领军人才、上海天文台台长沈志强三位"大咖"近距离交流

在上海天文台，叶叔华院士讲到要科技兴国、人才强国，老一辈的科学家们在以往艰苦的环境中仍然坚持科技发展的信念和力量，让我动容。叶奶奶也表达了对于我们这代人殷切的期望和期待。

谢娇杨：我在活动中参观了广富林文化遗址，还有青浦博物馆。每次活动之前，我们都会先展开阅读，再去探访，活动中领略到先贤的开明睿智，我们都深受震撼。

在广富林文化遗址，我们和《上海六千年》的作者仲富兰教授面对面交流。我当时提问，上海为什么有"沪"这样的一个简称？他告诉我，上海人民的生活跟水息息相关，"沪"是一种渔民捕鱼蟹的工具，所以上海才有"沪"的别称。水承载着上海城市的发展，体现了上海文化的演变。

我认为家乡是一个人的根，根在哪里情就应该在哪里。对家乡、对祖国有了更深的了解之后，让我们的家国情怀更加深厚，也更有利于我们传承和发扬家乡的传统文化。

问：你们参加过志愿者服务吗？对于感恩文化是怎样理解的？

魏琪：王荣华理事长给我们颁发叶克平奖学金时，他殷切地希望久隆学子们向善而行，得诸社会，还诸社会。我初中就来到久隆，已经在久隆的校园里生活了五六年。我们学校素来就有这样一个传统，星期五放学之后，每个班都会到街道社区去进行铲除小广告、捡垃圾等志愿服务。学校每年都会开展慰老活动，我们会带着节目走进养老院慰问老人，还会准备亲手制作的贺卡作为礼物，陪老人聊聊天、拍拍照。

对于社会各界爱心组织的帮助，我们一直都心怀感恩，并在日常生活的细节中付诸行动，比如说我们学校的校训是勤俭勤劳，我们每位同学每天都会做到"光盘"行动，以节约粮食来表达我们的感恩之心。

谢娇杨：我最开始参加社会服务活动，就是学校每周五组织的"四个一"志愿服务。还参加过学校组织的敬老院慰问活动，表演节目、陪老人聊天。后来，我也会在假期里自发参与志愿服务活动，在这个过程中，我能够越来越主动、勇敢地帮助他人，我觉得这也算是自己的进步。

2019年8月16日，在上海社科院国际问题研究所所长王健研究员的亲自带领下，久隆师生重温
"方舟之路"。王健所长向久隆学子详细介绍了1933-1941年间上海人民如何以仁爱和博大
的胸怀，接纳近2万民犹太难民，并与之患难与共、和谐相处的历史

附

录

上海市教育发展基金会

三十年大事记

（1993年5月—2023年9月）

1993 年

5月26日   市长黄菊在上海市教育工作会议的讲话中说，"发展教育需要投入"，"今年开始，政府在教育投入上要采取四项措施……第四，建立教育发展基金，欢迎海内外捐资助学，对企业、社会团体、个人捐赠款，政府要研究在政策上给予支持和鼓励"。

7月20日   沪府教卫〔1993〕第161号文件《关于建立"上海市教育发展基金"的请示》报送市政府。

8月24日   中共上海市委〔1993〕6号文件《关于深化上海教育改革的若干意见》中提出"鼓励和支持社会团体、企事业单位和公民个人以及境外人士投资办学、捐资助学"，"设立'上海市教育发展基金'"。

8月28日   副市长徐匡迪在沪府教卫〔1993〕第161号文《关于建立"上海市教育发展基金"的请示》上批示："同意建立教育基金，以国内外团体、个人捐款为主。"

8月30日   沪府办秘〔1993〕2102号文：上海市政府办公厅秘书处关于市政府教卫办〔1993〕第161号文办理情况抄告单。

8月31日   沪教卫〔1993〕第187号文件《关于设立"上海市教育发展

基金会"的请示》送中国人民银行上海市分行。

9月1日　第一届理事会第一次全体会议在市政府后厅会议室举行。会议通过《上海市教育发展基金会章程》《上海市教育发展基金会接受捐赠办法》《上海市教育发展基金会基金管理办法》等文件。理事会一致聘请市长黄菊担任基金会名誉会长，选举副市长谢丽娟为基金会会长。会议同时产生副会长22人，监事长1人，秘书长1人。

9月4日　基金会会长会议在上海教育国际交流中心举行，会长谢丽娟召集副会长、秘书长，开展专题研究和落实首批教育发展基金会的募集工作。

9月6日　中国人民银行上海市分行印发沪银金管〔1993〕5386号文件《关于同意成立上海市教育发展基金会的批复》。

9月10日　"庆祝教师节尊师重教暨教育发展基金筹资座谈会"在上海教育会堂讲演厅举行，会长谢丽娟主持。近百家大中型企业当即表态解囊助教。

9月11日　在由市政府教卫办与上海电视台"欢乐大世界"栏目共同主办的"希望在我心——为了下一代社会捐资大点播"电视直播晚会上，市委副书记陈至立为上海市教育发展基金会揭牌，宣告上海市教育发展基金会正式成立。会长谢丽娟等出席晚会。上海电视台大演播室、福州路外滩、淮海路国际购物中心设捐资点现场，海内外社会各界和广大市民踊跃捐款，捐款总额达1746.2149万元。

10月13日　宝山钢铁（集团）公司向基金会捐赠仪式暨振兴上海教育企业家联谊会在上海教育会堂讲演厅举行。宝山钢铁（集团）公司捐赠100万元。基金会第一个以企业名称命名的专项基金"上海市教育发展基金会宝钢基金"同时宣告设立。

11月1日　《文汇报》头条刊发《上海市教育发展基金会向关心支持教育的社会各界致谢》，报道称：上海市教育发展基金会自1993年9月11日成立以来的50天里，承蒙社会各界的厚爱和鼎力相助,目前共筹集资金和物资(含认捐资金)1800万元。

12月11日 第一届理事会第二次全体会议在上海教育会堂园竹厅举行,谢丽娟主持。会议通报并讨论基金会成立以来3个月的工作情况和1994年的工作计划。会议提出,到1994年底,募集教育发展基金1亿元。根据基金会章程设立的监事会,经理事会第二次全体会议表决通过,成立基金会监事会。

12月22日 基金会和中国工商银行上海市分行在工商银行营业部会议室就联合开展教育发展基金募捐活动举行签约仪式。

12月23日 基金会与中国人民建设银行上海市分行在上海教育会堂园竹厅举行"迎新恳谈会暨合作协议签字仪式"。建行将为教育基金的管理提供多种形式的服务,确保基金安全增值。

1994 年

2月8日 上海市民政局印发沪民社登〔1994〕第12号文件《关于同意成立上海市教育发展基金会的批复》。

3月2日 "上海市'94教育发展软课题研究资助仪式"在上海教育会堂园竹厅举行,决定资助上海教育发展软课题研究经费10万元。这是基金会成立以来的第一个资助项目。

3月3日 基金会名誉会长、市长黄菊为基金会题写祝词,祝愿基金会"再接再厉,不断开拓,继续争取社会各界的广泛支持,募集好、管理好、使用好教育发展基金会的每一分钱,为加快上海教育的改革和发展做出贡献"。

3月10日 上海市高教精英表彰大会在上海教育会堂讲演厅举行。基金会出资10.5万元奖励高教十大精英及提名奖获得者。市委副书记陈至立到会祝贺。

3月11日 基金会与中国农业银行上海市分行联合开展"上海市教育发展基金募捐活动签字仪式暨新闻发布会"在上海教育会堂

凌云厅举行。

3月12日 上海市医药公司向基金会捐赠暨上海市教育发展基金会市医药公司基金设立仪式在上海教育会堂凌云厅举行。上海市医药公司捐赠100万元。

3月29日 上海大众汽车有限公司向基金会捐赠暨上海市教育发展基金会上海大众基金设立仪式在衡山宾馆枫丹厅举行。上海大众汽车有限公司捐赠300万元。

4月21日 基金会与中国工商银行上海市分行联合开展"教育发展基金联合募捐活动捐赠颁证仪式"在上海教育国际交流中心举行，工行携500余家企业共募集资金2700余万元。

5月3日 基金会与中国人民建设银行上海市分行联合开展"教育发展基金联合募捐签约仪式"在锦江饭店北楼11楼东厅举行。

5月19日 耀中教育机构（香港）向基金会捐赠暨上海市教育发展基金会耀中基金设立仪式举行。耀中教育机构（香港）捐赠100万港元。

6月7日 上海轮胎橡胶（集团）股份有限公司向基金会捐赠暨上海市教育发展基金会轮胎橡胶基金设立仪式在上海教育会堂园竹厅举行。上海轮胎橡胶（集团）股份有限公司捐赠100万元。

6月18日 上海新世界-建设发展有限公司向基金会捐赠暨上海市教育发展基金会新世界-建设专项教育基金设立仪式在上海国际贵都大饭店唐厅举行。上海新世界-建设发展有限公司捐赠100万元。

7月4日 上海市金属交易所向基金会捐赠暨上海市教育发展基金会金交所基金设立仪式在上海物资贸易大厦举行。上海市金属交易所捐赠100万元。

7月6日 基金会与中国农业银行上海市分行联合开展教育发展基金联合募捐活动颁证仪式暨上海市教育发展基金会上海农行基金设立仪式在上海教育国际交流中心举行。中国农业银行上海市分行募集资金700余万元，并捐赠100万元。

7月13日 上海市经济委员会向基金会捐赠暨上海市教育发展基金会工业教育发展基金设立仪式举行。上海市经济委员会捐赠108.55万元。

7月15日 上海万国证券公司向基金会捐赠暨上海市教育发展基金会万国教育基金设立仪式在上海外国语大学国际文化交流中心举行。上海万国证券公司捐赠200万元。

8月16日 香港美孚石油有限公司向基金会捐赠7.5万美元，捐赠仪式在波特曼大酒店云石厅举行。

8月26日 上海工商银行上海市分行向基金会捐赠暨上海市教育发展基金会上海工行基金设立仪式在浦江饭店318室举行。上海工商银行上海市分行捐赠100万元。

9月7日 上海证券交易所向基金会捐赠1000万元。

9月9日 由市教卫党委、市教卫办、市教育发展基金会、东方电视台、上海教育电视台联合举办的"播撒辉煌——上海市庆祝第十届教师节晚会"在上海戏剧学院实验剧场举行，市委书记吴邦国等领导出席晚会。

9月10日 基金会在静安公园举行上海市尊师重教纪念碑奠基仪式，胡正昌、谢丽娟、刘恒椽等市领导出席仪式。纪念牌由市园林设计院设计，上海申银证券公司捐资32万元建造。

10月14日 上海市城市信用联社向基金会捐赠暨上海市教育发展基金会城市信用社基金设立仪式在上海教育会堂凌云厅举行。上海市城市信用联社捐赠100万元。

11月28日 香港著名实业家刘浩清携夫人孔爱菊向上海市教育发展基金会捐款仪式在宝山区顾村中学举行。捐赠1500万元，其中1000万元用于设立上海市教育发展基金会刘浩清基金。

12月1日 上海市教育发展基金会募集资金超一亿元新闻发布会暨资助上海市十大紧缺人才培训中心仪式在龙柏饭店举行。

谢丽娟宣布：截止至1994年11月底，基金会募集资金达到1.0071亿元。市委副书记陈至立到会祝贺，称"这是值得载入上海教育史册的一天"。基金会向上海市十大紧缺人才培训中心资助100万元，用以支持上海紧缺人才培训急需的教材和题库建设等。

12月1日 虹桥国际机场向基金会捐赠暨上海市教育发展基金会上海航空港教育基金设立仪式在虹桥国际机场举行。虹桥国际机场捐赠100万元。

1995 年

1月4日 上海浦东发展银行向基金会捐赠暨上海市教育发展基金会浦东发展银行设立仪式在浦江饭店318室举行。上海浦东发展银行捐赠100万元。

1月5日 基金会和上海三毛纺织股份有限公司向上海农村小学教师赠送由该公司生产的价值人民币112.5万元的"三蝶"牌毛涤哗叽2.5万米。

1月23日 香港上海实业（集团）有限公司向基金会捐赠暨上海市教育发展基金会香港上海实业基金设立仪式在上海高阳宾馆举行。香港上海实业（集团）有限公司捐赠100万港元。

2月28日 第一届理事会第三次全体会议在上海教育国际交流中心举行，由谢丽娟主持。会议听取并审议通过基金会1994年工作报告、财务审计报告，调整和增补若干副会长和理事。会议决定，从1995年起设立总金额为5000余万元的"上海高校跨世纪人才培养基金"等8大专项资助基金。

3月4日 由香港海派（中国）有限公司董事长徐展明等出资170万元人民币设立的上海市教育发展基金会徐展明优秀师范生助学金首次颁发仪式在华东师大图书馆举行。

4月 市人大常委会主任叶公琦为基金会题词"兴国大计，教育为本"。

5月16日 由基金会出资80万元、上海大学出资40万元的上海大学学生贷学金设立仪式在上海大学举行。全国政协副主席、上海大学校长钱伟长教授出席仪式。首批获得贷学金的学生共123名。

8月18日 由基金会主办的"百万市民寻师敬师活动"在上海教育国际交流中心开幕。百余家企事业单位捐资捐物近150万元。

9月8日 基金会出资40多万元资助的庆祝教师节表彰大会在友谊会堂举行,表彰一批在教育战线做出卓越贡献的全国劳动模范和市优秀教师。

9月9日 "上海市尊师重教纪念碑"落成仪式在静安公园举行。上海市尊师重教纪念碑体现"尊师、重教、兴国"的主题。

11月26日 1995年度"曙光计划"资助活动在复旦大学举行,第一届"曙光"学者共19名,资助110万元。

12月11日 上海市朝阳农场向基金会捐赠暨上海市教育发展基金会朝阳基金设立仪式举行。上海市朝阳农场捐赠100万元。

同日 上海精卫物资工贸公司向基金会捐赠暨上海市教育发展基金会精卫基金设立仪式举行。上海市朝阳农场捐赠400万元。

1996 年

3月16—17日 基金会第一届理事会第四次全体会议在工商银行常熟度假村举行。会议审议通过工作报告、财务报告,决定增补刘浩清为副会长。

4月27日 基金会资助的"建设与上海一流城市匹配的一流教育"课题研究发布会在上海教育会堂演讲厅举行。

4月30日 基金会在上海星特浩企业有限公司举行该公司向基金会捐赠及"上海市教育发展基金会星特浩基金"的设立仪式。上海星特浩企业有限公司向基金会捐赠500万元。

4月30日　由松江县大港经济联合总公司捐资100万元设立"上海市教育发展基金会大港人才培养基金"捐赠仪式举行。

5月22日　"上海市教育发展基金会上海大学学生贷学金颁发仪式"在上海大学演讲厅举行。基金会出资80万元,上海大学出资40万元。

9月7日　以"明珠璀璨东方"为主题的庆祝'96教师节广场晚会在东方明珠零米广场举行,晚会把基金会发起和组织的"'96百家企事业单位敬师活动"推向高潮。在这次活动中,基金会收到捐赠钱物总数达百万元。

11月14日　1996年度"曙光计划"项目资助仪式在交通大学桃李苑举行。获得资助的项目29个,资助经费190万元。

12月4日　龙华古寺明旸法师向上海市教育发展基金会捐赠仪式在龙华古寺举行。

12月7日　上海高校曙光学者联谊会成立大会在华东理工大学晨园。该联谊会是一个由曙光学者自发组织的,旨在加强上海高校曙光学者之间的学术交流和合作的学术团体。

12月24日　上海农工商集团星火总公司捐资200万元设立"上海市教育发展基金会星火基金"捐赠仪式在教育会堂春泥厅举行。

12月26日　上海商品交易所向基金会捐资100万元成立"上海市教育发展基金会商交所基金"仪式在华夏宾馆举行。

1997 年

1月6日　香港中信集团董事长荣智健向上海市教育发展基金会捐赠仪式在市政府第二贵宾楼举行。市长徐匡迪会见。荣智健向基金会捐赠1000万元港元。

2月3日　基金会资助上海外国语大学750万元建设一个高标准的外语培训中心的资助仪式在上海外国语大学国际文化交流中心举行。由基金会资助的这笔款项,是根据香港中信集团董事长荣智健的捐赠意向实施的。

3月26日 交通银行上海分行向上海市教育发展基金会捐赠暨上海交行基金设立仪式在太原别墅举行。交通银行上海分行向基金会捐赠100万元。

4月14日 上海市教育发展基金会上海基础教育科研基金资助仪式举行。由基金会资助的本市基础教育科研项目"绿叶计划"正式实施，启动首批50项有良好发展前景的教育科研项目，确定5个市级教育科研基地。

4月23日 上海市教育发展有限公司向上海市教育发展基金会捐赠100万元，"上海市教育发展基金会健生奖优帮困基金"同时成立。

5月5日 基金会出资1000万元设立的"上海市研究生教育基金"正式启动。

7月11日 上海市90年代紧缺人才培训工程工作会议召开。会上，通过关于资助上海市90年代紧缺人才培训中心的决定。

8月2日 第一届理事会第五次全体会议在龙柏饭店举行。会议听取工作报告、财务报告、审计报告和监事报告。正式聘请曹建明等三位律师为基金会常年法律顾问。

8月2日 "绿叶计划"项目资助仪式在龙柏饭店举行。由基金会资助40万元的本市基础教育科研"绿叶计划"正式启动。

9月7日 由交通银行上海分行、基金会和市教育工会联合推出的我国第一张教师认同卡"太平洋·教育VISA认同信用卡"在上海教育国际交流中心多功能厅举行首发暨赠卡仪式。交通银行上海分行基金会向本市高校两院院士和获得全国劳模的教师赠送"太平洋·教育金卡"，以感谢他们为教育事业做出的贡献。

9月8日 上海石油化工股份有限公司、大华会计师事务所在上海财经大学工会多功能厅向基金会捐赠300万元，"上海市教育发展基金会财大会计基金"同时设立。

同日	由基金会资助100万元，与上海市学位委员会和交通大学共同投资建造的本市第一个研究生教育基地"上海市研究生电子文献检索中心"在交通大学包兆龙图书馆二楼正式落成。
12月2日	1997年度"曙光计划"项目资助仪式在上海教育国际交流中心多功能厅举行。基金会向本市20所高校35个科研项目资助220万元。

1998 年

1月	根据香港中信泰富有限公司主席荣智健的捐资意向，由基金会赞助上海外国语大学800万元，并与上海外国语大学共同筹建的东方外语培训中心竣工。谢丽娟视察东方外语培训中心。
2月28日	上海市教育发展基金会资助紧缺人才培训中心仪式在市外经贸教育培训中心举行。市外经贸教育培训中心等8个计算机实验室正式揭牌。
6月6日	基金会和市教委在上海教育国际交流中心多功能厅召开"上海市教育系统再就业培训工作会议"。基金会出资500万元资助再就业培训，与市教委组织500所各类学校培训5万名下岗、转岗人员，正式启动再就业培训"三个五"工程。
7月5日	上海高校改善教师休息室工作现场会在交通大学召开。由基金会资助建设的交通大学两间教师休息室工作正式启用，这标志着全市39所高校对208间教师休息室改善装修工作全面启动。
9月8日	由基金会资助300万元，与上海市学位委员会和复旦大学、华东理工大学、上海第二医科大学共同建造的上海市研究生电子文献检索中心在华东理工大学晨园多功能厅同时揭牌。
9月17日	由基金会资助800万元，与上海外国语大学共同建设的"上

海东方外语培训中心揭牌仪式"在上海外国语大学新教学楼举行。

11月7日 1998年度"曙光计划"项目资助仪式在上海教育国际交流中心举行。基金会向本市24所高校48个科研项目资助318万元。

12月 上海紧缺人才培训工程初见成效。累计资助500万元，用于支持十大紧缺人才培训中心的建设，编写出版"90年代上海紧缺人才培训工程"系列教材，开发试题库软件，实施"两个十"工程等。

1999 年

2月5日 上海嘉士德·华海集团有限公司在新锦江饭店向基金会捐赠100万元，"上海市教育发展基金会嘉士德·华海基金"同时设立。

3月28日 第一届理事会第六次全体会议在上海教育会堂四楼讲演厅举行。会议听取并审议通过工作报告、财务预决算报告、监事报告。

同日 "上海市教育发展基金会嘉慧园"奠基仪式在武康路101号正式动工兴建。总投资3500万元的"上海市教育发展基金会嘉慧园"工程由刘浩清捐资建造。

4月18日 "'曹光彪星'命名典礼暨曹光彪先生向上海市教育发展基金会捐赠仪式"在静安希尔顿宾馆举行，中国科学院院长路甬祥，谢丽娟，基金会顾问李储文等领导出席仪式。在仪式上，曹光彪向基金会捐赠1000万元，谢丽娟宣布曹光彪为基金会副会长。

6月21日 上海市教育发展基金会倪葆春王淑贞基金设立仪式在上海第二医科大学举行。美籍华人倪宣文遵照父母遗愿，向基金会捐赠420万元。

9月28日	上海房地产行业教育委员会成立暨上海市教育发展基金会房地产教育基金设立仪式在房地产教育中心举行。房地产教育基金由基金会和上海市房屋土地管理局联合募集3000万元共同设立,这是本市企业设立的最大专项基金。
12月22日	基金会和市教委在上海教育国际交流中心举行"上海市教育系统再就业培训工程表彰会"。
同日	1999年度"曙光计划"项目资助仪式在上海教育国际交流中心多功能厅举行。基金会向48个科研项目获得资助329万元。

2000 年

1月3日	中国民生银行三周年行庆暨新大厦落成庆典上,中国民生银行上海分行将30万元捐赠给基金会。
1月14日	无锡小天鹅梅洛尼洗碗机有限公司向上海市教育发展基金会捐赠仪式在交大高科技大厦会议厅举行。
7月14日	基金会和上海市爱心工程基金会共同在莘庄镇政府举行"爱心工程青少年活动室"揭牌仪式。
12月2日	2000年度"曙光计划"项目资助仪式在上海教育国际交流中心举行。48个项目获得资助424万元。
12月5日	基金会代表团访问澳大利亚。

2001 年

9月22日	2001年度"曙光计划"项目资助仪式在永乐宫宣乐厅举行。53个项目获得资助446万元。
同日	嘉慧园大厦落成典礼在武康路101号举行。谢丽娟、王荣华、刘浩清夫妇和刘铁成为嘉慧园大厦落成典礼剪裁。
同日	第一届理事会第七次全体会议在清河宾馆芙蓉厅举行。会议

听取并审议通过工作报告、监事报告。

10月29日 上海市教育发展基金会薛祖恒教育文化基金设立仪式在上海中学举行，巴西华侨薛国俊代表薛祖恒向基金会捐赠100万元。

12月26日 谢丽娟接受荣智健向基金会捐赠的1000万元港元。

2002 年

7月5日 中国石化集团上海医药工业设计院向基金会捐赠兼职30万元的45台计算机仪式。基金会将这批计算机分别转赠给我国西部贵州省、宁夏回族自治区部分贫困地区的中小学，支持当地教育发展。

7月6—11日 2001年度"曙光计划"项目研讨会在贵州省举行。研讨会期间，众多学者倡议每人捐500元以上，在革命老区建立一所曙光希望学校。

8月9—20日 理事长谢丽娟率团赴巴西访问，13日与薛祖恒先生商讨捐赠事宜。

11月7日 由基金会和上海市青少年科普促进会共同设立的上海市青少年科普促进奖颁奖仪式在上海科学会堂思南楼举行。

11月7—8日 由基金会、上海市科学技术委员会、上海市教育委员会、上海市科学技术协会共同主办的"动手做"教育论坛在上海科学会堂举行。

12月20日 2002年度"曙光计划"项目资助仪式在复旦大学举行，向"曙光计划"49位项目承担人、"曙光计划"跟踪资助的8位"曙光"杰出人才、12位"曙光"优秀学者及获曙光优秀组织奖的复旦大学和华东理工大学科技处颁发证书。

2003 年

1月20日 基金会在上海市久隆模范中学举行首届自强奖颁奖仪式,70名学生获得自强奖学金,61名教师获得自强奖教金。全国政协副主席、中国工程院院长徐匡迪出席。

2月25日 上海市爱心工程青少年活动室授牌仪式在市爱心工程长风青少年活动室举行。

7月21-27日 第八届"曙光计划项目"研讨会在江西举行。21日,举行安源"曙光"希望小学落成剪彩仪式,基金会和"曙光"学者联谊会捐款20万元,基金会向部分师生颁发助学金、奖学金和奖教金。

8月28日 普天集团向上海市教育发展基金会捐赠卫星网络仪式暨2003年北航远程教育普天校外学习中心开学典礼在上海商城剧场举行。副市长严隽琪,谢丽娟出席。

9月4日 上海汽车工业(集团)总公司向基金会捐赠100万元设立专项基金。

10月26日 第二届理事会第一次全体会议在上海教育会堂举行。会议听取工作报告、监事报告,审议通过工作报告和修改章程。

11月8日 基金会《简报》改版,《动态与信息》创刊号印发。

11月27日 2003年度"曙光计划"项目资助仪式在瑞金医院科教大报告厅举行,53个项目获得资助516万元。

12月6日 "上海青少年纵横码汉字信息技术引用培训中心成立暨首届上海市青少年纵横码汉字输入竞赛颁奖大会"在上海少科站举行。副市长严隽琪、谢丽娟、香港苏浙同乡会会长周继忠、香港永新企业有限公司董事长曹光彪等出席。

2004 年

2月10日 基金会在上海市久隆模范中学举行第二届自强奖颁奖仪式,

70名学生获得自强奖学金，61名教师获得自强奖教金。全国政协副主席、中国工程院院长徐匡迪出席。

2月21日 第二届理事会第一次常务理事会在基金会办公室举行。会议听取关于基金会资金、资产请款和2004年工作初步意见的汇报，讨论产房教育基金的有关问题等。

2月28日 谢丽娟在宣布"曙光计划—难题招标专项"中标单位上讲话。

3月 基金会正式启动上海市学校德育决策咨询研究项目，每年出资20万元资助。市委副书记殷一璀在上海市高校学生德育工作交流会暨"上海高校德育研究中心"揭牌仪式上讲话。

5月19日 基金会在上海远程教育集团举行仪式，向上海远程教育集团资助价值750万元的卫星通信设备。

6月4日 上海市教育发展基金会资助仪式暨斯坦威钢琴开音仪式在上海音乐学院附中举行。基金会出资50万元帮助购置斯坦威大演奏琴。

6月10日 "上海市教育发展基金会特殊教育基金奖教金颁发仪式"在上海盲童学校举行。上海市盲童学校和上海市聋哑青年技术学校227名教职工获38万元资助。

6月29日 "上海市德育决策咨询研究项目颁证仪式"在市教委多功能厅举行。基金会出资40万元资助本市学校德育决策咨询项目研究，并向30位承担人颁发证书。

9月7日 市科教党委、市教委在市教委大礼堂举行上海市先进教师暨捐资助教先进表彰大会，表彰本市教育系统模范教师、优秀教师、师德标兵、优秀教师工作者，为全国和上海市的各类各级教育奖项及捐资助教的先进颁奖。基金会名誉会长、市委副书记殷一璀向曹光彪、刘浩清等颁奖。基金会出资近百万元奖励首届市师德标兵和育才奖等获得者。

11月8日 基金会在上海市久隆模范中学礼堂举行第三届"自强奖"颁奖仪式，70名学生获得自强奖学金，70名教师获得自强奖教金。全国政协副主席、中国工程成员院长徐匡迪携夫人许珞萍,谢丽娟等出席。

12月29日 基金会和富国基金管理有限公司向上海市盲童学校、上海市聋青技术学校赠车仪式在上海市盲童学校举行。

同日 由基金会和上海科技成果转化促进会举办的"企业难题招标签约暨聘任专家、网站开通仪式"在市政协丽都坊举行,首批11个项目中标签约,上海科技成果转化促进会专业网站开通。市政协主席蒋以任出席。

2005 年

1月11日 2004年度"曙光计划"资助仪式华东师范大学举行。56个曙光项目、9个曙光跟踪项目、7个曙光产学研项目获得总额802万元的资助。

2月1日 上海教育资源库试运行和上海教育卫星网络运营中心揭牌暨中国国家培训网长三角地区培训管理中心揭牌仪式在上海远程教育集团学习广场举行。

2月27日 市教委、市劳动和社保局和基金会在南湖职业学校召开上海市"星光计划"助学奖学金颁奖会。500名学生获得首届"星光计划"奖学金,每人1000元。

3月20日 上海市"星光计划"第一届中等职业学校学生技能比赛开幕式在南湖职业学校举行。

3月26日 第三届理事会第一次全体会议在教育会堂举行。会议听取工作报告、监事报告,通过第三届理事会领导人员组成名单、监事会名单和顾问、名誉副理事长、名誉理事、副秘书长名单,通过修改后的章程,决定聘请常年法律顾问。

4月24日 由基金会倡议并与市教委、市劳动和社保局共同出资、主办的上海市"星光计划"第一届中等职业学校学生技能比赛闭幕式在上海戏剧学院实验剧场举行。本次比赛共有2700多人次获得各类奖项。

5月28日 刘浩清先生铜牌落成暨顾村中学六十周年庆典在顾村中学举行。谢丽娟，市政协副主席、基金会顾问王荣华，常务副理事长薛喜民、副理事长刘浩清等出席。

6月24日 基金会聘请张悙太为基金会常年法律顾问。

8月5日 谢丽娟在广东会见香港苏浙同乡会名誉会长周忠继，周忠继向基金会捐赠50万元。

8月16日 上海市社区教育（卫星）网络暨终身教育系统公共平台区（县）中心节点开通仪式在上海远程教育集团学习广场举行，副市长严隽琪，谢丽娟等出席。由普天集团捐赠并由基金会投资上海远程教育集团的卫星通讯设备正式投入运行。

8月26日 36位知名画师向基金会赠画仪式在上海中国画院举行，画师们共捐出53幅作品，价值40万元。上海中国画院院长施大畏向基金会理事长捐款，并赠送画师们合作创作的《三友图》。

10月27日 由基金会资助100万元，在上海音乐学院设立的"音乐教育科研基地"和"音乐教师培训中心"和"音乐教育多媒体技术教室"正式启动，"音乐教师培训中心"和"音乐教育多媒体技术教室"在上海音乐学院小音乐厅举行揭牌仪式。

11月3日 由基金会和市科促会举办的"促进科技成果转化—联盟计划启动暨聘任专家仪式"在市政协文化俱乐部举行，"联盟计划"正式启动。市政协主席蒋以任出席。在仪式上，上海埃力生（集团）公司等5家企业向基金会捐赠420万元。

11月19日 "曙光计划"实施十周年庆祝大会在华东理工大学举行，市政协主席蒋以任，市委副书记、基金会名誉理事长殷一璀，谢丽娟等出席并讲话。王如竹等25位学者获得"曙光奖"。

2006 年

1月9日　2005年度"曙光计划"项目资助仪式在华东政法学院举行，本市高校55名青年骨干教师获得548万元资助。

1月11日　由基金会和上海市科促会举办的"联盟计划—难题招标专项颁证仪式"在市政协文化俱乐部举行，25个项目中标。

3月13日　基金会搬迁至新办公地点：斜土路2084弄7号3楼。

4月18日　上海市教育发展基金会三得利国际集团奖学基金捐赠仪式在花园饭店举行，向复旦大学、交通大学、同济大学、上外国语大学学子捐资384万元。

5月23日　上海市教育发展基金会源恺助学基金设立暨颁发仪式在同济大学逸夫楼举行。上海源恺（集团）有限公司向基金会捐赠100万元。

6月3日　第三届理事会第二次全体会议在申银万国证券有限公司会议室举行。会议听取审议工作报告、监事报告等。

8月4-5日　2006年全国纵横汉字输入大奖赛在东方世纪学校举行。

12月22日　上海科技成果转化促进会、基金会在市政协江海厅联合举行"红双喜'联盟计划—难题招标专项'颁证暨聘任专家仪式"，市政协主席蒋以任，谢丽娟等出席。在仪式上，市政协领导为"联盟计划"12所高校和28家企业颁发中标证书，向"联盟计划"捐助单位市烟草（集团）公司颁发荣誉证书。

12月26日　2006年度"曙光计划"项目资助仪式在上海大学举行。56个曙光项目、13个曙光跟踪项目获得资助768万元。

2007 年

5月19日　第三届理事会第三次全体会议在上海教育会堂举行。会议听取、审议工作报告、监事报告，并通过工作报告，聘请沙麟为基金会顾问。

6月5日	上海市教育发展基金会"晨光计划"项目发布会在上海交通大学医学院举行。
7月25日	一项在强生家庭健康关爱计划的支持下，由基金会和市教委共同组织的幼儿园教师和保育员疾病救助的培训"护苗计划"启动仪式在上海远程教育集团会议中心举行。此举为全国首例。
10月11日	上海市教育发展基金会上海中国画院高校美术奖学金设立暨颁奖仪式在上海师范大学举行。来自华东师范大学、上海大学、上海师范大学三所高校美术专业的116名优秀学生获得20万元奖学金。
11月16日	"山花工程"大青山助学行动捐助会在内蒙古自治区呼和浩特市新城宾馆举行。其中，基金会落实上海源恺集团头衔公司捐助100万元。
11月28日	2007年度"晨光计划"项目资助仪式在交大医学院举行，本市高校96位青年教师获得448万元资助。
12月27日	2007年度"曙光计划"项目资助仪式在上海音乐学院举行。57名青年学者获得655万元资助。
12月29日	基金会全体理事会议在上海教育会堂举行。

2008 年

1月11日	为了贯彻落实党的十七大精神以及全国社会组织建设与管理工作经验交流会议精神，总结交流加强基金会建设的主要工作和经验，进一步推进基金会发展与管理工作，市政府市政府礼堂召开基金会发展与管理工作专题会，副市长周太彤召开出席。会议通报近年来上海基金会建设与管理工作情况，上海市慈善基金会、上海文化发展基金会、上海市教育发展基金会等交流发言，介绍典型经验，并提出相关意见和建议。

2月25日	上海高校优秀思想政治教育工作者表彰大会暨2008年上海德育论坛在上海电视大学举行。作为"阳光计划"内容的一部分，资助20万元用于表彰上海市高校优秀思想政治教育工作者。
3月15日	青年总裁协会上海分会与基金会共同策划慈善拍卖活动，拍得善款50多万元捐赠基金会，基金会将把收到的全部捐款用以农民工子弟学校的图书馆建设。
4月19日	第三届理事会第四次全体会议在上海师范大学举行。会议听取、审议并通过工作报告和监事报告，提出建议和要求，讨论2008年的工作。
5月15日	在市民政局举行的本市社会组织抗震救灾捐赠仪式上，基金会向灾区捐赠50万元。
7月4日	市民政局、市社团管理局在上海展览中心举行上海市社会组织规范化建设评估试点工作总结推进会，首批试点的上海市教育发展基金会等7家社会组织获得5A等级证书。
9月13日	上海市教育发展基金会成立15周年庆祝晚会在上海音乐学院举行。副市长沈晓明、市政协副主席钱景林、谢丽娟、市委副秘书长姜樑等出席。会上，市领导为上海烟草（集团）公司等7家做出贡献的捐资助教单位和上海市盲童学校涂传法等21位特殊教育基金奖教金一等奖获得者颁奖，上海百事可乐饮料有限公司等14家捐赠单位和个人现场捐赠1831万元，闵行区民办弘梅小学等10所招收农民工同祝子女的小学图书室得到资助。
12月13日	青年总裁协会上海分会与基金会在汉密尔顿之家（Hamilton House）酒店共同举办圣诞慈善拍卖会，现场拍得善款近70万元捐赠基金会，用以继续帮助农民工子女学校的建设。
12月19日	为纪念改革开放三十周年，由市社团局主办，基金会、国联安基金管理有限公司承办的"基金理财与中国股市趋势报

告会"研讨会在金茂盛融游艇俱乐部举行。

12月23日 2008年"曙光计划"项目资助会在上海师范大学举行。56个曙光项目、14个曙光跟踪项目获得总额达952万元的资助。

2009 年

1月6日 市民政局在市政府大礼堂举行首届"上海慈善大会",俞正声、韩正、刘云耕、冯国勤、殷一璀、陈铁迪、丁薛祥、胡炜、胡延照、谢丽娟等领导接见获奖代表,并与获奖代表合影留念。上海市教育发展基金会获得上海"慈善组织奖"。

3月25日 上海市教育发展基金会冯水康奖学金设立暨颁发仪式在上海师范大学天华学院举行。

4月29日 上海市教育发展基金会东华大学周华盛教育基金设立仪式在东华大学举行。周华盛向基金会捐赠2008和2009年度的捐赠款,总额为1200万元。这是基金会通过社会捐资助教在一所高校中资助强度最大、资助面最广的专项教育基金。

5月16日 第三届理事会第五次全体会议在上海交通大学医学院举行。会议听取、审议并通过工作报告、财务预决算报告,讨论2009年工作。

6月17日 基金会在上海交通大学浩清大厦举办"金融危机与上海两个中心建设"大型报告会。

9月1日 上海援建的四川省成都市都江堰市灾后重建学校在北街小学举行统一的竣工交接仪式暨2009秋季开学典礼,由光明食品集团出资2000万元,通过基金会捐赠给都江堰市重建的光明团结小学正式开学。

9月18日 2009年度上海市育才奖颁发仪式在上海教育会堂举行。共有73所高校305名优秀教师获得"育才奖"。

11月21日 庆祝叔蘋奖学金创立七十周年暨纪念创始人顾乾麟先生拜

年诞辰大会在市三女中举行。市政协副主席钱景林、谢丽娟等出席。

12月12日 青年总裁协会上海分会与基金会在外滩5号酒店举行圣诞慈善拍卖会。拍得善款80万元,捐赠给基金会。

12月18日 基金会和市教委在上海电力学院举行2009年"曙光计划"项目资助会。56位学者获得资助,资助总额为620万元。

2010 年

2月6日 基金会在梅园村召开第三届理事会理事联谊会。

4月12日 上海市教育发展基金会冯水康奖学金在上海师范大学天华学院举行。582名学生获得奖学金,资助奖学金金额为90万元。

4月17日 第三届理事会第六次全体会议在上海银行会议厅举行。会议听取、审议并通过工作报告、财务预决算报告,讨论2010年工作。会议上,基金会与上海银行联合举行上海市教育发展基金会网站暨网上捐赠平台开通仪式。

6月2日 2009年度"阳光计划"颁证会暨2010年度"阳光计划"工作部署会在上海师范大学举行。20位思政教师入选2009年度"阳光计划"项目。

8月25日 上海国美电器有限公司在上海市教育会堂向基金会首次捐赠500万元,用于本市教师购买电器的专项补贴。

9月28日 市教卫党委、市教委和基金会在上海师范大学举行"追求卓越,再创辉煌"——"曙光计划"实施15周年座谈会。市委副书记、基金会名誉理事长殷一璀,副市长沈晓明,市政协副主席钱景林,谢丽娟等出席会议。

12月11日 第三届"青年总裁协会上海分会2010年圣诞慈善拍卖会"在上海思南公馆举行。此次慈善会共募集到善款120万元,将向基金会捐赠,用于援助上海市农民工子弟学校的学生,为农民工子弟学校改善办学条件。

12月28日 2010年度上海市教育发展基金会"源恺励志奖""源恺自强助学金"颁发仪式在金鼎学校举行。本市部分区县的农民工同住子女2000名获得"源恺励志奖"100万元的资助,本市29所特殊教育学校的学生500名获得50万元的资助。

12月29日 2010年度"曙光计划"项目资助仪式在同济大学举行,56个"曙光计划"项目、24个"曙光跟踪"项目获得总金额1102万元的资助。

2011 年

3月22日 上海市教育发展基金会精锐教育奖学金设立暨颁发仪式在上海师范大学举行。精锐教育集团向基金会捐赠100万元。

8月3日 "上海国美电器有限公司向上海市教育发展基金会捐赠仪式"在上海教育会堂举行,上海国美电器有限公司再次捐资800万元,为上海教师购买电器提供总价最高10%的现金补贴。

8月6日 第三届理事会第七次全体会议和第四届理事会第一次全体会议在上海师范大学举行。会议总结第三届理事会的各项工作,依法选举产生第四届理事会领导班子,部署新一届理事会工作任务。王荣华当选为第四届理事会理事长。

9月8日 由基金会资助的"喀什双语教育上海奖教基金"首次表彰大会在新疆莎车县举行,上海市副市长沈晓明,新疆维吾尔自治区喀什地委委员、行署常务副专员叶林,喀什地区教育局党工委书记杨小林,市教委主任薛明扬等出席大会。

11月4日 上海市科技成果转化促进会、上海市教育发展基金会、上海市促进科技成果转化基金会在市政协联合召开"2011年技术转移创新论坛——产学研专场暨优秀项目表彰、新聘专家颁证大会"。全国政协常委、上海市促进科技成果转化基金会理事长、上海市科技成果转化促进会名誉会长蒋以任，上海市科技成果转化促进会会长、上海市教育发展基金会理事长、上海市促进科技成果转化基金会第一副理事长王荣华出席会议并讲话。12个项目分别获得一、二、三等奖和入围奖。大会向25位新品专家颁发证书。

2012 年

3月17日	第四届理事会第二次全体会议在上海师范大学会议中心举行。会议听取、审议并通过工作报告、财务决算预算报告，并听取监事报告。会议决定第四届理事会五年工作总体思路。
同日	"查理文化基金设立仪式"在上海师范大学会议中心举行，该基金由上海查理文化交流中心向基金会捐赠100万元设立。
4月11日	第二届"上海慈善奖"的评选表彰活动在上海世博中心举行。中共中央政治局委员、上海市市委书记俞正声，市委副书记、市长韩正出席。基金会"帮困奖励计划"荣获"上海优秀慈善项目"。
4月24日	2011年度"曙光计划"项目资助仪式在上海师范大学举行。57名青年学者获得资助，资助金额达605万元。
5月2日	"2011上海大学生'年度人物表'表彰会暨2012年度'博雅讲堂'启动仪式"在复旦大学光华楼举行。
10月23日	中国商用飞机有限责任公司"大飞机助学金"设立暨颁奖仪式在上海中学举行。
11月28日	上海市教育发展基金会第十一届"自强奖"颁奖仪式在上海市久隆模范中学举行。全国政协副主席、中国工程院主席团名誉主席徐匡迪院士及夫人许珞萍、王荣华、闸北区委书记方惠萍、闸北区政府区长翁祖亮等出席。
12月25日	"上海产学研合作优秀项目"表彰会在市政协举行。10个优

秀项目获得奖励。

2013 年

3月15日 市民政局、市社团局授予204个社会组织为"上海市先进社会组织",基金会名列其中。

3月30日 第四届理事会第三次全体会议暨捐赠仪式在市政协会议室举行。会议听取、审议并通过工作报告、财务决算预算报告,并听取监事报告。会议决定办好基金会二十周年庆典等。精锐国际教育集团向基金会捐赠200万元。

5月20日 "为明天,为民族,为圆梦"上海市教育发展基金会20年发展巡礼宣传片。

5月24日 2012年度"曙光计划"项目资助仪式在华东理工大学举行。47名青年学者获得资助,资助金额515万元。

6月27日 基金会组织召开本市教育类基金会枢纽型组织建设座谈会。本市十余家教育类基金会代表应邀出席。市社团局基金会管理处负责人充分肯定本市教育类基金会以联谊活动的形式进行交流的积极意义。

6月4日 基金会搬迁至新办公地点:陕西北路80号(威海路口)第二工业大学内办公。

9月8日 王奇会见叔蘋基金理事长顾家麒,双方签订"叔蘋同学会捐赠协议",叔蘋同学会同意原来委托管理的1000万元港元转为捐赠资金。

同日 "教育点亮梦想——2013年上海市庆祝教师节主题活动"在东方艺术中心举行。市人大常委会副主任钟燕群、副市长翁铁慧出席。基金会20周年庆相关内容在晚会的第二篇章"强师梦"的开场部分得以呈现。首届曙光学者钱旭红、1998届曙光学者吴志强交流发言。

9月 月星集团向基金会捐赠价值达56万元的办公家具,为基金

会更好地从事教育公益事业创造良好的办公条件

11月18日 值基金会成立二十周年之际,基金会正式推出《上海市教育发展基金会》会刊,王荣华题写刊名。

12月27日 上海市教育展基金会大众奖励基金设立仪式在同济大学举行。上海大众汽车公司向基金会捐赠1100万元,其中300万元作为"上海大众基金",继续资助品学兼优的学生,另外800万元则将用于支持同济大学、上海交通大学的"预备工程师联合培养""国际交流助学"两个项目。

2014 年

1月25日 第四届理事会第四次全体会议举行。会议审议并通过修改后的《章程》,向上海大众汽车有限公司、上海源恺(集团)有限公司、上海精锐国际集团、上海英盛实业有限公司、香港爱国实业家荣智健、刘浩清、顾家麒和曹光彪等8家单位和个人颁发基金会成立二十周年"捐资助教突出贡献奖"。

3月5日 市教委首次把"曙光计划"作为科技创新计划项目由市财政拨款资助,为帮助各高校科研管理干部指导"曙光计划"项目承担着按要求进行项目立项申请并正确使用所获科研资助款,基金会与市教委联合组织各高校科研管理干部在基金会进行2013年度"曙光计划"项目立项培训。

3月22日 第四届理事会第五次全体会议在基金会会议室举行。会议听取、审议并通过工作报告、财务决算预算报告,并听取监事报告。会议首次提出要秉承"为明天、为希望、为圆梦、为光辉、为民族、为永恒"的价值理念与追求,凝心聚力增强信心谋发展,遵循"聚财、汇智、促善、育人"的八字工作方针,力争各项工作取得新进展。

同日 上海市教育发展基金会尚志基金设立仪式在基金会会议室举行。市慈善基金会理事长冯国勤为"尚志基金"揭牌。原市委常委朱达人出席。冯国勤在讲话中高度赞赏基金会资助资金使用的高效率。

6月26日 基金会圆满通过5A级社会组织规范化建设评估工作。

10月31日 2014年第四届"上海公益伙伴日"活动开始,基金会首次在"公益伙伴日"亮相。

11月8日 叶克平教育基金设立仪式暨《掬水留香》一书首发仪式在市政协议事中心白玉兰厅举行。市政协主席蒋以任等出席。

11月17日 香港周忠继再度向基金会捐赠200万元港元,用于基金会设立的纵横码专项教育基金。

2015 年

1月17日 第四届理事会第六次全体会议。会议通报2014年度主要工作,介绍2015年工作设想,听取征求理事对理财项目、资产管理及2015年工作设想的意见和建议。

3月28日 第四届理事会第七次全体会议在基金会三楼会议室举行。会议听取、审议并通过工作报告、财务预决算报告、《关于将"嘉慧园"建造支出费用由"在建工程"转入固定资产核算的报告》。审议通过市财政局副局长金为民为监事长,并听取监事报告。

4月9日 叔蘋奖学金基金会向基金会捐赠物业签字仪式在上海锦江饭店北楼举行。香港顾氏家族传承顾乾麟先生的精神,将位于天山路的两幢总面积约660平方米的房屋捐赠给基金会,用于支持教育事业。

同日 上海纵横码推进工作专题会议在基金会三楼会议室举行。谢丽娟、王荣华出席。

5月 基金会首次获得"上海市教卫工作党委系统文明单位"荣誉称号。

7月7日 上海市教育发展基金会曹鹏教育基金设立仪式在上海东方

艺术中心举行。

8月21日 王荣华率队赴江西萍乡麻田教育园区调研，并出席麻田上海
隆波第四希望学校落成仪式。江西省政协主席黄跃金会见
上海调研团。

9月11日 上海市庆祝第31个教师节新教师宣誓仪式暨尊师重教纪念
碑修缮揭幕活动在静安公园举行。静安区委书记孙建平和
全国教书育人楷模于漪共同为新修缮的尊师重教纪念碑和
"捐赠墙"揭幕。全市250名新教师在于漪老师的带领下庄
严宣誓。

10月13日 叶克平雕像落成揭幕仪式在上海中学举行。铜像上雕刻的
"没有对学生的爱，就没有教育"是叶克平校长为上海中学
留下的教义。

12月31日 王荣华率队赴上海视觉艺术学院调研考察。双方在艺术智
库、登高计划、科研工作和师资队伍建设等方面进行讨论和
交流，基金会表示要对优质的民办高校给予支持和支撑。

2016 年

1月27日 上海市教育发展基金会琼瑶文化基金成立仪式在上海交通
大学钱学森图书馆举行。该基金旨在加强青年学生诚信教
育，鼓励原创，弘扬慈善文化，积极帮困助学。

2月1日 王荣华新作《新智库的探索与实践》出版座谈会在市政协委
员活动中心举行。该书完整记录王荣华在上海社会科学院主
持智库建设的探索与实践。

3月19日 第四届理事会第八次全体会议和第五届理事会第一次全体
会议在市政协举行。听取并通过工作报告、财务预决算报
告、监事报告、修改《章程》，选举产生第五届理事会理事，
王荣华连续当选为理事长。

4月28日 上海市基础教育助力"新秀"教师教学展示与教学论坛（语

文专场）在上海市行知中学举行。王荣华、于漪出席。

6月29日 "曙光计划"学术交流研讨会在上海视觉艺术学院举行。会议向2015届"曙光计划"项目承担者颁发证书。

10月17日 上海市教育发展基金会会"新疆学子成长创业基金"启动仪式在上海科学会堂举行。上海新沪商联合会向基金会捐赠签约仪式举行。该基金关注西部青年人才培养，加强对口支援工作的支持和期许。

11月21日 基金会接受上海中学校友何庆余先生房产捐赠公证书。

12月17日 第五届理事会第二次全体会议在基金会三楼会议室举行。会议表决通过申请认定基金会为慈善组织、《章程》的修改，张晓琪为新的理事兼副理事长。

2017 年

2月17日 基金会与中共上海市委宣传部、市教卫党委召开专题会议，就联合实施"上海马克思主义理论学科发展支持计划"进行深入交流。

3月6—9日 王荣华、燕爽、高德毅率领沪上高校、社会科学院知名专家学者三十余人赴安徽开展主题为"纪念改革开放四十周年"的国情调研活动。国情调研活动由基金会专项资助，旨在通过国情调研，帮助马克思主义教学研究人员提高理论联系实际的能力，上好思政课，讲好新时代的中国故事。

3月9日 上海市教育发展基金会工作汇报会在市教卫党委31楼大会议室举行，市教卫党委、市教委、基金会领导就基金会发展现状、需要解决的税收配套等问题共话合作与发展。

3月21日 王荣华主持申报的"上海教育类基金会枢纽型社会组织管理模式研究"获上海市哲学社会科学规划重大委托课题立项（2017WJF001）。该课程将开展启动上海教育类基金会枢纽型组织建设专项研究。

3月25日	第五届理事会第三次全体会议在基金会三楼会议室举行。会议审议并通过工作报告、财务预决算报告,听取监事报告,并举行基金会新版网站开通仪式。
4月19日	"陆家嘴金融城未来金融家"高校新秀实习活动启动仪式在上海中心大厦举行。
4月	由上海市教育发展基金会曹鹏教育基金、上海市慈善基金会、上海曹鹏音乐中心共同举办的"爱在城市——关爱自闭症慈善音乐会"在上海大剧院上演。音乐会开始前,中国儿童少年基金会向上海市教育发展基金会曹鹏教育基金捐赠价值28万元的乐器,专门用于自闭症儿童行为矫正的公益帮扶。
5月10日	"上海市马克思主义理论学科发展支持计划"新闻通气会在基金会三楼会议室举行。会上,基金会、上海市中国特色社会主义理论体系研究中心、上海市学生德育发展中心共同启动"上海市马克思主义理论学科发展支持计划",基金会将每年出资500万元,连续三年,累计资助1500万元,用于资助这一计划的实施。
6月14—16日	王荣华率基金会代表团前往香港,开启"感知、感悟、感恩"之旅,旨在大写长期支持教育公益事业、支持基金会发展的老一辈捐赠者及其后代,激励年轻一代企业家和青年领袖积极投身教育公益事业。
6月21日	上海市教育发展基金会资助上海视觉艺术学院签署"登高计划"专项资助协议在上海视觉艺术学院徽派状元楼会议厅举行。
7月3日	国家教材委员会正式成立,王荣华受聘担任国家教材委员会专家委员。
7月5日	2017年"曙光计划"项目资助仪式暨学术交流会在上海体育学院举行。有56名青年学者获得资助。
8月17日	"上海爱立诚教育投资发展有限公司捐赠仪式"在基金会三

楼会议室举行。该公司向基金会捐赠1000万元（原则上分10年支付）。

9月8日 "上海市马克思主义理论学科和马克思主义学院建设工作推进会"在市委党校举行。基金会资助的"上海市马克思主义理论学科专项支持计划"入选者颁证仪式举行。

12月2日 叔蘋奖学金（上海）第83—84期颁奖大会在复兴高级中学举行。上海叔蘋同学会常务副会长徐昀昉向基金会赠送《薪火——老一代叔蘋人的采访实录》一书。

12月23日 第五届理事会第四次全体会议在基金会三楼会议室举行。会议听取2017年工作简要回顾，讨论2018年工作要点。

2018 年

1月15日 王荣华率队赴复旦大学陈望道旧居进行专题调研活动。

1月 王荣华被聘任为国家教材委员会思想政治审议专家委员会主任。

3月6–9日 由王荣华、市委宣传部副部长燕爽、市教卫党委副书记高德毅和市社联副主席解超带队，赴安徽开展主题为纪念"改革开放40周年"的国情调研活动。

3月24日 第五届理事会第五次全体会议在基金会三楼会议室举行。会议审议并通过工作报告、财务预决算报告，听取监事报告等。

3月31日 王荣华出席中国常熟世界联合学院2018年慈善拍卖晚宴，支持上海市教育发展基金会常熟UWC基金的工作。

4月16日 "上海市教育发展基金会高校就业创业基金设立仪式"在基金会三楼会议室举行。

5月5日 基金会资助的"品真理之味溯信仰之源"——复旦大学陈望道旧居修缮展陈项目捐赠仪式在复旦大学《共产党宣言》展示陈列馆室外草坪举行，基金会向复旦大学捐赠550

万元。

6月25日　徐匡迪院士将第十二届光华工程科技成就奖奖金100万元悉数捐给上海久隆模范中学。市委副书记尹弘、谢丽娟、王荣华、静安区委书记安路生、区长陆晓栋等领导以及社会各界爱心人士共同参加捐赠仪式。

6月29日　基金会举行专题金融形势分析报告会，上海银行原副行长、资深金融家王世豪作"世界百年未有之大变局——中国金融新挑战和新战略"的报告。

8月19日　上海地方志普及读本系列《上海六千年》新书发布会在2018上海书展举行。该书由市方志办主编，基金会资助，仲富兰教授编著。

9月8日　"致敬最美教师——上海市庆祝第34个教师节主题活动"在上海大学伟长楼举行。市委副书记尹弘、副市长翁铁慧、市政府副秘书长宗明等出席。于漪获市政府"教育事业杰出贡献奖"，曹鹏、徐根宝获基金会"关爱青少年成长特别贡献奖"。

9月9日　"99公益日"关爱自闭症儿童一起捐活动在五角场万达中庭广场举行。

11月3日　上海市教育发展基金会"关爱青少年健康成长公益音乐会暨表彰仪式"在复旦大学相辉堂举行。市政协主席、上海市慈善基金会理事长冯国勤，副市长翁铁慧为曹鹏、徐根宝颁发首届关爱青少年成长特别贡献奖金质奖章。基金会向获得者各奖励25万元。

11月22日　为加强对资助项目的跟踪与管理，推进艺术教育智库建设，助力上海视觉艺术学院"登高计划"的有效管理，艺术教育智库建设工作推进会在基金会三楼会议室举行。市委宣传部部长胡劲军出席。

12月3日　由基金会、上海学生阅读联盟主办的"青衿书院"第十四期读书会在上海市久隆模范中学举行。本期读书会围绕"上海人文传统与城市精神"这一主题,邀请《上海六千年》作者仲富兰担任读书的主讲嘉宾。书会前,上海市教育发展基金会第十七届"自强奖"颁发仪式暨"红色之旅"汇报会举行。会议确定该校为"上海六千年"之旅系列实践活动试点学校。

12月22日 第五届理事会第六次全体会议在基金会三楼会议室举行。会议审议并通过基金会《章程》修改草案,听取工作回顾,并征询理事对2018年工作的建议和意见。

12月28日 由市教卫党委、市教委指导,市教育发展基金会、市中小幼教师奖励基金会主办、市教师学研究会承办的"人民教育家于漪教育思想研讨会"在上海开放大学举行。王荣华作主旨报告,首次提出研究宣传人民教育家于漪教育思想。

2019 年

3月15日 2019年"曙光计划"学术交流研讨会暨项目资助仪式在上海工程技术大学举行。会议向2017、2018年度"曙光计划"项目承担人颁发证书。

3月23日 第五届理事会第七次全体会议在基金会三楼会议室举行。会议审议并通过工作报告、财务预决算报告,并听取监事报告。

4月10日 星河湾教育集团向基金会捐赠1亿元,支持基础教育工作。

4月20日 在上海市中小学教材审查委员会会议上,王荣华被邀请担任上海市中小学教材审查委员会业务指导思政组组长,指导上海非统编教材的编审工作。

6月27日 2019年度"曙光计划"项目评审会在上海财经大学举行。有57名青年学者获得资助。

7月9日 由基金会、上海视觉艺术学院联合主办的"上海艺术教育发展研究中心揭牌仪式暨上海市民艺术教育项目推进研讨会"在上海视觉学院举行，上海艺术教育发展研究中心揭牌，上海艺术教育发展智库揭匾。

9月21日 上海市民政局（市社会组织管理局）在"公益伙伴日"上首次发布"上海市品牌社会组织"。基金会获"上海市品牌社会组织"。

11月15日 王荣华受教育部委托评审国家教材建设基地。清华大学邀请，参加"首批国家教材建设重点研究基地高校思想政治理论课思想道德修养与法律基础教材研究基地揭牌仪式暨思想道德修养与法律基础教材建设研讨会"，被清华大学聘为"首批国家教材建设重点研究基地高校思想政治理论课思想道德修养与法律基础教材研究基地"专家委员会特聘专家，并在研讨会上就"思想道德修养与法律基础教材"的课程建设作主旨演讲。

12月28日 第五届理事会第八次全体会议在基金会三楼会议室举行。会议审议通过刘如成为新增理事，听取工作总结，讨论2020年工作思路，并决定重点做好"5A级社会组织"的复评工作。

12月30日 以"寻根问道育情铸魂"为主题的《上海六千年》之旅实践展示活动在上海市久隆模范中学举行。在《上海六千年》之旅阅读活动后，在基金会的倡议、资助下，在市教委、市方志办、复旦大学、上海天文台、上海犹太难民纪念馆等多方的指导和支持下，该校从2019年5月起开展《上海六千年》之旅实践活动。

2020 年

4月25日 第五届理事会第九次全体会议在基金会一楼会议室举行。会议审议并通过工作报告、财务预决算报告、"关于成立投资咨询委员会的决定"，听取监事报告。

5月13日 王荣华率基金会代表团赴上海中医药大学专题调研新冠肺

炎防治科技攻关、项目资助工作。

5月27日 由复旦大学与上海市档案局（馆）共同主办的"真理之甘信仰之源——纪念陈望道首译《共产党宣言》中文全译本100周年主题展"在上海市档案馆（外滩馆）开幕。王荣华出席并讲话。

7月3日 "铸魂筑梦——2020年人民教育家于漪教育思想诵写讲展示交流会"在浦东新区香山中学举行。活动通过"诵、写、讲"三种形式，立体化展现人民教育家于漪的思想精髓，以网络直播的形式，激励全市的广大教师学习于漪精神，坚守教育初心，同时扎实做好语言文字工作。

7月7日 由市委宣传部、市教卫党委、市教委、基金会联合举办的上海市马克思主义理论学科发展支持计划（2017—2019）总结交流会在上海社科会堂学术报告厅举行。

7月10日 "信仰之路——上海学校思政课教师'四史'学习教育国情大调研"启动仪式在上海飞机设计院举行。首批"家门口的社会实践研修基地"上海飞机设计研究院和洋山深水港授牌，基金会每年给每个基地资助10万元的经费。

7月26日 基金会成立投资决策咨询委员会并召开第一次会议。会上，公布《关于投资决策咨询委员会成员的任命》，并通过《投资决策咨询委员会议事规则》（试行）。

8月17日 上海书展期间，基金会资助的"上海地情普及系列丛书"新书发布会在上海展览中心友谊会堂举行。

8月24日 基金会再次获评上海市社会组织规范化评估最高等级——"5A级社会组织"——荣誉称号。

9月5日 人民教育家于漪教育思想研究中心揭牌仪式在杨浦高级中学举行。教育部教师工作司司长任友群，市教卫党委副书记、市教委主任王平，杨浦区区委副书记、区长薛侃签署合作共建于漪教育思想研究中心协议。

9月14日 "铸魂筑梦我们一起走近于漪——人民教育家于漪教育思

想诵写讲系列活动展示交流会"在上海教育电视台播出。

10月22日 2020年"曙光计划"项目评审会在市教科院举行。有57名青年学者获得资助。

11月2日 由基金会资助的《上海城市品格读本》出版座谈会在上海社科会堂举行。

11月13日 以苏步青命名的小行星"苏步青星"命名仪式在复旦大学逸夫科技楼举行，基金会支持的玖园项目二期工程正式宣告启动。

12月16日 上海市马克思主义理论学科与马克思主义学院建设工作推进会在科学会堂国际会议厅举行。市委常委、宣传部部长周慧林出席会议并讲话。会议总结上一轮上海高校马克思主义理论学科建设成效。基金会将每年出资500万元，连续支持三年，累计1500万元，资助开展第二轮"上海市马克思主义理论学科发展支持计划（2020—2022）"。

12月26日 第五届理事会第十次全体会议在基金会一楼会议室举行。会议总结回顾2020年度基金会工作，并对投咨委前期工作开展情况听取汇报。

2021 年

1月7日 国家教材委员会办公室给上海市政协发去感谢信，感谢信中写道："根据中央关于加强教材建设的重要精神和决策部署，为提高课程教材建设的科学化、专业化水平，国家教材委员会设置若干个专家委员会，聘请你单位王荣华同志担任专家委员会主任。"

1月7—15日 受上海市委宣传部委托，王荣华理事长任组长，率领专家组成员前往复旦大学、同济大学、上海财经大学、中国浦东干部学院、上海市委党校、上海国际问题研究院，进行上海市重点智库进行实地考察和评审。

3月12日 湖北佳悦新材料科技有限公司向上海市教育发展基金会叶

克平教育基金捐赠仪式在基金会三楼会议室举行。该公司分别向上海市教育发展基金会叶克平教育基金和上海中学捐赠50万元。

3月27日 第五届理事会第十二次全体会议在基金会一楼会议室举行。会议表决通过基金会《章程》修改草案、关于原始基金数额变更的决定、胡海萍为监事长，审议并通过工作报告、财务预决算报告，听取监事报告。

4月2日 由教育部体育卫生与艺术教育司指导，市教委、上汽通用汽车有限公司主办，基金会、上汽通用汽车雪佛兰品牌、上海中盈文化集团有限公司承办的"雪佛兰·红粉笔乡村教师扶持计划"在上海锦江礼堂正式启动。

5月29日 基金会在上海中学举行第三届"关爱青少年成长特别贡献奖"颁奖仪式暨"让每位学生都有绽放出彩机会·精彩人生"专题研讨会。第十二届全国人大常委会副委员长严隽琪，上海市副市长陈群分别为唐盛昌、顾泠沅颁发关爱青少年成长特别贡献奖金质奖章。

6月11日 王荣华出席陈望道雕塑揭幕仪式。全国人大常委会副委员长、民盟中央主席丁仲礼出席。民盟特别邀请吴为山为陈望道设计创作全新雕塑，并以实物形式捐赠给复旦大学。

7月3日 "玖园爱国主义教育建筑群"揭幕仪式在复旦大学玖园举行。"玖园二期"修缮完成，修缮一新的苏步青旧居、谈家桢（陈建功）旧居与《共产党宣言》展示馆交相辉映，将信仰、爱国、科学融为一体，构成"玖园爱国主义教育建筑群"。

7月22日 王荣华率队赴申万宏源证券有限公司进行专题调研。

9月15日 王荣华率队赴华东师范大学二附中专题调研国家"强基计划"高中阶段拔尖人才培养工作。

10月9日 基金会出资1500万元，支持全国高校中国共产党伟大建党精神研究中心建设。由市教卫党委、市教委主办的高校中国共产党伟大建党精神研究中心成立仪式暨首届高校中国共产党伟大建党精神学术研讨会在中共一大纪念馆和上海交通大学举行。教育部党组成员、副部长翁铁慧出席并讲话，上海市委常委、组织部部长胡文容出席并致辞。基金会理事长王荣华出席并获颁专家委员会专家聘书。基金会将连续三年支持该研究中心建设。

10月12日　国家教育部官网发布《国家教材委员会关于首届全国教材建设奖奖励的决定》。王荣华荣获"全国教材建设先进个人"称号。

11月19日　上海市教育发展基金会华东师大二附中强基计划资助专项启动仪式在华师大二附中报告厅举行。基金会出资150万元，支持二附中基础学科拔尖创新人才培养工作。

11月23日　基金会邀请资深金融家王世豪举行题为"后疫情时代：全球经济金融的新特点和新趋势"的分析报告会。

11月24日　基金会与上海爱国建设特种基金会联合举行座谈会，宣布双方共同出资设立"申光计划"。

11月26日　上海市教材委举行第一次全体会议，副市长陈群出席并讲话。会议审议通过本市教材建设若干政策文件。王荣华参加并作审议发言。

12月13日　在第十三届"爱在城市"关爱自闭症专场音乐会上，上海市曹鹏公益基金会宣布成立。王荣华出席并讲话，代表基金会向曹鹏公益基金会捐赠50万元。

12月26日　第五届理事会第十三次全体会议在基金会一楼会议室举行。会议听取工作回顾、《第六届理事会换届筹备工作方案》等。

12月28日　基金会与上海社会科学院联合召开"上海教育类基金会枢纽组织建设模式研究"研讨会。课题组发布《建设枢纽型社会组织，服务教育高质量发展——上海市教育类基金会枢纽组织管理模式研究》报告。课题组负责人王荣华在总结讲话中提出，教育类基金会枢纽组织建设既是一种有益设想，也是全行业的共同呼声。

2022 年

1月20日　王荣华率队先后赴复旦大学附属中学、上海交通大学附属中学实地调研，就开展"基础学科拔尖人才培育计划"与学校领导进行专题座谈。

3月4日　上海市教育发展基金会叶克平奖学金设立仪式在上海市久隆模范中学举行。

7月　基金会和上海市拥军优属基金会联袂设立1000万元的"崇敬教育专项基金"正式启动，标志着上海教育拥军迈出新的步伐。

8月21日　国家荣誉称号"改革先锋·文物有效保护的探索者"获得者敦煌研究院名誉院长樊锦诗在教师节前为基金会题词："教育是一项塑造灵魂的崇高大业，向教师们致敬。"

10月12日　"中国基础教育卓越原创案例展评"活动研讨会在华东师范大学举行。王荣华、钱旭红出席并讲话。

11月22日　为支持国家级高端智库青年人才建设，在基金会的支持下，上海社会科学院"高端智库青年新锐人才支持专项"正式设立。专项工作小组成立暨第一次工作会议在上海社会科学院举行。

12月22日　基金会出资100万元设立上海高校特困学生返乡过年资助专项，委托上海市学生事务中心具体实施。基金会共资助2000名特困大学生，资助款通过各高校发放。

2023 年

1月4日　基金会与上海市中小幼教师奖励基金会、市教育系统关工委共同出资100万元，设立本市教育系统老教授、老教师、老教育工作者关爱慰问资助专项，给他们送上温暖。

1月18日 王荣华接待市教委副主任毛丽娟一行，共商基金会加大资助力度支持"星光计划"职业院校技能大赛，并就借由"星光计划"技能大赛进一步推动职业教育发展进行深入的交流。

1月19日 《上海市教育发展基金会志（1993—2023）》编纂筹备工作会议在基金会三楼会议室举行。王荣华、洪民荣等参加会议。《上海市教育发展基金会志（1993—2023）》编纂工作正式启动。

2月21日 由基金会与上海工商界爱国建设特种基金会、上海人民出版社主办，上海金融文化促进中心、学林出版社承办的"申光计划"丛书出版揭牌签约仪式在朵云轩艺术中心举行。"申光计划"丛书出版工作启动。

2月23日 王荣华带领基金会党员干部先后参观考察新落成的上海图书馆东馆、上海档案馆新馆。上海图书馆党委书记楼巍、洪民荣全程陪同参观。

2月28日 "我们的故事"——2022年久隆"模范生"颁奖仪式在上海市久隆模范中学礼堂举行。王荣华出席颁奖仪式。颁发的奖项包括"启迪"科技创新奖、叶克平奖学金与十佳"模范生"。

3月1日 由基金会支持的首届"中国基础教育卓越原创案例"颁奖典礼暨卓越育人论坛活动在华东师范大学举行。王荣华、钱旭红、顾泠沅等出席颁奖典礼。首届共计26个案例，包括8个"卓越案例"、18个"特色案例"。

3月2日 王荣华带队赴上海市政协和上海大数据中心展开专题调研。

3月23日 2022年度"上海产学研合作优秀项目奖"表彰大会在市政协举行。市政协主席胡文容，第十届市政协主席蒋以任，市政协副主席吴信宝，王荣华，市政协秘书长黄国平，市政协科教委员会主任曹振全,市科学技术协会副主席马兴发等出席并为获奖人员颁奖。至此,"上海产学研合作优秀项目奖"累计评出各类奖项209项,先后有200家企业、43所高校和32家科研院所获得表彰。

5月10日 高校中国共产党伟大建党精神研究中心系列活动之"中国共产党伟大建党精神进思政课:东华大学——杨浦滨江实践教学展示活动"在杨浦滨江举行。王荣华,杨浦区委书记、区长薛侃,闵辉等出席活动。

5月11日 沛华运通国际物流(中国)有限公司向上海市教育发展基金会捐赠仪式在上海市久隆模范中学礼堂举行。王荣华、沛华运通公司首席运营官陈黄煌等出席。

5月13日 2023年上海职业教育活动周启动仪式暨上海市"星光计划"第十届职业院校技能大赛开幕式在上海南湖职业技术学院举行。副市长解冬出席并宣布开赛。王荣华、市政府副秘书长王平、市教委副主任王浩等出席启动仪式。

5月28日 上海高校"中国共产党伟大建党精神"研究学术交流系列活动——"中国共产党伟大建党精神与中华民族伟大复兴"理论研讨会在复旦大学举行。王荣华、焦扬、闵辉出席会议并致辞。中共中央党校原副校长李君如作主旨报告。

5月31日 2022年度"曙光计划"项目资助仪式暨学术交流研讨会在华东师范大学举行。王荣华、钱旭红、市教委副主任孙真荣等领导与2019—2022届"曙光学者"共同出席活动。2022年度"曙光计划"获得资助的项目有59个,资助经费635万元。研讨会上,钱旭红作了"改变思维"主题讲座。

6月16日 市教卫工作党委书记沈炜,副书记、市教委副主任闵辉来基金会听取工作汇报,传达对基金会工作的要求,并宣布市教委原一级巡视员蒋红任基金会副理事长。沈炜高度肯定并感谢基金会在王荣华理事长带领下对上海教育改革发展所作出的重大贡献,希望基金会以办好30周年系列主题活动为契机，推动各项事业发展迈向新台阶，向着建成全国知名百年基金会的目标团结奋斗、砥砺前行，以更大作为助力教育强国建设。

同日 理事叶清捐书仪式在基金会一楼会议室举行。叶清携子向基金会捐赠1000本《实用汉英成语分类词典》，王荣华向叶清颁发荣誉证书。

6月26日 2022年度"晨光计划"项目资助仪式在上海交通大学医学院东区懿德楼2楼报告厅举行。基金会为"晨光计划"累计资助1653位高校青年教师，资助总额6594万元。

6月28日 英语舞台剧《东方之舟》首演暨"《东方之舟》起航"文化交流活动于石泉社区文化活动中心举行。活动由基金会指导，英盛教育基金主办，上海市洵阳中学和上海市光新学校承办。

7月8日 "学习中央关于建设教育强国的精神，落实市教卫工作党委、市教委对基金会工作的要求"——上海市教育发展基金会第五届理事会第十四次全体会议于基金会三楼会议室举行，审议并表决通过基金会新增副理事长、理事人选，审议并通过基金会成立"上海教育类公益基金会研究中心"、《关于成立上海市教育发展基金会志编纂委员会和编纂办公室的决定》等。

8月16日 "申光计划"丛书新书发布会在上海展览中心友谊会堂三楼举行。王荣华、范永进、闵辉及上海世纪出版集团党委副书记杨春花等出席发布会并为新书揭幕。"申光计划"丛书首批推出四种图书：《从草根教师到人民教育家——于漪传》《大爱交响——曹鹏传》《流金年代——龚浩成传》和《岁月感悟——朱荣林随笔》。王荣华作总结讲话。在现场，99岁的曹鹏为读者签名。

9月5日 原国务委员、全国人大常委会原副委员长陈至立为上海市教育发展基金会成立三十周年发来贺信。贺信指出，30年来，基金会始终把握时代发展脉搏，围绕中心，服务大局；并表示，希望基金会不忘"支持教育、服务教育"的初心，牢记"为党育人、为国育才"的使命，不断提高"聚财、汇智、促善、育人"的能力，进一步探索慈善组织在推进国家治理体系和治理能力现代化中的作用，推动上海市教育发展基金会上一个新台阶，为办人民满意的教育绵力久功、善作善成，贡献道德慈善之力。

9月7日　　"绵力久功　善作善成——上海市教育发展基金会教育慈善公益30年"主题活动在上海音乐学院贺绿汀音乐厅举行。副市长解冬致辞。全国人大常委会原副委员长严隽琪，市人大常委会原主任、市教育发展基金会名誉理事长殷一璀，谢丽娟，市政协原副主席王生洪，复旦大学党委书记裘新，王荣华，市委副秘书长燕爽等领导为"上海市教育发展基金会教育慈善公益30年30人"入选者及入选者代表颁发纪念章和荣誉证书。刘浩清教育基金有限公司等14家爱心企业和人士在活动现场捐赠善款。

9月10日　　上海电视台纪实人文频道纪实人文频道播出《绵力久功，善作善成——上海市教育发展基金会成立30周年》专题片，该片全长约20分钟，旨在纪念上海市教育发展基金会成立30周年。

9月20日　　王荣华带领基金会工作团队赴中国近现代新闻出版博物馆学习调研，并就博物馆的筹建工作向该馆工作团队取经，为专项支持上海教育博物馆的建设提供决策参考。

9月26日　　"勇往'职'前　逐梦未来"2024届上海高校毕业生秋季校园招聘会在上海建桥学院体育场举办。招聘会由基金会和上海市学生事务中心、上海市就业促进中心、上海市人才服务中心和上海建桥学院共同主办。

10月25日　　2023年度"曙光计划"项目评审会在上海财经大学举行。基金会副理事长蒋红出席会议并讲话。

11月2日 由市民政局指导、华东政法大学与上海工商界爱国建设特种基金会联合主办的"基金会法律研究和制度建设研讨会"在华东政法大学举行。王荣华出席会议并讲话。

11月7日 呼和浩特市教育局副局长李刚率队来基金会访问交流。交流座谈会在基金会三楼会议室举行。

11月15日 由基金会资助、市陶行知研究协会和上海市教育科学研究院普通教育研究所主办的"2023小先生成长行动"研讨展示交流大会暨奉贤区第28届教学节展示活动在上海外国语大学附属奉贤实验中学举行。

11月16—17日 2023年老年教育绿舟论坛在上海开放大学国际会议中心召开。会议由基金会支持。

11月22日 2023年度"晨光计划"项目评审会在上海开放大学举行。本年度共收到申报项目228项,其中A类175项、B类53项。

12月4日 蒋红带领基金会人员应邀赴上海理工大学开展座谈交流,共话教育公益事业,共谋合作创新发展。

12月9日 叔蘋奖学金(上海)第95—96期颁奖大会在上海叔蘋同学会长风办公室举行。

12月13日 受上海高校决策咨询研究基地(国际经贸创新治理)邀请,王荣华赴上海对外经贸大学指导智库及决策咨询研究工作,并受邀任上海高校决策咨询青年骨干培养专题讲座嘉宾,作题为"智库青年的家国情怀与咨政使命"的首场演讲。

12月25日 "首届上海市科创教育年度人物"征集宣传活动名单公示。为深入实施科教兴国战略、人才强国战略、创新驱动发展战略,更好服务上海科创教育事业发展和科创人才培养布局,在上海市教育委员会指导下,基金会与上海市科创教育指导委员会、上海科普教育发展基金会联合主办"首届上海市科创教育年度人物"征集宣传活动。

上海市教育发展基金会成立三十年来获得的荣誉一览

年份	荣誉	表彰单位
1994	上海市尊师重教先进集体	
2005	上海市先进民间组织	市民政局、市人事局、市社会服务局、市社会团体管理局
2008	5A级社会组织	市社会团体管理局
2008	慈善组织奖	市民政局
2009	上海慈善奖	市民政局
2012	上海市先进社会组织	市民政局、市人力资源和社会保障局、市社会团体管理局
2012	上海慈善奖	市民政局
2012	文明单位	市教育委员会
2014	5A级社会组织	市社会团体管理局
2015	文明单位	市教卫工作党委系统
2019	上海市品牌社会组织	市民政局（市社会组织管理局）
2020	5A级社会组织	市社会团体管理局

上海市教育发展基金会成立三十年
历届捐赠、增值、资助一览表
（1993—2023）

年份	届别	捐赠数	增值数	资助数 （万元）
1993—2002	第一届	27456	11041	17666
2003—2004	第二届	4822	3747	4977
2005—2010	第三届	1291	16979	25701
2011—2015	第四届	13646	14808	24284
2016—2023	第五届	81375	32199	74044

上海市教育发展基金会成立三十年
历年捐赠、增值、资助一览表
（1993—2023）

年度	捐赠数	增值数	资助数（万元）
1993	1369	11	0
1994	7389	457	1516
1995	1648	1780	1305
1996	2425	1669	1619
1997	2222	1469	1631
1998	4731	1312	3357
1999	5417	825	2778
2000	514	1258	2467
2001	264	1063	1275
2002	1477	1197	1718
2003	3107	1831	1404
2004	1715	1916	3573
2005	1934	1947	2472
2006	1469	2869	2986
2007	1276	3858	3980
2008	2702	2306	5153
2009	3061	3034	5896
2010	2471	2965	5214
2011	3058	3999	5799
2012	1119	2229	4492
2013	1822	2399	2914
2014	4375	2210	6257
2015	3272	3971	4822
2016	9681	1737	5147
2017	3952	3620	5607
2018	7390	1247	5393
2019	12017	969	7361
2020	10463	9422	10749
2021	13821	12031	13989
2022	10912	1920	12771
2023	13139	1253	13027
合计	140212	78774	146672

向上海市教育发展基金会捐赠超过一百万元名单一览表
（截至2023年12月）

序号	捐资金额（万元）	捐赠者
1	10000	上海星河湾双语学校
2	5700	刘浩清教育基金有限公司
3	5145	香港荣智健先生
4	4000	上海市高校浦东继续教育中心
5	3000	上海市房屋土地资源管理局
6	1817	东华大学拉萨尔国际设计学院
7	1700	光明食品（集团）有限公司
8	1649	国美电器有限公司
9	1300	上海象源丽都置业有限公司
10	1000	香港曹光彪先生
11	1000	上海烟草（集团）公司
12	1000	谢峰
13	1000	上海叔蘋奖学金得奖同学会
14	735	申万宏源证券有限公司
15	600	上海石油化工股份有限公司和大华会计师事务所
16	600	周华盛先生
17	500	上海五环体育竞赛设备有限公司
18	500	上海星特浩电器有限公司
19	500	上海南部投资（集团）有限公司
20	500	上海大众汽车有限公司
21	500	上海巨升网络科技有限公司
22	500	曹挺
23	500	江苏省弘阳济困基金会
24	500	冯水康
25	500	驻马店市天河置业发展有限公司
26	420	美国倪宣文先生
27	302	香港苏浙同乡会
28	300	徐新
29	300	上海复星公益基金会
30	300	上海云锋新创投资管理有限公司
31	300	上海德方环保科技有限公司
32	300	宁波市中塘建设有限公司

（续表）

序号	捐资金额（万元）	捐赠者
33	300	上海华与华营销咨询有限公司
34	300	晋江市慈善总会
35	300	郑健
36	300	上海瑞度投资有限公司
37	300	上海全利投资有限公司
38	300	上海耕夫公益基金会
39	300	南通大富豪纺织科技有限公司
40	300	吴晨璐
41	300	双良集团有限公司
42	300	刘哲
43	300	江苏鱼跃科技发展有限公司
44	300	何琇琼
45	300	CHOW CHUNG KAI／周忠继
46	220	上海银行
47	200	香港姚连生先生
48	200	上海英盛实业有限公司
49	154	王得利
50	153	上海三得利食品有限公司
51	127	乔丹体育用品公司
52	108	上海市经济委员会
53	107	香港耀中教育机构
54	107	上海实业(集团)有限公司
55	106	汇丰银行
56	100	上海市医药股份有限公司
57	100	香港轮胎橡胶(集团)股份有限公司
58	100	城隍珠宝有限公司
59	100	至尊宝企业投资有限公司
60	100	上海宝钢集团公司
61	100	上海新世界-建设发展有限公司
62	100	上海金属交易所
63	100	中国工商银行上海市分行
64	100	中国建设银行上海市分行
65	100	上海虹桥国际机场
66	100	上海浦东发展银行
67	100	中国农业银行上海市分行
68	100	上海农工商集团朝阳总公司

(续表)

序号	捐资金额（万元）	捐赠者
69	100	上海商品交易所
70	100	上海农工商集团星火总公司
71	100	交通银行上海分行
72	100	上海市教育发展有限公司
73	100	上海嘉士德-华海集团有限公司
74	100	巴西薛祖恒先生
75	100	上海汽车工业(集团)总公司
76	100	利星行集团
77	100	上海查理文化交流中心
78	100	王德俊
79	100	陆伟栋
80	100	弈成新材料科技（上海）有限公司
81	100	吴国钦
82	100	毛伟雄
83	100	益海嘉里食品营销有限公司
84	100	上海中盈文化集团有限公司
85	100	上海市水利工程集团有限公司
86	100	上海海湾寝园有限公司
87	100	上海枫红网络科技有限公司
88	100	广东省唯品会慈善基金会
89	100	济南盈佳科技有限责任公司
90	100	江旭华
91	100	新疆大罗素农业科技开发有限公司
92	100	上海珠里投资有限公司
93	100	上海恒达科技发展股份有限公司
94	100	山东太阳控股集团有限公司
95	100	江苏金昇控股有限公司
96	100	上海中饮餐饮管理有限公司
97	100	陈巍
98	100	徐韬峰
99	100	JUNLING LIU
100	100	赵晨
101	100	费列罗贸易（上海）有限公司（抗疫物资）
102	100	上海市科技艺术教育中心捐赠物资
103	100	上海来伊份股份有限公司
104	100	上海石蓝投资有限公司

（续表）

序号	捐资金额（万元）	捐赠者
105	100	付亚东
106	100	上海微牛股权投资基金管理有限公司
107	100	上海雪石资产管理有限公司
108	100	上海飞科投资有限公司
109	100	珠海橡树湾股权投资中心（有限合伙）
110	100	孙文君
111	100	上海筧尚服饰有限公司
112	100	上海高毅资产管理合伙企业（有限合伙）
113	100	林榕
114	100	崔瑾
115	100	上海耕夫投资管理有限公司
116	100	马建荣
117	100	泰州莱迪弗彻照明科技有限公司
118	100	上海双创投资管理有限公司
119	100	上海东熙投资发展有限公司
120	100	倪金马
121	100	爱心人士
122	100	乔丹体育股份有限公司厦门销售分公司
123	100	上海上港集团足球俱乐部有限公司
124	100	上海昶际贸易有限公司
125	100	刘君
126	100	上海睿钰生物科技有限公司
127	100	童文红
128	100	中国商用飞机有限责任公司
129	100	蔡毅
130	100	张大顺
131	100	王彦雅
132	105	上海农村商业银行股份有限公司
133	102	上海光华教育发展基金会
134	110	上海日月光华教育投资有限公司
135	100	上海工商界爱国建设特种基金会
136	100	沛华运通国际物流（中国）有限公司

后 记

在《魔都慈善——我与上海市教育发展基金会》付梓之际，我们深感荣幸能有这样一个契机，与教育、宣传、文化等战线的干部同志们、教育工作者们、学生代表们以及教育慈善公益的同行者们进行深入的访谈交流，共话与上海市教育发展基金会的点滴交往与合作，从多个维度展现基金会三十年来支持教育、服务教育的初心使命以及乐善不倦、善作善成的探索实践。

三十年风雨兼程，三十年砥砺前行。这是一段满载爱心、信仰、情怀与智慧的奋斗之路，也是一段"功成不必在我、功成必定有我"的收获之旅。一路走来，有太多值得礼赞、致敬的伙伴。他们与善同行，是基金会事业发展的坚定支持者；他们与爱同行，是大爱事业的积极践行者；他们与教同行，汇成一支襄助育人事业的雄壮队伍，编织出上海教育慈善公益事业的绚丽底色。

我们将35位访谈者的口述整理成文，28篇访谈录集结成册，汇成《魔都慈善——我与上海市教育发展基金会》这本小书。纯粹的信念、真挚的交往、共同的事业，串联起所有为这份"大业"奋斗过、奋斗着以及即将投入奋斗的人们。他们中有人说"今生最爱是教育"；有人说"一切为了信仰"；有人说"没有对学生的爱，就没有教育"；有人说"让生命与使命同行"……这本小书收录了这些奋斗者的心声，用"大业有大爱""大业有大道""大业有大成"三根经线，将时间长河中散落的颗颗珍珠拾起，串连成闪烁着热泪与热望光芒的动人珠串，献给读者，献给时代，也献给教育慈善公益事业。

我们真诚地期望，打开这本书的读者朋友能够被其中的人、事、物所触动一二，有所共鸣，有所感悟，有所行动。教育慈善公益是功在当代、利在千秋的事业。它并不会显赫一时，但将永远存在；它无关名与利，却是真正的财富；它既是无私的奉献，也是无尽的满足，是付出，更是收获。

慈　　　　　　　　　　　　　　　　　　　　善

　　访谈录的编印，也是我们对上海市教育发展基金会三十年发展历程的回
望与致敬，是我们对办"一流城市一流教育"美好愿景的期许和展望。最后，
衷心感谢所有参与采访的领导、教育工作者、公益伙伴和学生代表们。小书
的编辑付梓，离不开受访者的倾力配合、工作人员的多方联络和编辑朋友的
不懈努力，更是得到了许多单位和个人的鼎力相助，对此我们始终怀有一颗
感恩之心。在此还要感谢余瑾芳、王海燕、吴默含、陆靖、朱正良等基金会同
志，在完成本职工作之余积极支持本书的出版工作。当然，要感谢的人还有
很多，在此无法一一列出。由于编者能力和时间有限，书中难免存在疏漏和
不足之处，敬请广大读者批评指正。

　　再次感谢所有为这本书付出辛勤努力的人们，愿教育慈善公益事业蒸蒸
日上，愿"魔都慈善"再上新台阶。让我们携手共进，凝聚最大公约数，画出
最大同心圆，为加快建设教育强国、科技强国、人才强国贡献新的合力！

本书编委会

2024年3月

图书在版编目（CIP）数据

魔都慈善：我与上海市教育发展基金会 / 上海市教
育发展基金会编 ； 王荣华主编． -- 上海：学林出版社，2024
ISBN 978-7-5486-1955-0

Ⅰ．①魔… Ⅱ．①上… ②王… Ⅲ．①教育事业—慈
善事业—成果—汇编—上海 Ⅳ．①G527.51

中国国家版本馆CIP数据核字（2024）第042496号

责任编辑 李晓梅　张嵩澜
整体设计 姜　明　王轶顺

魔都慈善
——我与上海市教育发展基金会
上海市教育发展基金会 编　王荣华 主编

出　版　**学林出版社**
　　　　　（201101 上海市闵行区号景路159弄C座）
发　行　上海人民出版社发行中心
　　　　　（201101 上海市闵行区号景路159弄C座）
印　刷　上海颛辉印刷厂有限公司
开　本　720×1000 毫米 1/16
印　张　21.25
字　数　26万
版　次　2024 年 3 月第 1 版
印　次　2024 年 3 月第 1 次印刷
ISBN　978-7-5486-1955-0-/G·750
定　价　198.00 元